LITUANO

VOCABULÁRIO

PALAVRAS MAIS ÚTEIS

PORTUGUÊS
LITUANO

Para alargar o seu léxico e apurar
as suas competências linguísticas

7000 palavras

Vocabulário Português-Lituano - 7000 palavras

Por Andrey Taranov

Os vocabulários da T&P Books destinam-se a ajudar a aprender, a memorizar, e a rever palavras estrangeiras. O dicionário é dividido em temas, cobrindo todas as principais esferas de atividades quotidianas, negócios, ciência, cultura, etc.

O processo de aprendizagem, utilizando os dicionários baseados em temáticas da T&P Books dá-lhe as seguintes vantagens:

- Informação de origem corretamente agrupada predetermina o sucesso em fases subsequentes da memorização de palavras
- Disponibilização de palavras derivadas da mesma raiz, o que permite a memorização de unidades de texto (em vez de palavras separadas)
- Pequenas unidades de palavras facilitam o processo de estabelecimento de vínculos associativos necessários para a consolidação do vocabulário
- O nível de conhecimento da língua pode ser estimado pelo número de palavras aprendidas

T&P Books Publishing
www.tpbooks.com

ISBN: 978-1-78400-890-1

Este livro também está disponível em formato E-book.
Por favor visite www.tpbooks.com ou as principais livrarias on-line.

VOCABULÁRIO LITUANO
palavras mais úteis

Os vocabulários da T&P Books destinam-se a ajudar a aprender, a memorizar, e a rever palavras estrangeiras. O vocabulário contém mais de 7000 palavras de uso comum organizadas tematicamente.

O vocabulário contém as palavras mais comummente usadas
Recomendado como adicional para qualquer curso de línguas
Satisfaz as necessidades dos iniciados e dos alunos avançados de línguas estrangeiras
Conveniente para o uso diário, sessões de revisão e atividades de auto-teste
Permite avaliar o seu vocabulário

Características especias do vocabulário

- As palavras estão organizadas de acordo com o seu significado, e não por ordem alfabética
- As palavras são apresentadas em três colunas para facilitar os processos de revisão e auto-teste
- As palavras compostas são divididas em pequenos blocos para facilitar o processo de aprendizagem
- O vocabulário oferece uma transcrição simples e adequada de cada palavra estrangeira

O vocabulário contém 198 tópicos incluindo:

Conceitos básicos, Números, Cores, Meses, Estações do ano, Unidades de medida, Roupas & Acessórios, Alimentos & Nutrição, Restaurante, Membros da Família, Parentes, Caráter, Sentimentos, Emoções, Doenças, Cidade, Passeios, Compras, Dinheiro, Casa, Lar, Escritório, Trabalho no Escritório, Importação & Exportação, Marketing, Pesquisa de Emprego, Desportos, Educação, Computador, Internet, Ferramentas, Natureza, Países, Nacionalidades e muito mais ...

TABELA DE CONTEÚDOS

Guia de pronunciação 10
Abreviaturas 12

CONCEITOS BÁSICOS 13
Conceitos básicos. Parte 1 13

1. Pronomes 13
2. Cumprimentos. Saudações. Despedidas 13
3. Números cardinais. Parte 1 14
4. Números cardinais. Parte 2 15
5. Números. Frações 15
6. Números. Operações básicas 16
7. Números. Diversos 16
8. Os verbos mais importantes. Parte 1 16
9. Os verbos mais importantes. Parte 2 17
10. Os verbos mais importantes. Parte 3 18
11. Os verbos mais importantes. Parte 4 19
12. Cores 20
13. Questões 21
14. Palavras funcionais. Advérbios. Parte 1 21
15. Palavras funcionais. Advérbios. Parte 2 23

Conceitos básicos. Parte 2 25

16. Opostos 25
17. Dias da semana 27
18. Horas. Dia e noite 27
19. Meses. Estações 28
20. Tempo. Diversos 30
21. Linhas e formas 31
22. Unidades de medida 31
23. Recipientes 32
24. Materiais 33
25. Metais 34

O SER HUMANO 35
O ser humano. O corpo 35

26. Humanos. Conceitos básicos 35
27. Anatomia humana 35

28. Cabeça   36
29. Corpo humano   37

Vestuário & Acessórios   38

30. Roupa exterior. Casacos   38
31. Vestuário de homem & mulher   38
32. Vestuário. Roupa interior   39
33. Adereços de cabeça   39
34. Calçado   39
35. Têxtil. Tecidos   40
36. Acessórios pessoais   40
37. Vestuário. Diversos   41
38. Cuidados pessoais. Cosméticos   41
39. Joalheria   42
40. Relógios de pulso. Relógios   43

Alimentação. Nutrição   44

41. Comida   44
42. Bebidas   45
43. Vegetais   46
44. Frutos. Nozes   47
45. Pão. Bolaria   48
46. Pratos cozinhados   48
47. Especiarias   49
48. Refeições   50
49. Por a mesa   51
50. Restaurante   51

Família, parentes e amigos   52

51. Informação pessoal. Formulários   52
52. Membros da família. Parentes   52
53. Amigos. Colegas de trabalho   53
54. Homem. Mulher   54
55. Idade   54
56. Crianças   55
57. Casais. Vida de família   56

Caráter. Sentimentos. Emoções   57

58. Sentimentos. Emoções   57
59. Caráter. Personalidade   58
60. O sono. Sonhos   59
61. Humor. Riso Alegria   60
62. Discussão, conversação. Parte 1   60
63. Discussão, conversação. Parte 2   61
64. Discussão, conversação. Parte 3   63
65. Acordo. Recusa   63
66. Sucesso. Boa sorte. Insucesso   64
67. Conflitos. Emoções negativas   65

Medicina   67

68. Doenças   67
69. Sintomas. Tratamentos. Parte 1   68
70. Sintomas. Tratamentos. Parte 2   69
71. Sintomas. Tratamentos. Parte 3   70
72. Médicos   71
73. Medicina. Drogas. Acessórios   71
74. Fumar. Produtos tabágicos   72

HABITAT HUMANO   73
Cidade   73

75. Cidade. Vida na cidade   73
76. Instituições urbanas   74
77. Transportes urbanos   75
78. Turismo   76
79. Compras   77
80. Dinheiro   78
81. Correios. Serviço postal   79

Moradia. Casa. Lar   80

82. Casa. Habitação   80
83. Casa. Entrada. Elevador   81
84. Casa. Portas. Fechaduras   81
85. Casa de campo   82
86. Castelo. Palácio   82
87. Apartamento   83
88. Apartamento. Limpeza   83
89. Mobiliário. Interior   83
90. Quarto de dormir   84
91. Cozinha   84
92. Casa de banho   85
93. Eletrodomésticos   86
94. Reparações. Renovação   87
95. Canalizações   87
96. Fogo. Deflagração   88

ATIVIDADES HUMANAS   90
Emprego. Negócios. Parte 1   90

97. Banca   90
98. Telefone. Conversação telefónica   91
99. Telefone móvel   91
100. Estacionário   92

Emprego. Negócios. Parte 2   93

101. Media   93
102. Agricultura   94

103. Construção. Processo de construção 95

Profissões e ocupações 97

104. Procura de emprego. Demissão 97
105. Gente de negócios 97
106. Profissões de serviços 98
107. Profissões militares e postos 99
108. Oficiais. Padres 100
109. Profissões agrícolas 100
110. Profissões artísticas 101
111. Várias profissões 101
112. Ocupações. Estatuto social 103

Desportos 104

113. Tipos de desportos. Desportistas 104
114. Tipos de desportos. Diversos 105
115. Ginásio 105
116. Desportos. Diversos 106

Educação 108

117. Escola 108
118. Colégio. Universidade 109
119. Ciências. Disciplinas 110
120. Sistema de escrita. Ortografia 110
121. Línguas estrangeiras 111
122. Personagens de contos de fadas 112
123. Signos do Zodíaco 113

Artes 114

124. Teatro 114
125. Cinema 115
126. Pintura 116
127. Literatura & Poesia 117
128. Circo 117
129. Música. Música popular 118

Descanso. Entretenimento. Viagens 120

130. Viagens 120
131. Hotel 120
132. Livros. Leitura 121
133. Caça. Pesca 123
134. Jogos. Bilhar 124
135. Jogos. Jogar cartas 124
136. Descanso. Jogos. Diversos 124
137. Fotografia 125
138. Praia. Natação 126

EQUIPAMENTO TÉCNICO. TRANSPORTES   127
Equipamento técnico. Transportes   127

139. Computador   127
140. Internet. E-mail   128

Transportes   130

141. Avião   130
142. Comboio   131
143. Barco   132
144. Aeroporto   133
145. Bicicleta. Motocicleta   134

Carros   135

146. Tipos de carros   135
147. Carros. Carroçaria   135
148. Carros. Habitáculo   136
149. Carros. Motor   137
150. Carros. Batidas. Reparação   138
151. Carros. Estrada   139

PESSOAS. EVENTOS   141
Eventos   141

152. Férias. Evento   141
153. Funerais. Enterro   142
154. Guerra. Soldados   142
155. Guerra. Ações militares. Parte 1   143
156. Armas   145
157. Povos da antiguidade   146
158. Idade média   147
159. Líder. Chefe. Autoridades   148
160. Viloação da lei. Criminosos. Parte 1   149
161. Viloação da lei. Criminosos. Parte 2   150
162. Polícia. Lei. Parte 1   152
163. Polícia. Lei. Parte 2   153

NATUREZA   155
A Terra. Parte 1   155

164. Espaço sideral   155
165. A Terra   156
166. Pontos cardeais   157
167. Mar. Oceano   157
168. Montanhas   158
169. Rios   159
170. Floresta   160
171. Recursos naturais   161

A Terra. Parte 2   162

172. Tempo   162
173. Tempo extremo. Catástrofes naturais   163

Fauna   164

174. Mamíferos. Predadores   164
175. Animais selvagens   164
176. Animais domésticos   165
177. Cães. Raças de cães   166
178. Sons produzidos pelos animais   167
179. Pássaros   167
180. Pássaros. Canto e sons   168
181. Peixes. Animais marinhos   169
182. Amfíbios. Répteis   170
183. Insetos   170
184. Animais. Partes do corpo   171
185. Animais. Habitats   171

Flora   173

186. Árvores   173
187. Arbustos   173
188. Cogumelos   174
189. Frutos. Bagas   174
190. Flores. Plantas   175
191. Cereais, grãos   176

GEOGRAFIA REGIONAL   177
Países. Nacionalidades   177

192. Política. Governo. Parte 1   177
193. Política. Governo. Parte 2   178
194. Países. Diversos   179
195. Grupos religiosos mais importantes. Confissões   180
196. Religiões. Padres   181
197. Fé. Cristianismo. Islão   181

TEMAS DIVERSOS   184

198. Várias palavras úteis   184

GUIA DE PRONUNCIAÇÃO

Letra	Exemplo Lituano	Alfabeto fonético T&P	Exemplo Português
Aa	adata	[a]	chamar
Ąą	ąžuolas	[aː]	rapaz
Bb	badas	[b]	barril
Cc	cukrus	[ʦ]	tsé-tsé
Čč	česnakas	[ʧ]	Tchau!
Dd	dumblas	[d]	dentista
Ee	eglė	[æ]	semana
Ęę	vedęs	[æː]	primavera
Ėė	ėdalas	[eː]	plateia
Ff	fleita	[f]	safári
Gg	gandras	[g]	gosto
Hh	husaras	[ɣ]	agora
Ii	ižas	[i]	sinónimo
Įį	mįslė	[iː]	cair
Yy	vynas	[iː]	cair
Jj	juokas	[j]	géiser
Kk	kilpa	[k]	kiwi
Ll	laisvė	[l]	libra
Mm	mama	[m]	magnólia
Nn	nauda	[n]	natureza
Oo	ola	[o], [oː]	noite
Pp	pirtis	[p]	presente
Rr	ragana	[r]	riscar
Ss	sostinė	[s]	sanita
Šš	šūvis	[ʃ]	mês
Tt	tėvynė	[t]	tulipa
Uu	upė	[u]	bonita
Ųų	siųsti	[uː]	blusa
Ūū	ūmėdė	[uː]	blusa
Vv	vabalas	[ʊ]	fava
Zz	zuikis	[z]	sésamo
Žž	žiurkė	[ʒ]	talvez

Comentários

· Um macron como em (ū), ou um ogonek como em (ą, ę, į, ų) podem ser usados para marcar a extensão de uma vogal em Letão oficial moderno. Os acentos Agudos como em (Áá Ą́ą́), graves como em (Àà), e til como em (Ãã Ą̃ą̃) são usados para indicar acentuações tonais. No entanto, essas acentuações tonais geralmente não se escrevem, exceto em dicionários, gramáticas e quando necessário, para maior clareza na diferenciação de palavras homónimas e no uso em dialetos.

ABREVIATURAS
usadas no vocabulário

Abreviaturas do Português

adj	-	adjetivo
adv	-	advérbio
anim.	-	animado
conj.	-	conjunção
desp.	-	desporto
etc.	-	etecetra
ex.	-	por exemplo
f	-	nome feminino
f pl	-	feminino plural
fem.	-	feminino
inanim.	-	inanimado
m	-	nome masculino
m pl	-	masculino plural
m, f	-	masculino, feminino
masc.	-	masculino
mat.	-	matemática
mil.	-	militar
pl	-	plural
prep.	-	preposição
pron.	-	pronome
sb.	-	sobre
sing.	-	singular
v aux	-	verbo auxiliar
vi	-	verbo intransitivo
vi, vt	-	verbo intransitivo, transitivo
vr	-	verbo reflexivo
vt	-	verbo transitivo

Abreviaturas do Lituano

dgs	-	plural
m	-	nome feminino
m dgs	-	feminino plural
v	-	nome masculino
v dgs	-	masculino plural

CONCEITOS BÁSICOS

Conceitos básicos. Parte 1

1. Pronomes

eu	àš	['aʃ]
tu	tù	['tu]
ele	jìs	[jɪs]
ela	jì	[jɪ]
nós	mẽs	['mʲæs]
vocês	jũs	['juːs]
eles, elas	jiẽ	['jiɛ]

2. Cumprimentos. Saudações. Despedidas

Olá!	Sveĩkas!	['svʲɛɪkas!]
Bom dia! (formal)	Sveikì!	[svʲɛɪ'kʲɪ!]
Bom dia! (de manhã)	Lãbas rýtas!	['lʲaːbas 'rʲiːtas!]
Boa tarde!	Labà dienà!	[lʲa'ba dʲiɛ'na!]
Boa noite!	Lãbas vãkaras!	['lʲaːbas 'vaːkaras!]
cumprimentar (vt)	sveĩkintis	['svʲɛɪkʲɪntʲɪs]
Olá!	Lãbas!	['lʲaːbas!]
saudação (f)	linkéjimas (v)	[lʲɪŋ'kʲɛjɪmas]
saudar (vt)	sveĩkinti	['svʲɛɪkʲɪntʲɪ]
Como vai?	Kaĩp sẽkasi?	['kʌɪp 'sʲækasʲɪ?]
O que há de novo?	Kàs naũjo?	['kas 'nɑʊjɔ?]
Até à vista!	Ikì pasimãtymo!	[ɪkʲɪ pasʲɪmatʲiːmo!]
Até breve!	Ikì greĩto susìtikimo!	[ɪ'kʲɪ 'grʲɛɪtɔ susʲɪtʲɪ'kʲɪmɔ!]
Adeus!	Lìkite sveikì!	['lʲɪkʲɪtʲɛ svʲɛɪ'kʲɪ!]
despedir-se (vr)	atsisveĩkinti	[atsʲɪ'svʲɛɪkʲɪntʲɪ]
Até logo!	Ikì!	[ɪ'kʲɪ!]
Obrigado! -a!	Ãčiū!	['aːtʂʲuːl!]
Muito obrigado! -a!	Labaĩ ãčiū!	[lʲa'bʌɪ 'aːtʂʲuː!]
De nada	Prãšom.	['praːʃom]
Não tem de quê	Nevertà padėkõs.	[nʲɛverʲta padʲeːˈkoːs]
De nada	Nėrà ùž kã̃.	[nʲeːˈra 'ʊʒ kaː]
Desculpa!	Atléisk!	[at'lʲɛɪsk!]
Desculpe!	Atléiskite!	[atʲlʲɛɪskʲɪtʲɛ!]
desculpar (vt)	atléisti	[at'lʲɛɪstʲɪ]
desculpar-se (vr)	atsiprašýti	[atsʲɪpraˈʃɪːtʲɪ]

As minhas desculpas	Māno atsiprāšymas.	['ma:nɔ atsʲɪ'pra:ʃɪ:mas]
Desculpe!	Atléiskite!	[atʲlʲɛɪskʲɪtʲɛ!]
perdoar (vt)	atléisti	[atʲlʲɛɪstʲɪ]
Não faz mal	Nièko baisaũs.	['nʲɛkɔ bʌɪ'sɑʊs]
por favor	prāšom	['pra:ʃom]

Não se esqueça!	Nepamírškite!	[nʲɛpa'mʲɪrʃkʲɪtʲɛ!]
Certamente! Claro!	Žìnoma!	['ʒʲɪnoma!]
Claro que não!	Žìnoma nè!	['ʒʲɪnoma nʲɛ!]
Está bem! De acordo!	Sutìnku!	[sʊtʲɪŋ'kʊ!]
Basta!	Užtèks!	[ʊʒ'tʲɛks!]

3. Números cardinais. Parte 1

zero	nùlis	['nʊlʲɪs]
um	víenas	['vʲiɛnas]
dois	dù	['dʊ]
três	trìs	['trʲɪs]
quatro	keturì	[kʲɛtʊ'rʲɪ]

cinco	penkì	[pʲɛŋ'kʲɪ]
seis	šešì	[ʃɛ'ʃʲɪ]
sete	septynì	[sʲɛptʲiː'nʲɪ]
oito	aštuonì	[aʃtʊɑ'nʲɪ]
nove	devynì	[dʲɛvʲiː'nʲɪ]

dez	dẽšimt	['dʲæʃɪmt]
onze	vienúolika	[vʲiɛ'nʊɑlʲɪka]
doze	dvýlika	['dvʲiː'lʲɪka]
treze	trýlika	['trʲiː'lʲɪka]
catorze	keturiólika	[kʲɛtʊ'rʲolʲɪka]

quinze	penkiólika	[pʲɛŋ'kʲolʲɪka]
dezasseis	šešiólika	[ʃɛ'ʃʲolʲɪka]
dezassete	septyniólika	[sʲɛptʲiː'nʲolʲɪka]
dezoito	aštuoniólika	[aʃtʊɑ'nʲolʲɪka]
dezanove	devyniólika	[dʲɛvʲiː'nʲolʲɪka]

vinte	dvìdešimt	['dvʲɪdʲɛʃɪmt]
vinte e um	dvìdešimt víenas	['dvʲɪdʲɛʃɪmt 'vʲiɛnas]
vinte e dois	dvìdešimt dù	['dvʲɪdʲɛʃɪmt 'dʊ]
vinte e três	dvìdešimt trìs	['dvʲɪdʲɛʃɪmt 'trʲɪs]

trinta	trìsdešimt	['trʲɪsdʲɛʃɪmt]
trinta e um	trìsdešimt víenas	['trʲɪsdʲɛʃɪmt 'vʲiɛnas]
trinta e dois	trìsdešimt dù	['trʲɪsdʲɛʃɪmt 'dʊ]
trinta e três	trìsdešimt trìs	['trʲɪsdʲɛʃɪmt 'trʲɪs]

quarenta	kẽturiasdešimt	['kʲætʊrʲæsdʲɛʃɪmt]
quarenta e um	kẽturiasdešimt víenas	['kʲætʊrʲæsdʲɛʃɪmt 'vʲiɛnas]
quarenta e dois	kẽturiasdešimt dù	['kʲætʊrʲæsdʲɛʃɪmt 'dʊ]
quarenta e três	kẽturiasdešimt trìs	['kʲætʊrʲæsdʲɛʃɪmt 'trʲɪs]
cinquenta	peñkiasdešimt	['pʲɛŋkʲæsdʲɛʃɪmt]
cinquenta e um	peñkiasdešimt víenas	['pʲɛŋkʲæsdʲɛʃɪmt 'vʲiɛnas]

cinquenta e dois	peñkiasdešimt dù	['pʲɛŋkʲæsdʲɛʃɪmt 'dʊ]
cinquenta e três	peñkiasdešimt trìs	['pʲɛŋkʲæsdʲɛʃɪmt 'trʲɪs]
sessenta	šẽšiasdešimt	['ʃæʃæsdʲɛʃɪmt]
sessenta e um	šẽšiasdešimt víenas	['ʃæʃæsdʲɛʃɪmt 'vʲiɛnas]
sessenta e dois	šẽšiasdešimt dù	['ʃæʃæsdʲɛʃɪmt 'dʊ]
sessenta e três	šẽšiasdešimt trìs	['ʃæʃæsdʲɛʃɪmt 'trʲɪs]
setenta	septýniasdešimt	[sʲɛp'tʲi:nʲæsdʲɛʃɪmt]
setenta e um	septýniasdešimt víenas	[sʲɛp'tʲi:nʲæsdʲɛʃɪmt 'vʲiɛnas]
setenta e dois	septýniasdešimt dù	[sʲɛp'tʲi:nʲæsdʲɛʃɪmt 'dʊ]
setenta e três	septýniasdešimt trìs	[sʲɛptʲi:nʲæsdʲɛʃɪmt 'trʲɪs]
oitenta	aštúoniasdešimt	[aʃ'tʊɑnʲæsdʲɛʃɪmt]
oitenta e um	aštúoniasdešimt víenas	[aʃ'tʊɑnʲæsdʲɛʃɪmt 'vʲiɛnas]
oitenta e dois	aštúoniasdešimt dù	[aʃ'tʊɑnʲæsdʲɛʃɪmt 'dʊ]
oitenta e três	aštúoniasdešimt trìs	[aʃ'tʊɑnʲæsdʲɛʃɪmt 'trʲɪs]
noventa	devýniasdešimt	[dʲɛ'vʲi:nʲæsdʲɛʃɪmt]
noventa e um	devýniasdešimt víenas	[dʲɛ'vʲi:nʲæsdʲɛʃɪmt 'vʲiɛnas]
noventa e dois	devýniasdešimt dù	[dʲɛ'vʲi:nʲæsdʲɛʃɪmt 'dʊ]
noventa e três	devýniasdešimt trìs	[dʲɛ'vʲi:nʲæsdʲɛʃɪmt 'trʲɪs]

4. Números cardinais. Parte 2

cem	šim̃tas	['ʃɪmtas]
duzentos	dù šimtaĩ	['dʊ ʃɪm'tʌɪ]
trezentos	trìs šimtaĩ	['trʲɪs ʃɪm'tʌɪ]
quatrocentos	keturì šimtaĩ	[kʲɛtʊ'rʲɪ ʃɪm'tʌɪ]
quinhentos	penkì šimtaĩ	[pʲɛŋ'kʲɪ ʃɪm'tʌɪ]
seiscentos	šešì šimtaĩ	[ʃɛ'ʃɪ ʃɪm'tʌɪ]
setecentos	septynì šimtaĩ	[sʲɛptʲi:nʲɪ 'ʃɪmtʌɪ]
oitocentos	aštuonì šimtaĩ	[aʃtʊɑ'nʲɪ ʃɪm'tʌɪ]
novecentos	devynì šimtaĩ	[dʲɛvʲi:'nʲɪ ʃɪm'tʌɪ]
mil	tū̃kstantis	['tu:kstantʲɪs]
dois mil	dù tū̃kstančiai	['dʊ 'tu:kstantʂʲɛɪ]
De quem são ...?	trỹs tū̃kstančiai	['trʲi:s 'tu:kstantʂʲɛɪ]
dez mil	dẽšimt tū̃kstančių	['dʲæʃɪmt 'tu:kstantʂʲu:]
cem mil	šim̃tas tū̃kstančių	['ʃɪmtas 'tu:kstantʂʲu:]
um milhão	milijõnas (v)	[mʲɪlʲɪ'jɔ:nas]
mil milhões	milijárdas (v)	[mʲɪlʲɪ'jardas]

5. Números. Frações

fração (f)	trùpmena (m)	['trʊpmʲɛna]
um meio	víena antróji	['vʲiɛna an'tro:jɪ]
um terço	víena trečioji	['vʲiɛna trʲɛ'tʂʲo:jɪ]
um quarto	víena ketvirtóji	['vʲiɛna kʲɛtvʲɪr'to:jɪ]
um oitavo	víena aštuntóji	['vʲiɛna aʃtʊn'to:jɪ]
um décimo	víena dešimtóji	['vʲiɛna dʲɛʃɪm'to:jɪ]

| dois terços | dvì trečioosios | [dvʲɪ 'trʲæt͡ʂʲoosʲos] |
| três quartos | trỹs ketvìrtosios | ['trʲiːs kʲɛt'vʲɪrtosʲos] |

6. Números. Operações básicas

subtração (f)	atimtìs (m)	[atʲɪm'tʲɪs]
subtrair (vi, vt)	atimti	[a'tʲɪmtʲɪ]
divisão (f)	dalýba (m)	[da'lʲiːba]
dividir (vt)	dalìnti	[da'lʲɪntʲɪ]

adição (f)	sudėjìmas (v)	[sʊdʲeː'jɪmas]
somar (vt)	sudéti	[sʊ'dʲeːtʲɪ]
adicionar (vt)	pridéti	[prʲɪ'dʲeːtʲɪ]
multiplicação (f)	daugýba (m)	[dɑʊ'gʲiːba]
multiplicar (vt)	dáuginti	['dɑʊgʲɪntʲɪ]

7. Números. Diversos

algarismo, dígito (m)	skaitmuõ (v)	[skʌɪt'mʊɑ]
número (m)	skaĩčius (v)	['skʌɪt͡ʂʲʊs]
numeral (m)	skaĩtvardis (v)	['skʌɪtvardʲɪs]
menos (m)	mìnusas (v)	['mʲɪnʊsas]
mais (m)	pliùsas (v)	['plʲʊsas]
fórmula (f)	fòrmulė (m)	['formʊlʲeː]

cálculo (m)	išskaičiãvimas (v)	[ɪʃskʌɪ'tʃʲævʲɪmas]
contar (vt)	skaičiúoti	[skʌɪ'tʃʲʊɑtʲɪ]
calcular (vt)	apskaičiúoti	[apskʌɪ'tʃʲʊɑtʲɪ]
comparar (vt)	sulýginti	[sʊ'lʲiːgʲɪntʲɪ]

Quanto, -os, -as?	Kíek?	['kʲiɛk?]
soma (f)	suma (m)	[sʊ'ma]
resultado (m)	rezultãtas (v)	[rʲɛzʊlʲ'taːtas]
resto (m)	likùtis (v)	[lʲɪ'kʊtʲɪs]

alguns, algumas ...	kẽletas	['kʲælʲɛtas]
um pouco de ...	nedaũg ...	[nʲɛ'dɑʊg ...]
resto (m)	vìsa kìta	['vʲɪsa 'kʲɪta]
um e meio	pusañtro	[pʊ'santrɔ]
dúzia (f)	tùzinas (v)	['tʊzʲɪnas]

ao meio	per pùsę	['pʲɛr 'pʊsʲɛː]
em partes iguais	põ lýgiai	['po: lʲiːgʲɛɪ]
metade (f)	pùsė (m)	['pʊsʲeː]
vez (f)	kártas (v)	['kartas]

8. Os verbos mais importantes. Parte 1

| abrir (vt) | atidarýti | [atʲɪda'rʲiːtʲɪ] |
| acabar, terminar (vt) | užbaĩgti | [ʊʒ'bʌɪktʲɪ] |

aconselhar (vt)	patarinéti	[patar'ɪ'nʲeːtʲɪ]
adivinhar (vt)	atspéti	[at'spʲeːtʲɪ]
advertir (vt)	pérspéti	['pʲɛrspʲeːtʲɪ]

ajudar (vt)	padéti	[pa'dʲeːtʲɪ]
almoçar (vi)	pietáuti	[pʲiɛ'tautʲɪ]
alugar (~ um apartamento)	núomotis	['nuamotʲɪs]
amar (vt)	myléti	[mʲiː'lʲeːtʲɪ]
ameaçar (vt)	grasìnti	[gra'sʲɪntʲɪ]

anotar (escrever)	užrašinéti	[uʒraʃɪ'nʲeːtʲɪ]
apanhar (vt)	gáudyti	['gaudʲiːtʲɪ]
apressar-se (vr)	skubéti	[skʊ'bʲeːtʲɪ]
arrepender-se (vr)	gailétis	[gʌɪ'lʲeːtʲɪs]
assinar (vt)	pasirašinéti	[pasʲɪraʃɪ'nʲeːtʲɪ]

atirar, disparar (vi)	šáudyti	['ʃaudʲiːtʲɪ]
brincar (vi)	juokáuti	[jʊa'kautʲɪ]
brincar, jogar (crianças)	žaìsti	['ʒʌɪstʲɪ]
buscar (vt)	ieškóti	[ɪɛʃ'kotʲɪ]
caçar (vi)	medžióti	[mʲɛ'dʒʲotʲɪ]

cair (vi)	krìsti	['krʲɪstʲɪ]
cavar (vt)	raũsti	['raustʲɪ]
cessar (vt)	nustóti	[nʊ'stotʲɪ]
chamar (~ por socorro)	kviẽsti	['kvʲɛstʲɪ]
chegar (vi)	atvažiúoti	[atva'ʒʲʊatʲɪ]
chorar (vi)	veřkti	['vʲɛrktʲɪ]

começar (vt)	pradéti	[pra'dʲeːtʲɪ]
comparar (vt)	lýginti	['lʲiːgʲɪntʲɪ]
compreender (vt)	supràsti	[sʊp'rastʲɪ]
concordar (vi)	sutìkti	[sʊ'tʲɪktʲɪ]
confiar (vt)	pasitikéti	[pasʲɪtʲɪr'kʲeːtʲɪ]

confundir (equivocar-se)	suklýsti	[sʊk'lʲiːstʲɪ]
conhecer (vt)	pažinóti	[paʒʲɪ'notʲɪ]
contar (fazer contas)	skaičiúoti	[skʌɪ'tʃʲʊatʲɪ]
contar com (esperar)	tikétis ...	[tʲɪr'kʲeːtʲɪs ...]
continuar (vt)	tęsti	['tʲɛːstʲɪ]

controlar (vt)	kontroliúoti	[kɔntro'lʲʊatʲɪ]
convidar (vt)	kviẽsti	['kvʲɛstʲɪ]
correr (vi)	bégti	['bʲeːktʲɪ]
criar (vt)	sukùrti	[sʊ'kʊrtʲɪ]
custar (vt)	kainúoti	[kʌɪ'nʊatʲɪ]

9. Os verbos mais importantes. Parte 2

dar (vt)	dúoti	['dʊatʲɪ]
dar uma dica	užsimiñtl	[uʒsʲɪ'mʲɪntʲɪ]
decorar (enfeitar)	puõšti	['pʊaʃtʲɪ]
defender (vt)	giñti	['gʲɪntʲɪ]
deixar cair (vt)	numèsti	[nʊ'mʲɛstʲɪ]

descer (para baixo)	léistis	['lʲɛɪstʲɪs]
desculpar (vt)	atléisti	[at'lʲɛɪstʲɪ]
desculpar-se (vr)	atsiprašinéti	[atsʲɪpraʃɪ'nʲe:tʲɪ]
dirigir (~ uma empresa)	vadováuti	[vado'vɑʊtʲɪ]
discutir (notícias, etc.)	aptarinéti	[aptarʲɪ'nʲætʲɪ]
dizer (vt)	pasakýti	[pasa'kʲi:tʲɪ]

duvidar (vt)	abejóti	[abʲɛ'jotʲɪ]
enganar (vt)	apgaudinéti	[apgɑʊdʲɪ'nʲe:tʲɪ]
entrar (na sala, etc.)	įeĩti	[i:'ɛɪtʲɪ]
enviar (uma carta)	išsiųsti	[ɪʃ'sʲu:stʲɪ]

errar (equivocar-se)	klýsti	['klʲi:stʲɪ]
escolher (vt)	išsirinkti	[ɪʃsʲɪ'rʲɪŋktʲɪ]
esconder (vt)	slėpti	['slʲe:ptʲɪ]
escrever (vt)	rašýti	[ra'ʃɪ:tʲɪ]
esperar (o autocarro, etc.)	láukti	['lʲɑʊktʲɪ]
esperar (ter esperança)	tikétis	[tʲɪ'kʲe:tʲɪs]
esquecer (vt)	užmiršti	[ʊʒ'mʲɪrʃtʲɪ]
estudar (vt)	studijúoti	[stʊdʲɪ'jʊɑtʲɪ]
exigir (vt)	reikaláuti	[rʲɛɪka'lʲɑʊtʲɪ]
existir (vi)	egzistúoti	[ɛgzʲɪs'tʊɑtʲɪ]

explicar (vt)	paáiškinti	[pa'ʌɪʃkʲɪntʲɪ]
falar (vi)	sakýti	[sa'kʲi:tʲɪ]
faltar (clases, etc.)	praleidinéti	[pralʲɛɪdʲɪ'nʲe:tʲɪ]
fazer (vt)	darýti	[da'rʲi:tʲɪ]
ficar em silêncio	tyléti	[tʲi:'lʲe:tʲɪ]
gabar-se, jactar-se (vr)	gìrtis	['gʲɪrtʲɪs]

gostar (apreciar)	patìkti	[pa'tʲɪktʲɪ]
gritar (vi)	šaũkti	['ʃɑʊktʲɪ]
guardar (cartas, etc.)	sáugoti	['sɑʊgotʲɪ]
informar (vt)	informúoti	[ɪnfor'mʊɑtʲɪ]
insistir (vi)	reikaláuti	[rʲɛɪka'lʲɑʊtʲɪ]

insultar (vt)	įžeidinéti	[i:ʒʲɛɪdʲɪ'nʲe:tʲɪ]
interessar-se (vr)	dométis	[do'mʲe:tʲɪs]
ir (a pé)	eĩti	['ɛɪtʲɪ]
ir nadar	máudytis	['mɑʊdʲi:tʲɪs]
jantar (vi)	vakarieniáuti	[vakarʲiɛ'nʲæʊtʲɪ]

10. Os verbos mais importantes. Parte 3

ler (vt)	skaitýti	[skʌɪ'tʲi:tʲɪ]
libertar (cidade, etc.)	išláisvinti	[ɪʃ'lʲʌɪsvʲɪntʲɪ]
matar (vt)	žudýti	[ʒʊ'dʲi:tʲɪ]
mencionar (vt)	minéti	[mʲɪ'nʲe:tʲɪ]
mostrar (vt)	ródyti	['rodʲi:tʲɪ]

mudar (modificar)	pakeĩsti	[pa'kʲɛɪstʲɪ]
nadar (vi)	plaũkti	['plʲɑʊktʲɪ]
negar-se a ...	atsisakýti	[atsʲɪsa'kʲi:tʲɪ]
objetar (vt)	prieštaráuti	[prʲiɛʃta'rɑʊtʲɪ]

observar (vt)	stebéti	[steˈbʲeːtʲɪ]
ordenar (mil.)	nurodinéti	[nʊrodʲɪˈnʲeːtʲɪ]
ouvir (vt)	girdéti	[gʲɪrˈdʲeːtʲɪ]
pagar (vt)	mokéti	[moˈkʲeːtʲɪ]
parar (vi)	sustóti	[sʊsˈtotʲɪ]

participar (vi)	dalyváuti	[dalʲiːˈvɑʊtʲɪ]
pedir (comida)	užsakinéti	[ʊʒsakʲɪˈnʲeːtʲɪ]
pedir (um favor, etc.)	prašýti	[praˈʃɪːtʲɪ]
pegar (tomar)	im̃ti	[ˈɪmtʲɪ]
pensar (vt)	galvóti	[galʲˈvotʲɪ]

perceber (ver)	pastebéti	[pasteˈbʲeːtʲɪ]
perdoar (vt)	atléisti	[atʲˈlʲɛɪstʲɪ]
perguntar (vt)	kláusti	[ˈklʲɑʊstʲɪ]
permitir (vt)	léisti	[ˈlʲɛɪstʲɪ]
pertencer a ...	priklausýti	[prʲɪklʲɑʊˈsʲiːtʲɪ]

planear (vt)	planúoti	[plʲaˈnʊɑtʲɪ]
poder (vi)	galéti	[gaˈlʲeːtʲɪ]
possuir (vt)	mokéti	[moˈkʲeːtʲɪ]
preferir (vt)	teĩkti pirmenýbę	[ˈtʲɛɪktʲɪ pʲɪrmʲɛˈnʲiːbʲɛ]
preparar (vt)	gamìnti	[gaˈmʲɪntʲɪ]

prever (vt)	numatýti	[nʊmaˈtʲiːtʲɪ]
prometer (vt)	žadéti	[ʒaˈdʲeːtʲɪ]
pronunciar (vt)	ištar̃ti	[ɪʃˈtartʲɪ]
propor (vt)	siūlyti	[ˈsʲuːlʲiːtʲɪ]
punir (castigar)	baũsti	[ˈbɑʊstʲɪ]

11. Os verbos mais importantes. Parte 4

quebrar (vt)	láužyti	[ˈlʲɑʊʒʲiːtʲɪ]
queixar-se (vr)	skųstis	[ˈskuːstʲɪs]
querer (desejar)	noréti	[noˈrʲeːtʲɪ]
recomendar (vt)	rekomendúoti	[rʲɛkomʲɛnˈdʊɑtʲɪ]
repetir (dizer outra vez)	kartóti	[karˈtotʲɪ]

repreender (vt)	bárti	[ˈbartʲɪ]
reservar (~ um quarto)	rezervúoti	[rʲɛzʲɛrˈvʊɑtʲɪ]
responder (vt)	atsakýti	[atsaˈkʲiːtʲɪ]
rezar, orar (vi)	melstis	[ˈmʲɛlˈstʲɪs]
rir (vi)	juõktis	[ˈjʊɑktʲɪs]

roubar (vt)	võgti	[ˈvoːktʲɪ]
saber (vt)	žinóti	[ʒɪˈnotʲɪ]
sair (~ de casa)	išéiti	[ɪˈʃɛɪtʲɪ]
salvar (vt)	gélbéti	[ˈgʲælʲbʲeːtʲɪ]
seguir ...	sèkti ...	[ˈsʲɛktʲɪ ...]

sentar-se (vr)	séstis	[ˈsʲeːstʲɪs]
ser necessário	bũti reikalìngu	[ˈbuːtʲɪ rʲɛɪkaˈlʲɪŋgʊ]
ser, estar	bũti	[ˈbuːtʲɪ]
significar (vt)	réikšti	[ˈrʲɛɪkʃtʲɪ]

19

sorrir (vi)	šypsótis	[ʃɪːpˈsotʲɪs]
subestimar (vt)	neįvértinti	[nʲɛɪːˈvʲɛrtʲɪntʲɪ]
surpreender-se (vr)	stebétis	[steˈbʲeːtʲɪs]
tentar (vt)	bandýti	[banˈdʲiːtʲɪ]

ter (vt)	turéti	[tʊˈrʲeːtʲɪ]
ter fome	noréti válgyti	[noˈrʲeːtʲɪ ˈvalʲgʲiːtʲɪ]
ter medo	bijóti	[bʲɪˈjotʲɪ]
ter sede	noréti gérti	[noˈrʲeːtʲɪ ˈgʲæːrtʲɪ]

tocar (com as mãos)	čiupinéti	[tʂʲʊpʲɪˈnʲeːtʲɪ]
tomar o pequeno-almoço	pùsryčiauti	[ˈpʊsrʲɪːtʂʲɛʊtʲɪ]
trabalhar (vi)	dìrbti	[ˈdʲɪrptʲɪ]
traduzir (vt)	vérsti	[ˈvʲɛrstʲɪ]
unir (vt)	apjùngti	[aˈpjʊŋktʲɪ]

vender (vt)	pardavinéti	[pardavʲɪˈnʲeːtʲɪ]
ver (vt)	matýti	[maˈtʲiːtʲɪ]
virar (ex. ~ à direita)	sùkti	[ˈsʊktʲɪ]
voar (vi)	skrìsti	[ˈskrʲɪstʲɪ]

12. Cores

cor (f)	spalvà (m)	[spalʲˈva]
matiz (m)	ãtspalvis (v)	[ˈaːtspalʲɪvʲɪs]
tom (m)	tònas (v)	[ˈtonas]
arco-íris (m)	vaivórykštė (m)	[vʌɪˈvorʲiːkʃtʲeː]

branco	baltà	[balʲˈta]
preto	juodà	[jʊɑˈda]
cinzento	pilkà	[pʲɪlʲˈka]

verde	žalià	[ʒaˈlʲæ]
amarelo	geltóna	[gʲɛlʲˈtona]
vermelho	raudóna	[rɑʊˈdona]

azul	mélyna	[ˈmʲeːlʲiːna]
azul claro	žydrà	[ʒʲiːdˈra]
rosa	rõžinė	[ˈroːʒɪnʲeː]
laranja	oránžinė	[oˈranʒʲɪnʲeː]
violeta	violètinė	[vʲɪjoˈlʲɛtʲɪnʲeː]
castanho	rudà	[rʊˈda]

dourado	auksìnis	[ɑʊkˈsʲɪnʲɪs]
prateado	sidabrìnis	[sʲɪdaˈbrʲɪnʲɪs]

bege	smélio spalvõs	[ˈsmʲeːlʲɔ spalʲˈvoːs]
creme	krèminės spalvõs	[ˈkrʲɛmʲɪnʲeːs spalʲˈvoːs]
turquesa	tùrkio spalvõs	[ˈtʊrkʲɔ spalʲˈvoːs]
vermelho cereja	výšnių spalvõs	[vʲiːʃnʲu spalʲˈvoːs]
lilás	alývų spalvõs	[aˈlʲiːvu spalʲˈvoːs]
carmesim	aviètinės spalvõs	[aˈvʲɛtʲɪnʲeːs spalʲˈvoːs]
claro	šviesì	[ʃvʲɪɛˈsʲɪ]
escuro	tamsì	[tamˈsʲɪ]

vivo	ryškì	[riːʃkʲɪ]
de cor	spalvótas	[spalʲˈvotas]
a cores	spalvótas	[spalʲˈvotas]
preto e branco	juodaì báltas	[jʊɑˈdʌɪ ˈbalʲtas]
unicolor	vienspalvis	[vʲiɛnsˈpalʲvʲɪs]
multicor	įvairiaspalvis	[iːvʌɪrʲæsˈpalʲvʲɪs]

13. Questões

Quem?	Kàs?	[ˈkas?]
Que?	Ką̃?	[ˈkaː?]
Onde?	Kur̃?	[ˈkʊr?]
Para onde?	Kur̃?	[ˈkʊr?]
De onde?	Ìš kur̃?	[ɪʃ ˈkʊr?]
Quando?	Kadà?	[kaˈda?]
Para quê?	Kám?	[ˈkam?]
Porquê?	Kodėl?	[kɔˈdʲeːlʲ?]

Para quê?	Kám?	[ˈkam?]
Como?	Kaĩp?	[ˈkʌɪp?]
Qual?	Kóks?	[ˈkoks?]
Qual? (entre dois ou mais)	Kurìs?	[kʊˈrʲɪs?]

A quem?	Kám?	[ˈkam?]
Sobre quem?	Apiẽ ką̃?	[aˈpʲɛ ˈkaː?]
Do quê?	Apiẽ ką̃?	[aˈpʲɛ ˈkaː?]
Com quem?	Sù kuõ?	[ˈsʊ ˈkʊɑ?]

Quanto, -os, -as?	Kíek?	[ˈkʲiɛk?]
De quem?	Kienõ?	[kʲiɛˈnoː?]

14. Palavras funcionais. Advérbios. Parte 1

Onde?	Kur̃?	[ˈkʊr?]
aqui	čià	[ˈt͡ʂʲæ]
lá, ali	teñ	[ˈtʲɛn]

em algum lugar	kažkur̃	[kaʒˈkʊr]
em lugar nenhum	niẽkur	[ˈnʲɛkʊr]

ao pé de ...	priẽ ...	[ˈprʲɛ ...]
ao pé da janela	priẽ lángo	[ˈprʲɛ ˈlʲaŋɡɔ]

Para onde?	Kur̃?	[ˈkʊr?]
para cá	čià	[ˈt͡ʂʲæ]
para lá	teñ	[ˈtʲɛn]
daqui	ìš čià	[ɪʃ t͡ʂʲæ]
de lá, dali	ìš teñ	[ɪʃ tʲɛn]

perto	šalià	[ʃɑˈlʲœ]
longe	tolì	[toˈlʲɪ]
perto de ...	šalià	[ʃɑˈlʲæ]

ao lado de	artì	[ar'tʲɪ]
perto, não fica longe	netolì	[nʲɛ'tolʲɪ]
esquerdo	kairỹs	[kʌɪ'rʲi:s]
à esquerda	iš kairės	[ɪʃ kʌɪ'rʲe:s]
para esquerda	į kaìrę	[i: 'kʌɪrʲɛ:]
direito	dešinỹs	[dʲɛʃɪ'rʲnʲi:s]
à direita	iš dešinės	[ɪʃ deʃɪ'nʲe:s]
para direita	į dẽšinę	[i: 'dʲæʃɪnʲɛ:]
à frente	príekyje	['prʲiɛkʲi:jɛ]
da frente	príekinis	['prʲiɛkʲɪnʲɪs]
em frente (para a frente)	pirmỹn	[pʲɪr'mʲi:n]
atrás de ...	galė	[ga'lʲɛ]
por detrás (vir ~)	iš gãlo	[ɪʃ 'ga:lʲɔ]
para trás	atgãl	[at'galʲ]
meio (m), metade (f)	vidurỹs (v)	[vʲɪdu'rʲi:s]
no meio	per vìdurį	['pʲɛr 'vʲɪ:dʊrʲɪ:]
de lado	šóne	['ʃonʲɛ]
em todo lugar	visur̃	[vʲɪ'sʊr]
ao redor (olhar ~)	apliñkui	[ap'lʲɪŋkʊi]
de dentro	iš vidaũs	[ɪʃ vʲɪ'daʊs]
para algum lugar	kažkur̃	[kaʒ'kʊr]
diretamente	tiẽsiai	['tʲɛsʲɛɪ]
de volta	atgãl	[at'galʲ]
de algum lugar	iš kur̃ nórs	[ɪʃ 'kʊr 'nors]
de um lugar	iš kažkur̃	[ɪʃ kaʒ'kʊr]
em primeiro lugar	pìrma	['pʲɪrma]
em segundo lugar	àntra	['antra]
em terceiro lugar	trẽčia	['trʲætʂʲæ]
de repente	staigà	[stʌɪ'ga]
no início	pradžiój	[prad'ʒʲo:j]
pela primeira vez	pìrmą kar̃tą	['pʲɪrma: 'karta:]
muito antes de ...	daũg laìko priẽš ...	['daʊg 'lʲʌɪkɔ 'prʲɛʃ ...]
de novo, novamente	iš naũjo	[ɪʃ 'naʊjɔ]
para sempre	visám laìkui	[vʲɪ'sam 'lʲʌɪkʊi]
nunca	niekadà	[nʲiɛkad'a]
de novo	vėl	['vʲe:lʲ]
agora	dabar̃	[da'bar]
frequentemente	dažnaì	[daʒ'nʌɪ]
então	tadà	[ta'da]
urgentemente	skubiaì	[skʊ'bʲɛɪ]
usualmente	įprastaì	[i:pras'tʌɪ]
a propósito, ...	bejè, ...	[bɛ'jæ, ...]
é possível	įmãnoma	[i:'ma:noma]
provavelmente	tikétina	[tʲɪ'kʲe:tʲɪna]

talvez	gãli bū̃ti	['ga:lʲɪ 'buːtʲɪ]
além disso, ...	bė to̅, ...	['bʲɛ toː, ...]
por isso ...	todė̃l ...	[to'dʲeːlʲ ...]
apesar de ...	nepaĩsant ...	[nʲɛ'pʌɪsant ...]
graças a ...	... dė̃ka	[... dʲeː'ka]
que (pron.)	kàs	['kas]
que (conj.)	kàs	['kas]
algo	kažkàs	[kaʒ'kas]
alguma coisa	kažkàs	[kaʒ'kas]
nada	niẽko	['nʲɛkɔ]
quem	kàs	['kas]
alguém (~ teve uma ideia ...)	kažkàs	[kaʒ'kas]
alguém	kažkàs	[kaʒ'kas]
ninguém	niẽkas	['nʲɛkas]
para lugar nenhum	niẽkur	['nʲɛkʊr]
de ninguém	niẽkieno	['nʲɛ'kʲiɛnɔ]
de alguém	kažkienõ	[kaʒkʲiɛ'noː]
tão	taĩp	['tʌɪp]
também (gostaria ~ de ...)	taĩp pàt	['tʌɪp 'pat]
também (~ eu)	ĩrgi	['ɪrgʲɪ]

15. Palavras funcionais. Advérbios. Parte 2

Porquê?	Kodė̃l?	[ko'dʲeːlʲ?]
por alguma razão	kažkodė̃l	[kaʒko'dʲeːlʲ]
porque ...	... todė̃l, kàd	[... to'dʲeːlʲ, 'kad]
por qualquer razão	kažkodė̃l	[kaʒko'dʲeːlʲ]
e (tu ~ eu)	ĩr	[ɪr]
ou (ser ~ não ser)	arbà	[ar'ba]
mas (porém)	bèt	['bʲɛt]
demasiado, muito	pernelýg	[pʲɛrnʲɛ'lʲiːg]
só, somente	tiktaĩ	[tʲɪk'tʌɪ]
exatamente	tiksliaĩ	[tʲɪks'lʲiɛɪ]
cerca de (~ 10 kg)	maždaũg	[maʒ'daʊg]
aproximadamente	apýtikriai	[a'pʲiːtʲɪkrʲɛɪ]
aproximado	apýtikriai	[a'pʲiːtʲɪkrʲɛɪ]
quase	beveĩk	[bʲɛ'vʲɛɪk]
resto (m)	vìsa kìta (m)	['vʲɪsa 'kʲɪta]
cada	kiekvíenas	[kʲiɛk'vʲiɛnas]
qualquer	bèt kurìs	['bʲɛt kʊ'rʲɪs]
muito	daũg	['daʊg]
multas pessoas	daũgelis	['daʊgʲɛlʲɪs]
todos	vìsì	[vʲɪ's'ɪ]
em troca de ...	mainaĩs į̃ ...	[mʌɪ'nʌɪs iː ..]
em troca	mainaĩs	[mʌɪ'nʌɪs]

23

à mão	rankiniu būdù	['raŋkʲɪnʲʊ buː'dʊ]
pouco provável	kažì	[ka'ʒʲɪ]
provavelmente	tikriáusiai	[tʲɪk'rʲæʊsʲɛɪ]
de propósito	týčia	['tʲiː tʂʲæ]
por acidente	netýčia	[nʲɛ'tʲiː tʂʲæ]
muito	labaĩ	[lʲa'bʌɪ]
por exemplo	pãvyzdžiui	['paː vʲiː zdʒʲʊi]
entre	tar̃p	['tarp]
entre (no meio de)	tar̃p	['tarp]
tanto	tiẽk	['tʲɛk]
especialmente	ýpač	['iː patʂ]

Conceitos básicos. Parte 2

16. Opostos

rico	turtìngas	[tʊr'tʲɪngas]
pobre	skurdùs	[skʊr'dʊs]
doente	sérgantis	['sʲɛrgantʲɪs]
são	sveĩkas	['svʲɛɪkas]
grande	dìdelis	['dʲɪdʲɛlʲɪs]
pequeno	mãžas	['maːʒas]
rapidamente	greĩtai	['grʲɛɪtʌɪ]
lentamente	létaĩ	[lʲeː'tʌɪ]
rápido	greĩtas	['grʲɛɪtas]
lento	létas	['lʲeːtas]
alegre	liñksmas	['lʲɪŋksmas]
triste	liũdnas	['lʲuːdnas]
juntos	kártu	['kartʊ]
separadamente	atskiraĩ	[atskʲɪ'rʌɪ]
em voz alta (ler ~)	gar̃siai	['garsʲɛɪ]
para si (em silêncio)	tỹliai	['tʲiːlʲɛɪ]
alto	aũkštas	['ɑʊkʃtas]
baixo	žẽmas	['ʒʲæmas]
profundo	gilùs	[gʲɪ'lʲʊs]
pouco fundo	seklùs	[sʲɛk'lʲʊs]
sim	taĩp	['tʌɪp]
não	nè	['nʲɛ]
distante (no espaço)	tólimas	['tolʲɪmas]
próximo	ar̃timas	['artʲɪmas]
longe	tolì	[to'lʲɪ]
perto	artì	[ar'tʲɪ]
longo	ìlgas	['ɪlʲgas]
curto	trumpas	['trʊmpas]
bom, bondoso	gẽras	['gʲæras]
mau	pìktas	['pʲɪktas]
casado	vẽdęs	['vʲædʲɛːs]

solteiro	nevẽdęs	[nʲɛ'vʲædʲɛ:s]
proibir (vt)	uždraũsti	[ʊʒ'drɑʊstʲɪ]
permitir (vt)	léisti	[ˈlʲɛɪstʲɪ]
fim (m)	pabaigà (m)	[pabʌɪ'ga]
começo (m)	pradžià (m)	[prad'ʒʲæ]
esquerdo	kairỹs	[kʌɪ'rʲi:s]
direito	dešinỹs	[dʲɛʃɪ'nʲi:s]
primeiro	pìrmas	[ˈpʲɪrmas]
último	paskutìnis	[pasku'tʲɪnʲɪs]
crime (m)	nusikaltìmas (v)	[nʊsʲɪkalʲ'tʲɪmas]
castigo (m)	bausmẽ (m)	[bɑʊs'mʲe:]
ordenar (vt)	įsakýti	[i:sa'kʲi:tʲɪ]
obedecer (vt)	paklùsti	[pak'lʲʊstʲɪ]
reto	tiesùs	[tʲɪɛ'sʊs]
curvo	kreĩvas	[ˈkrʲɛɪvas]
paraíso (m)	rõjus (v)	[ˈro:jʊs]
inferno (m)	prãgaras (v)	[ˈpra:garas]
nascer (vi)	gìmti	[ˈgʲɪmtʲɪ]
morrer (vi)	mìrti	[ˈmʲɪrtʲɪ]
forte	stiprùs	[stʲɪp'rʊs]
fraco, débil	sìlpnas	[ˈsʲɪlʲpnas]
idoso	sẽnas	[ˈsʲænas]
jovem	jáunas	[ˈjɑʊnas]
velho	sẽnas	[ˈsʲænas]
novo	naũjas	[ˈnɑʊjas]
duro	kíetas	[ˈkʲiɛtas]
mole	mìnkštas	[ˈmʲɪŋkʃtas]
tépido	šìltas	[ˈʃɪlʲtas]
frio	šáltas	[ˈʃalʲtas]
gordo	stóras	[ˈstoras]
magro	plónas	[ˈplʲonas]
estreito	siaũras	[ˈsʲɛʊras]
largo	platùs	[plʲa'tʊs]
bom	gẽras	[ˈgʲæras]
mau	blõgas	[ˈblʲo:gas]
valente	drąsùs	[drɑ:'sʊs]
cobarde	bailùs	[bʌɪ'lʲʊs]

17. Dias da semana

segunda-feira (f)	pirmādienis (v)	[pʲɪr'ma:dʲiɛnʲɪs]
terça-feira (f)	antrādienis (v)	[an'tra:dʲiɛnʲɪs]
quarta-feira (f)	trečiādienis (v)	[trʲɛ'tʂʲædʲiɛnʲɪs]
quinta-feira (f)	ketvirtādienis (v)	[kʲɛtvʲɪr'ta:dʲiɛnʲɪs]
sexta-feira (f)	penktādienis (v)	[pʲɛŋk'ta:dʲiɛnʲɪs]
sábado (m)	šeštādienis (v)	[ʃɛʃ'ta:dʲiɛnʲɪs]
domingo (m)	sekmādienis (v)	[sʲɛk'ma:dʲiɛnʲɪs]
hoje	šiandien	['ʃændʲiɛn]
amanhã	rytój	[rʲi:'toj]
depois de amanhã	porýt	[po'rʲi:t]
ontem	vākar	['va:kar]
anteontem	užvakar	['ʊʒvakar]
dia (m)	dienà (m)	[dʲiɛ'na]
dia (m) de trabalho	dárbo dienà (m)	['darbɔ dʲiɛ'na]
feriado (m)	šveñtinė dienà (m)	['ʃvʲentʲɪnʲe: dʲiɛ'na]
dia (m) de folga	išeiginė dienà (m)	[ɪʃɛɪ'gʲɪnʲe: dʲiɛ'na]
fim (m) de semana	saváitgalis (v)	[sa'vʌɪtgalʲɪs]
o dia todo	vìsą diēną	['vʲɪsa: 'dʲɛna:]
no dia seguinte	sèkančią diēną	['sʲɛ̃kantʂʲæ: 'dʲɛna:]
há dois dias	priēš dvì dienàs	['prʲɛʃ 'dvʲɪ dʲiɛ'nas]
na véspera	išvakarėse	['ɪʃvakarʲe:se]
diário	kasdiēnis	[kas'dʲɛnʲɪs]
todos os dias	kasdiēn	[kas'dʲɛn]
semana (f)	saváitė (m)	[sa'vʌɪtʲe:]
na semana passada	praeitą savāitę	['pralɛɪta: sa'vʌɪtʲɛ:]
na próxima semana	ateinančią savāitę	[a'tʲɛɪnantʂʲæ: sa'vʌɪtʲɛ:]
semanal	kassavāitinis	[kassa'vʌɪtʲɪnʲɪs]
cada semana	kàs savāitę	['kas sa'vʌɪtʲɛ:]
duas vezes por semana	dù kartùs peř savāitę	['dʊ kar'tʊs pʲɛr sa'vʌɪtʲɛ:]
cada terça-feira	kiekvíeną antrādienį	[kʲiɛk'vʲiː:ɛna: an'tra:dʲiː:ɛnʲiː:]

18. Horas. Dia e noite

manhã (f)	rýtas (v)	['rʲi:tas]
de manhã	rytė̀	[rʲi:'tʲɛ]
meio-dia (m)	vidùrdienis (v)	[vʲɪ'dʊrdʲiɛnʲɪs]
à tarde	popiēt	[po'pʲɛt]
noite (f)	vākaras (v)	['va:karas]
à noite (noitinha)	vakarė̀	[vaka'rʲɛ]
noite (f)	naktìs (m)	[nak'tʲɪs]
à noite	nāktį	['na:kti:]
meia-noite (f)	vidùrnaktis (v)	[vʲɪ'dʊrnaktʲɪs]
segundo (m)	sekùndė (m)	[sʲɛ'kʊndʲe·]
minuto (m)	minùtė (m)	[mʲɪ'nʊtʲe:]
hora (f)	valandà (m)	[valʲan'da]

meia hora (f)	pùsvalandis (v)	['pusval'and'ɪs]
quarto (m) de hora	ketvìrtis valandõs	[k'ɛt'v'ɪrt'ɪs val'an'do:s]
quinze minutos	penkiólika minùčių	[p'ɛŋ'k'ol'ɪka m'ɪ'nʊtʂ'u:]
vinte e quatro horas	parà (m)	[pa'ra]

nascer (m) do sol	sáulės patekéjimas (v)	['sɑul'e:s pat'ɛ'k'ɛjɪmas]
amanhecer (m)	aušrà (m)	[ɑuʃ'ra]
madrugada (f)	ankstývas rýtas (v)	[aŋk'st'i:vas 'r'i:tas]
pôr do sol (m)	saulélydis (v)	[sɑu'l'e:l'i:d'ɪs]

de madrugada	ankstì rytè	[aŋk'st'ɪ r'i:'t'ɛ]
hoje de manhã	šiañdien rytè	['ʃænd'iɛn r'i:'t'ɛ]
amanhã de manhã	rytój rytè	[r'i:'toj r'i:'t'ɛ]

hoje à tarde	šiañdien diẽną	['ʃæn'd'ɛn 'd'iɛna:]
à tarde	popiẽt	[po'p'ɛt]
amanhã à tarde	rytój popiẽt	[r'i:'toj po'p'ɛt]

| hoje à noite | šiañdien vakarè | ['ʃænd'iɛn vaka'r'ɛ] |
| amanhã à noite | rytój vakarè | [r'i:'toj vaka'r'ɛ] |

às três horas em ponto	lýgiai trẽčią vãlandą	['l'i:g'ɛɪ 'tr'ætʂ'æ: 'va:landa:]
por volta das quatro	apiẽ ketvìrtą vãlandą	[a'p'ɛ k'ɛtv'ɪrta: va:l'anda:]
às doze	dvýliktai vãlandai	['dv'i:l'ɪktʌɪ 'va:landʌɪ]

dentro de vinte minutos	ùž dvidešimtiẽs minùčių	['ʊʒ dv'ɪd'ɛʃɪm't'ɛs m'ɪ'nʊtʂ'u:]
dentro duma hora	ùž valandõs	['ʊʒ val'an'do:s]
a tempo	laikù	[l'ʌɪ'kʊ]

menos um quarto	bè ketvìrčio	['b'ɛ 'k'ɛtv'ɪrtʂ'o]
durante uma hora	valandõs bėgyje	[val'an'do:s 'b'e:g'i:je]
a cada quinze minutos	kàs penkiólika minùčių	['kas p'ɛŋ'k'ol'ɪka m'ɪ'nʊtʂ'u:]
as vinte e quatro horas	vìsą pãrą (m)	['v'ɪsa: 'pa:ra:]

19. Meses. Estações

janeiro (m)	saũsis (v)	['sɑus'ɪs]
fevereiro (m)	vasãris (v)	[va'sa:r'ɪs]
março (m)	kovàs (v)	[ko'vas]
abril (m)	balañdis (v)	[ba'l'and'ɪs]
maio (m)	gegužẽ (m)	[g'ɛgʊ'ʒ'e:]
junho (m)	biržẽlis (v)	[b'ɪr'ʒ'æl'ɪs]

julho (m)	líepa (m)	['l'iɛpa]
agosto (m)	rugpjũtis (v)	[rʊg'pju:t'ɪs]
setembro (m)	rugsẽjis (v)	[rʊg's'ɛjɪs]
outubro (m)	spãlis (v)	['spa:l'ɪs]
novembro (m)	lãpkritis (v)	['l'a:pkr'ɪt'ɪs]
dezembro (m)	grúodis (v)	['grʊɑd'ɪs]

primavera (f)	pavãsaris (v)	[pa'va:sar'ɪs]
na primavera	pavãsarį	[pa'va:sar'ɪ:]
primaveril	pavasarìnis	[pavasa'r'ɪn'ɪs]
verão (m)	vãsara (m)	['va:sara]

28

no verão	vāsarą	['va:sara:]
de verão	vasarìnis	[vasa'rʲɪnʲɪs]
outono (m)	ruduõ (v)	[rʊ'dʊɑ]
no outono	rùdenį	['rʊdʲɛnʲɪ:]
outonal	rudenìnis	[rʊdʲɛ'nʲɪnʲɪs]
inverno (m)	žiemà (m)	[ʒʲiɛ'ma]
no inverno	žiēmą	['ʒʲɛma:]
de inverno	žiemìnis	[ʒʲiɛ'mʲɪnʲɪs]
mês (m)	ménuo (v)	['mʲe:nʊɑ]
este mês	šį̇́ ménesį	[ʃɪ: 'mʲe:nesʲɪ:]
no próximo mês	kìtą ménesį	['kʲɪ:ta: 'mʲe:nesʲɪ:]
no mês passado	praeìtą ménesį	['praʲɛɪta: 'mʲe:nesʲɪ:]
há um mês	priẽš ménesį	['prʲɪ:ʃ 'mʲe:nesʲɪ:]
dentro de um mês	ùž ménesio	['ʊʒ 'mʲe:nesʲɔ]
dentro de dois meses	ùž dvejų̃ ménesių	['ʊʒ dvɛ'ju: 'mʲe:nesʲu:]
todo o mês	vìsą ménesį	['vʲɪsa: 'mʲe:nesʲɪ:]
um mês inteiro	vìsą ménesį	['vʲɪsa: 'mʲe:nesʲɪ:]
mensal	kasmėnesìnis	[kasmʲe:ne'sʲɪnʲɪs]
mensalmente	kàs ménesį	['kas 'mʲe:nesʲɪ:]
cada mês	kiekvíeną ménesį	[kʲiɛk'vʲɪ:ɛna: 'mʲe:nesʲɪ:]
duas vezes por mês	dù kartùs per̃ ménesį	['dʊ kar'tʊs per 'mʲe:nesʲɪ:]
ano (m)	mẽtai (v dgs)	['mʲætʌɪ]
este ano	šiaĩs mẽtais	['ʃʲɛɪs 'mʲætʌɪs]
no próximo ano	kitaĩs mẽtais	[kʲɪ'tʌɪs 'mʲætʌɪs]
no ano passado	praeitaĩs mẽtais	[praʲɛɪ'tʌɪs 'mʲætʌɪs]
há um ano	priẽš metùs	['prʲɛʃ mʲɛ'tʊs]
dentro dum ano	ùž mẽtų	['ʊʒ 'mʲætu:]
dentro de 2 anos	ùž dvejų̃ mẽtų	['ʊʒ dvʲɛ'ju: 'mʲætu:]
todo o ano	visùs metùs	[vʲɪ'sʊs mʲɛ'tʊs]
um ano inteiro	visùs metùs	[vʲɪ'sʊs mʲɛ'tʊs]
cada ano	kàs metùs	['kas mʲɛ'tʊs]
anual	kasmetìnis	[kasmʲɛ'tʲɪnʲɪs]
anualmente	kàs metùs	['kas mʲɛ'tʊs]
quatro vezes por ano	kẽturis kartùs per metus	['kʲætʊrʲɪs kar'tʊs pʲɛr mʲɛ'tʊs]
data (~ de hoje)	dienà (m)	[dʲiɛ'na]
data (ex. ~ de nascimento)	datà (m)	[da'ta]
calendário (m)	kalendõrius (v)	[kalʲɛn'do:rʲʊs]
meio ano	pùsė mẽtų	['pʊsʲe: 'mʲætu:]
seis meses	pùsmetis (v)	['pʊsmʲɛtʲɪs]
estação (f)	sezónas (v)	[sʲɛ'zonas]
século (m)	ámžius (v)	['amʒʲʊs]

20. Tempo. Diversos

tempo (m)	laikas (v)	['lʲʌɪkas]
momento (m)	akìmirka (m)	[a'kʲɪmʲɪrka]
instante (m)	momentas (v)	[mo'mʲɛntas]
instantâneo	staigùs	[stʌɪ'gʊs]
lapso (m) de tempo	laiko tárpas (v)	['lʲʌɪkɔ 'tarpas]
vida (f)	gyvēnimas (v)	[gʲiː'vʲænʲɪmas]
eternidade (f)	amžinýbė (m)	[amʒʲɪ'nʲiːbʲeː]

época (f)	epocha (m)	[ɛpo'xa]
era (f)	era (m)	[ɛ'ra]
ciclo (m)	cìklas (v)	['tsʲɪklʲas]
período (m)	periòdas (v)	[pʲɛrʲɪ'jodas]
prazo (m)	laikótarpis (v)	[lʲʌɪ'kotarpʲɪs]

futuro (m)	ateitìs (m)	[atʲɛɪ'tʲɪs]
futuro	bùsimas	['bʊsʲɪmas]
da próxima vez	kìtą kartą	['kʲɪta: 'karta:]
passado (m)	praeitìs (m)	[praʲɛɪ'tʲɪs]
passado	praējęs	[pra'e:jɛːs]
na vez passada	praeitą kartą	['praʲɛɪta: 'karta:]

mais tarde	vēliaũ	[vʲe:'lʲɛʊ]
depois	põ	['po:]
atualmente	dabar̃	[da'bar]
agora	dabar̃	[da'bar]
imediatamente	tuõj pàt	['tʊɑj 'pat]
em breve, brevemente	greìtai	['grʲɛɪtʌɪ]
de antemão	ìš añksto	[ɪʃ 'aŋkstɔ]

há muito tempo	seniaĩ	[sʲɛ'nʲɛɪ]
há pouco tempo	neseniaĩ	[nʲɛsʲɛ'nʲɛɪ]
destino (m)	likìmas (v)	[lʲɪ'kʲɪmas]
recordações (f pl)	atminìmas (v)	[atmʲɪ'nʲɪmas]
arquivo (m)	archỹvas (v)	[ar'xʲiːvas]

durante …	… metu	[… mʲɛ'tʊ]
durante muito tempo	ilgaĩ …	[ɪlʲ'gʌɪ …]
pouco tempo	neilgaĩ	[nʲɛɪlʲ'gʌɪ]
cedo (levantar-se ~)	ankstì	[aŋk'stʲɪ]
tarde (deitar-se ~)	vēlaĩ	[vʲe:'lʲʌɪ]

para sempre	visám laĩkui	[vʲɪ'sam 'lʲʌɪkʊi]
começar (vt)	pradēti	[pra'dʲe:tʲɪ]
adiar (vt)	pérkelti	['pʲɛrkʲɛlʲtʲɪ]

simultaneamente	tuõ pàt metù	['tʊɑ 'pat mʲɛ'tʊ]
permanentemente	vìsą laĩką	['vʲɪsa: 'lʲʌɪka:]
constante (ruído, etc.)	nuolatìnis	[nʊɑlʲa'tʲɪnʲɪs]
temporário	laĩkinas	['lʲʌɪkʲɪnas]

às vezes	kartaĩs	[kar'tʌɪs]
raramente	retaĩ	[rʲɛ'tʌɪ]
frequentemente	dažnaĩ	[daʒ'nʌɪ]

21. Linhas e formas

quadrado (m)	kvadrãtas (v)	[kvad'ra:tas]
quadrado	kvadrãtinis	[kvad'ra:tʲɪnʲɪs]
círculo (m)	skritulỹs (v)	[skrʲɪtʊ'lʲi:s]
redondo	apvalùs	[apva'lʲʊs]
triângulo (m)	trìkampis (v)	['trʲɪkampʲɪs]
triangular	trikampìnis	[trʲɪkam'pʲɪnʲɪs]

oval (f)	ovãlas (v)	[o'va:lʲas]
oval	ovalùs	[ova'lʲʊs]
retângulo (m)	stačiãkampis (v)	[sta'tʂʲækampʲɪs]
retangular	stačiãkampis	[sta'tʂʲækampʲɪs]

pirâmide (f)	piramìdė (m)	[pʲɪra'mʲɪdʲe:]
rombo, losango (m)	ròmbas (v)	['rombas]
trapézio (m)	trapècija (m)	[tra'pʲɛtsʲɪjɛ]
cubo (m)	kùbas (v)	['kʊbas]
prisma (m)	prìzmė (m)	['prʲɪzmʲe:]

circunferência (f)	apskritìmas (v)	[apskrʲɪ'tʲɪmas]
esfera (f)	sfèra (m)	[sfʲɛ'ra]
globo (m)	rutulỹs (v)	[rʊtʊ'lʲi:s]
diâmetro (m)	diãmetras (v)	[dʲɪ'jamʲɛtras]
raio (m)	spindulỹs (v)	[spʲɪndʊ'lʲi:s]
perímetro (m)	perìmetras (v)	[pʲɛ'rʲɪmʲɛtras]
centro (m)	ceñtras (v)	['tsʲɛntras]

horizontal	horizontalùs	[ɣorʲɪzonta'lʲʊs]
vertical	vèrtikalùs	[vʲɛrtʲɪka'lʲʊs]
paralela (f)	paralelė̃ (m)	[para'lʲɛlʲe:]
paralelo	lygiagretùs	[lʲi:gʲægrʲɛ'tʊs]

linha (f)	lìnija (m)	['lʲɪnʲɪjɛ]
traço (m)	brùkšnỹs (v)	[bru:kʃnʲi:s]
reta (f)	tiesióji (m)	[tʲiɛ'sʲo:jɪ]
curva (f)	kreivė̃ (m)	[krʲɛɪ'vʲe:]
fino (linha ~a)	plónas	['plʲonas]
contorno (m)	kòntūras (v)	['kontu:ras]

interseção (f)	sánkirta (m)	['saŋkʲɪrta]
ângulo (m) reto	statùsis kam̃pas (v)	[sta'tʊsʲɪs 'kampas]
segmento (m)	segmeñtas (v)	[sʲɛg'mʲɛntas]
setor (m)	sèktorius (v)	['sʲɛktorʲʊs]
lado (de um triângulo, etc.)	pùsė (m)	['pʊsʲe:]
ângulo (m)	kam̃pas (v)	['kampas]

22. Unidades de medida

peso (m)	svõris (v)	['svo:rʲɪs]
comprimento (m)	ìlgis (v)	[ilʲgʲɪs]
largura (f)	plõtis (v)	['plʲo:tʲɪs]
altura (f)	aũkštis (v)	['ɑʊkʃtʲɪs]

profundidade (f)	gylis (v)	['gʲiːlʲɪs]
volume (m)	tūris (v)	['tuːrʲɪs]
área (f)	plótas (v)	['plʲotas]

grama (m)	grãmas (v)	['graːmas]
miligrama (m)	miligrãmas (v)	[mʲɪlʲɪˈgraːmas]
quilograma (m)	kilogrãmas (v)	[kʲɪlʲoˈgraːmas]
tonelada (f)	tona (m)	[to'na]
libra (453,6 gramas)	svãras (v)	['svaːras]
onça (f)	úncija (m)	['ʊntsʲɪjɛ]

metro (m)	mètras (v)	['mʲɛtras]
milímetro (m)	milimètras (v)	[mʲɪlʲɪ'mʲɛtras]
centímetro (m)	centimètras (v)	[tsʲɛntʲɪ'mʲɛtras]
quilómetro (m)	kilomètras (v)	[kʲɪlʲo'mʲɛtras]
milha (f)	mylia (m)	[mʲiːlʲæ]

polegada (f)	cólis (v)	['tsolʲɪs]
pé (304,74 mm)	pédà (m)	[pʲeːˈda]
jarda (914,383 mm)	járdas (v)	[jardas]

| metro (m) quadrado | kvadrãtinis mètras (v) | [kvad'raːtʲɪnʲɪs 'mʲɛtras] |
| hectare (m) | hektãras (v) | [ɣʲɛk'taːras] |

litro (m)	litras (v)	['lʲɪtras]
grau (m)	laipsnis (v)	['lʲʌɪpsnʲɪs]
volt (m)	vóltas (v)	['volʲtas]
ampere (m)	amperas (v)	[am'pʲɛras]
cavalo-vapor (m)	árklio galia (m)	['arklʲo ga'lʲæ]

quantidade (f)	kiēkis (v)	['kʲɛkʲɪs]
um pouco de ...	nedaũg ...	[nʲɛ'daʊg ...]
metade (f)	púsė (m)	['pʊsʲeː]
dúzia (f)	túzinas (v)	['tʊzʲɪnas]
peça (f)	víenetas (v)	['vʲɪɛnʲɛtas]

| dimensão (f) | dydis (v), išmatãvimai (v dgs) | ['dʲiːdʲɪs], [iʃma'taːvʲɪmʌɪ] |
| escala (f) | mastèlis (v) | [mas'tʲælʲɪs] |

mínimo	minimalùs	[mʲɪnʲɪma'lʲʊs]
menor, mais pequeno	mažiáusias	[ma'ʒʲæʊsʲæs]
médio	vidutìnis	[vʲɪdʊ'tʲɪnʲɪs]
máximo	maksimalùs	[maksʲɪma'lʲʊs]
maior, mais grande	didžiáusias	[dʲɪ'dʒʲæʊsʲæs]

23. Recipientes

boião (m) de vidro	stiklaìnis (v)	[stʲɪk'lʲʌɪnʲɪs]
lata (~ de cerveja)	skardìnė (m)	[skar'dʲɪnʲeː]
balde (m)	kìbiras (v)	['kʲɪbʲɪras]
barril (m)	statìnė (m)	[sta'tʲɪnʲeː]

| bacia (~ de plástico) | dubenẽlis (v) | [dʊbe'nʲeːlʲɪs] |
| tanque (m) | bãkas (v) | ['baːkas] |

cantil (m) de bolso	kolba (m)	['kolʲba]
bidão (m) de gasolina	kanistras (v)	[ka'nʲɪstras]
cisterna (f)	bākas (v)	['ba:kas]

caneca (f)	puodėlis (v)	[pʊɑ'dʲælʲɪs]
chávena (f)	puodėlis (v)	[pʊɑ'dʲælʲɪs]
pires (m)	lėkštėlė (m)	[lʲe:kʃ'tʲælʲe:]
copo (m)	stiklas (v)	['stʲɪklʲas]
taça (f) de vinho	taurė (m)	[tɑʊ'rʲe:]
panela, caçarola (f)	púodas (v)	['pʊɑdas]

garrafa (f)	butelis (v)	['bʊtʲɛlʲɪs]
gargalo (m)	kāklas (v)	['ka:klʲas]

jarro, garrafa (f)	grafinas (v)	[gra'fɪnas]
jarro (m) de barro	ąsōtis (v)	[a:'so:tʲɪs]
recipiente (m)	indas (v)	['ɪndas]
pote (m)	púodas (v)	['pʊɑdas]
vaso (m)	vaza (m)	[va'za]

frasco (~ de perfume)	butelis (v)	['bʊtʲɛlʲɪs]
frasquinho (ex. ~ de iodo)	buteliukas (v)	[bʊtʲɛ'lʲʊkas]
tubo (~ de pasta dentífrica)	tūba (m)	[tu:'ba]

saca (ex. ~ de açúcar)	maišas (v)	['mʌɪʃas]
saco (~ de plástico)	paketas (v)	[pa'kʲɛtas]
maço (m)	plúoštas (v)	['plʲʊɑʃtas]

caixa (~ de sapatos, etc.)	dėžė (m)	[dʲe:'ʒʲe:]
caixa (~ de madeira)	dėžė (m)	[dʲe:'ʒʲe:]
cesta (f)	krepšys (v)	[krʲɛp'ʃɪ:s]

24. Materiais

material (m)	mėdžiaga (m)	['mʲædʒʲæga]
madeira (f)	mėdis (v)	['mʲædʲɪs]
de madeira	medinis	[mʲɛ'dʲɪnʲɪs]

vidro (m)	stiklas (v)	['stʲɪklʲas]
de vidro	stiklinis	[stʲɪk'lʲɪnʲɪs]

pedra (f)	akmuō (v)	[ak'mʊɑ]
de pedra	akmeninis	[akmʲɛ'nʲɪnʲɪs]

plástico (m)	plāstikas (v)	['plʲa:stʲɪkas]
de plástico	plastikinis	[plʲastʲɪ'kʲɪnʲɪs]

borracha (f)	guma (m)	[gʊ'ma]
de borracha	guminis	[gʊ'mʲɪnʲɪs]

tecido, pano (m)	audinys (v)	[ɑʊdʲɪ'nʲi:s]
de tecido	iš áudinio	[ɪʃ 'ɑʊdʲɪnʲɔ]
papel (m)	pōpierius (v)	['po:pʲɛrʲʊs]
de papel	popierinis	[popʲɛ'rʲɪnʲɪs]

| cartão (m) | kartonas (v) | [kar'tonas] |
| de cartão | kartoninis | [kar'tonʲɪnʲɪs] |

polietileno (m)	polietilènas (v)	[polʲiɛtʲɪ'lʲɛnas]
celofane (m)	celofānas (v)	[tsʲɛlʲo'fa:nas]
linóleo (m)	linolèumas (v)	[lʲɪno'lʲɛumas]
contraplacado (m)	fanerà (m)	[fanʲɛ'ra]

porcelana (f)	porceliānas (v)	[portsʲɛ'lʲænas]
de porcelana	porceliāninis	[portsʲɛ'lʲænʲɪnʲɪs]
barro (f)	mólis (v)	['molʲɪs]
de barro	molìnis	[mo'lʲɪnʲɪs]
cerâmica (f)	kerāmika (m)	[kʲɛ'ra:mʲɪka]
de cerâmica	keramikìnis	[kʲɛramʲɪ'kʲɪnʲɪs]

25. Metais

metal (m)	metālas (v)	[mʲɛ'ta:lʲas]
metálico	metalìnis	[mʲɛta'lʲɪnʲɪs]
liga (f)	lydinỹs (v)	[lʲi:dʲɪ'nʲi:s]

ouro (m)	áuksas (v)	['auksas]
de ouro	auksìnis	[auk'sʲɪnʲɪs]
prata (f)	sidābras (v)	[sʲɪ'da:bras]
de prata	sidabrìnis	[sʲɪda'brʲɪnʲɪs]

ferro (m)	geležìs (v)	[gʲɛlʲɛ'ʒʲɪs]
de ferro	geležìnis	[gʲɛlʲɛ'ʒʲɪnʲɪs]
aço (m)	pliènas (v)	['plʲɛnas]
de aço	plienìnis	[plʲiɛ'nʲɪnʲɪs]
cobre (m)	vāris (v)	['va:rʲɪs]
de cobre	varìnis	[va'rʲɪnʲɪs]

alumínio (m)	aliumìnis (v)	[alʲʊ'mʲɪnʲɪs]
de alumínio	aliumìninis	[alʲʊ'mʲɪnʲɪnʲɪs]
bronze (m)	brònza (m)	['bronza]
de bronze	brònzinis	['bronzʲɪnʲɪs]

latão (m)	žálvaris (v)	['ʒalʲvarʲɪs]
níquel (m)	nìkelis (v)	['nʲɪkʲɛlʲɪs]
platina (f)	plātinà (m)	[plʲa:tʲɪ'na]
mercúrio (m)	gývsidabris (v)	['gʲi:vsʲɪdabrʲɪs]
estanho (m)	ālavas (v)	['a:lʲavas]
chumbo (m)	švìnas (v)	['ʃvʲɪnas]
zinco (m)	cìnkas (v)	['tsʲɪŋkas]

34

O SER HUMANO

O ser humano. O corpo

26. Humanos. Conceitos básicos

ser (m) humano	žmogùs (v)	[ʒmo'gʊs]
homem (m)	výras (v)	['vʲiːras]
mulher (f)	móteris (m)	['motʲɛrʲɪs]
criança (f)	vaĩkas (v)	['vʌɪkas]
menina (f)	mergáitė (m)	[mʲɛr'gʌɪtʲeː]
menino (m)	berniùkas (v)	[bʲɛr'nʲʊkas]
adolescente (m)	paauglỹs (v)	[paɑʊ'glʲiːs]
velho (m)	sẽnis (v)	['sʲænʲɪs]
velha, anciã (f)	sẽnė (m)	['sʲænʲeː]

27. Anatomia humana

organismo (m)	organìzmas (v)	[orga'nʲɪzmas]
coração (m)	širdìs (v)	[ʃir'dʲɪs]
sangue (m)	kraũjas (v)	['krɑʊjas]
artéria (f)	artèrija (m)	[ar'tʲɛrʲɪjɛ]
veia (f)	venà (m)	[vʲɛ'na]
cérebro (m)	smẽgenys (v dgs)	['smʲægʲɛnʲiːs]
nervo (m)	nèrvas (v)	['nʲɛrvas]
nervos (m pl)	nèrvai (v dgs)	['nʲɛrvʌɪ]
vértebra (f)	slankstēlis (v)	[slaŋk'stʲælʲɪs]
coluna (f) vertebral	stùburas (v)	['stʊbʊras]
estômago (m)	skrañdis (v)	['skrandʲɪs]
intestinos (m pl)	žarnýnas (v)	[ʒar'nʲiːnas]
intestino (m)	žarnà (m)	[ʒar'na]
fígado (m)	kẽpenys (v dgs)	['kʲæpʲɛnʲiːs]
rim (m)	ìnkstas (v)	['ɪŋkstas]
osso (m)	káulas (v)	['kɑʊlʲas]
esqueleto (m)	griáučiai (v)	['grʲæʊtʂʲɛɪ]
costela (f)	šónkaulis (v)	['ʃoŋkɑʊlʲɪs]
crânio (m)	káukolė (m)	['kɑʊkolʲeː]
músculo (m)	raumuõ (v)	[rɑʊ'mʊɑ]
bíceps (m)	bìcepsas (v)	['bʲɪtsʲɛpsas]
tríceps (m)	trìcepsas (v)	['trʲɪtsʲɛpsas]
tendão (m)	saũsgyslė (m)	['sɑʊsgʲiːslʲeː]
articulação (f)	sánaris (v)	['saːnarʲɪs]

pulmões (m pl)	plaučiai (v)	['plʲɑʊtʂʲɛɪ]
órgãos (m pl) genitais	lytiniai organai (v dgs)	[lʲiː'tɪnʲɛɪ 'organʌɪ]
pele (f)	oda (m)	['oda]

28. Cabeça

cabeça (f)	galva (m)	[galʲ'va]
cara (f)	veidas (v)	['vʲɛɪdas]
nariz (m)	nosis (m)	['nosʲɪs]
boca (f)	burna (m)	[bʊr'na]

olho (m)	akis (m)	[a'kʲɪs]
olhos (m pl)	akys (m dgs)	['aːkʲiːs]
pupila (f)	vyzdys (v)	[vʲiːz'dʲiːs]
sobrancelha (f)	antakis (v)	['antakʲɪs]
pestana (f)	blakstiena (m)	[blʲak'stʲiɛna]
pálpebra (f)	vokas (v)	['voːkas]

língua (f)	liežuvis (v)	[lʲiɛ'ʒʊvʲɪs]
dente (m)	dantis (v)	[dan'tʲɪs]
lábios (m pl)	lūpos (m dgs)	['lʲuːpos]
maçãs (f pl) do rosto	skruostikauliai (v dgs)	[skrʊɑ'stʲɪkɑʊlʲɛɪ]
gengiva (f)	dantenos (m dgs)	[dantʲɛ'noːs]
palato (m)	gomurys (v)	[gomʊ'rʲiːs]

narinas (f pl)	šnervės (m dgs)	['ʃnʲærvʲeːs]
queixo (m)	smakras (v)	['smaːkras]
mandíbula (f)	žandikaulis (v)	[ʒan'dʲɪkɑʊlʲɪs]
bochecha (f)	skruostas (v)	['skrʊɑstas]

testa (f)	kakta (m)	[kak'ta]
têmpora (f)	smilkinys (v)	[smʲɪlʲkʲɪ'rʲnʲiːs]
orelha (f)	ausis (m)	[ɑʊ'sʲɪs]
nuca (f)	pakaušis, sprandas (v)	[pa'kɑʊʃɪs], ['sprandas]
pescoço (m)	kaklas (v)	['kaːklʲas]
garganta (f)	gerklė (m)	[gʲɛrk'lʲeː]

cabelos (m pl)	plaukai (v dgs)	[plʲɑʊ'kʌɪ]
penteado (m)	šukuosena (m)	[ʃʊ'kʊɑsʲɛna]
corte (m) de cabelo	kirpimas (v)	[kʲɪr'pʲɪmas]
peruca (f)	perukas (v)	[pʲɛ'rʊkas]

bigode (m)	ūsai (v dgs)	['uːsʌɪ]
barba (f)	barzda (m)	[barz'da]
usar, ter (~ barba, etc.)	nešioti	[nʲɛ'ʃotʲɪ]
trança (f)	kasa (m)	[ka'sa]
suíças (f pl)	žandenos (m dgs)	['ʒandʲɛnos]

ruivo	rudis	['rʊdʲɪs]
grisalho	žilas	['ʒʲɪlʲas]
calvo	plikas	['plʲɪkas]
calva (f)	plikė (m)	['plʲɪkʲeː]
rabo-de-cavalo (m)	uodega (m)	[ʊɑdʲɛ'ga]
franja (f)	kirpčiai (v dgs)	['kʲɪrptʂʲɛɪ]

29. Corpo humano

mão (f)	pláštaka (m)	['plʲaːʃtaka]
braço (m)	ranka (m)	[raŋˈka]
dedo (m)	pírštas (v)	['pʲɪrʃtas]
polegar (m)	nykštỹs (v)	[nʲiːkʃtʲiːs]
dedo (m) mindinho	mažasis pírštas (v)	[maˈʒasʲɪs 'pʲɪrʃtas]
unha (f)	nãgas (v)	['naːgas]
punho (m)	kumštis (v)	['kumʃtʲɪs]
palma (f) da mão	delnas (v)	['dʲɛlʲnas]
pulso (m)	ríešas (v)	['rʲiɛʃas]
antebraço (m)	dìlbis (v)	['dʲɪlʲbʲɪs]
cotovelo (m)	alkúnė (m)	[alʲˈkuːnʲeː]
ombro (m)	petìs (v)	[pʲɛˈtʲɪs]
perna (f)	kója (m)	['koja]
pé (m)	pėdà (m)	[pʲeːˈda]
joelho (m)	kelias (v)	['kʲælʲæs]
barriga (f) da perna	blauzdà (v)	[blʲɑʊzˈda]
anca (f)	šlaunìs (m)	[ʃlʲɑʊˈnʲɪs]
calcanhar (m)	kulnas (v)	['kuɫnas]
corpo (m)	kúnas (v)	['kuːnas]
barriga (f)	pílvas (v)	['pʲɪlʲvas]
peito (m)	krūtìnė (m)	[kruːˈtʲɪnʲeː]
seio (m)	krūtìs (v)	[kruːˈtʲɪs]
lado (m)	šónas (v)	['ʃonas]
costas (f pl)	nùgara (m)	['nʊgara]
região (f) lombar	juosmuõ (v)	[jʊɑsˈmʊɑ]
cintura (f)	liemuõ (v)	[lʲiɛˈmʊɑ]
umbigo (m)	bámba (m)	['bamba]
nádegas (f pl)	sėdmenys (v dgs)	['sʲeːdmenʲiːs]
traseiro (m)	pastùrgalis, ùžpakalis (v)	[pasˈtʊrgalʲɪs], ['ʊʒpakalʲɪs]
sinal (m)	ãpgamas (v)	['aːpgamas]
sinal (m) de nascença	ãpgamas (v)	['aːpgamas]
tatuagem (f)	tatuiruõtė (m)	[tatʊiˈrʊɑtʲeː]
cicatriz (f)	rándas (v)	['randas]

Vestuário & Acessórios

30. Roupa exterior. Casacos

roupa (f)	apranga (m)	[apran'ga]
roupa (f) exterior	viršutìniai drabùžiai (v dgs)	[vʲɪrʃʊˈtʲɪnʲɛɪ draˈbʊʒʲɛɪ]
roupa (f) de inverno	žiemìniai drabùžiai (v)	[ʒʲiɛˈmʲɪnʲɛɪ draˈbʊʒʲɛɪ]
sobretudo (m)	páltas (v)	[ˈpalʲtas]
casaco (m) de peles	kailiniaĩ (v dgs)	[kʌɪlʲɪˈnʲɛɪ]
casaco curto (m) de peles	puskailiniai (v)	[ˈpʊskʌɪlʲɪnʲɛɪ]
casaco (m) acolchoado	pūkìnė (m)	[puːˈkʲɪnʲeː]
casaco, blusão (m)	striùkė (m)	[ˈstrʲʊkʲeː]
impermeável (m)	apsiaũstas (v)	[apˈsʲɛʊstas]
impermeável	nepéršlampamas	[nʲɛˈpʲɛrʃlʲampamas]

31. Vestuário de homem & mulher

camisa (f)	marškiniaĩ (v dgs)	[marʃkʲɪˈnʲɛɪ]
calças (f pl)	kélnės (m dgs)	[ˈkʲɛlʲnʲeːs]
calças (f pl) de ganga	džìnsai (v dgs)	[ˈdʒʲɪnsʌɪ]
casaco (m) de fato	švarkas (v)	[ˈʃvarkas]
fato (m)	kostiùmas (v)	[kɔsˈtʲʊmas]
vestido (ex. ~ vermelho)	suknėlė (m)	[sʊkˈnʲælʲeː]
saia (f)	sijõnas (v)	[sʲɪˈjɔːnas]
blusa (f)	palaidìnė (m)	[palʲʌɪˈdʲɪnʲe:]
casaco (m) de malha	sùsegamas megztìnis (v)	[ˈsʊsʲɛgamas mʲɛgzˈtʲɪnʲɪs]
casaco, blazer (m)	žakètas, švarkėlis (v)	[ʒaˈkʲɛtas], [ʃvarˈkʲælʲɪs]
T-shirt, camiseta (f)	fùtbolininko marškiniaĩ (v)	[ˈfʊtbolʲɪnʲɪŋkɔ marʃkʲɪˈnʲɛɪ]
calções (Bermudas, etc.)	šórtai (v dgs)	[ˈʃortʌɪ]
fato (m) de treino	spòrtinis kostiùmas (v)	[ˈsportʲɪnʲɪs kosˈtʲʊmas]
roupão (m) de banho	chalãtas (v)	[xaˈlʲaːtas]
pijama (m)	pižamà (m)	[pʲɪʒaˈma]
suéter (m)	nertìnis (v)	[nʲɛrˈtʲɪnʲɪs]
pulôver (m)	megztìnis (v)	[mʲɛgzˈtʲɪnʲɪs]
colete (m)	liemẽnė (m)	[lʲiɛˈmʲænʲeː]
fraque (m)	frãkas (v)	[ˈfraːkas]
smoking (m)	smòkingas (v)	[ˈsmokʲɪngas]
uniforme (m)	unifòrma (m)	[ʊnʲɪˈforma]
roupa (f) de trabalho	dárbo drabùžiai (v)	[ˈdarbo draˈbʊʒʲɛɪ]
fato-macaco (m)	kombinezònas (v)	[kombʲɪnʲɛˈzonas]
bata (~ branca, etc.)	chalãtas (v)	[xaˈlʲaːtas]

32. Vestuário. Roupa interior

roupa (f) interior	baltiniai (v dgs)	[balʲˈtɪˈnʲɛɪ]
camisola (f) interior	apatìniai marškinēliai (v dgs)	[apaˈtʲɪnʲɛɪ marʃkʲɪˈnʲeːlʲɛɪ]
peúgas (f pl)	kòjinès (m dgs)	[ˈkoːjɪnʲeːs]
camisa (f) de noite	naktìniai marškiniaĩ (v dgs)	[nakˈtʲɪnʲɛɪ marʃkʲɪˈnʲɛɪ]
sutiã (m)	liemenēlė (m)	[lʲiɛmeˈnʲeːlʲe:]
meias longas (f pl)	gòlfai (v)	[ˈɡolʲfʌɪ]
meia-calça (f)	pédkelnès (m dgs)	[ˈpʲeːdkʲɛlʲnʲe:s]
meias (f pl)	kòjinès (m dgs)	[ˈkoːjɪnʲe:s]
fato (m) de banho	máudymosi kostiumēlis (v)	[ˈmɑʊdʲi:mosʲɪ kostʲuˈmʲe:lʲɪs]

33. Adereços de cabeça

chapéu (m)	kepùrė (m)	[kʲɛˈpʊrʲe:]
chapéu (m) de feltro	skrybēlė (m)	[skrʲi:bʲe:ˈlʲe:]
boné (m) de beisebol	beìsbolo lazdà (m)	[ˈbʲɛɪsbolʲɔ lʲaz'da]
boné (m)	kepùrė (m)	[kʲɛˈpʊrʲe:]
boina (f)	beretė (m)	[bʲɛˈrʲɛtʲe:]
capuz (m)	gobtùvas (v)	[ɡopˈtʊvas]
panamá (m)	panamà (m)	[panaˈma]
gorro (m) de malha	megztà kepuráitė (m)	[mʲɛɡzˈta kepʊˈrʌɪtʲe:]
lenço (m)	skarà (m), skarēlė (m)	[skaˈra], [skaˈrʲælʲe:]
chapéu (m) de mulher	skrybēláitė (m)	[skrʲi:bʲe:ˈlʲʌɪtʲe:]
capacete (m) de proteção	šálmas (v)	[ˈʃalʲmas]
bibico (m)	pilòtė (m)	[pʲɪˈlʲotʲe:]
capacete (m)	šálmas (v)	[ˈʃalʲmas]
chapéu-coco (m)	katiliùkas (v)	[katʲɪˈlʲʊkas]
chapéu (m) alto	cilìndras (v)	[tsʲɪˈlʲɪndras]

34. Calçado

calçado (m)	ãvalynė (m)	[ˈa:valʲi:nʲe:]
botinas (f pl)	bãtai (v)	[ˈba:tʌɪ]
sapatos (de salto alto, etc.)	batēliai (v)	[baˈtʲælʲɛɪ]
botas (f pl)	aulìniai bãtai (v)	[ɑʊˈlʲɪnʲɛɪ ˈba:tʌɪ]
pantufas (f pl)	šlepetēs (m dgs)	[ʃlʲɛˈpʲætʲe:s]
ténis (m pl)	spòrtbačiai (v dgs)	[ˈsportbatʃʲɛɪ]
sapatilhas (f pl)	spòrtbačiai (v dgs)	[ˈsportbatʃʲɛɪ]
sandálias (f pl)	sandãlai (v dgs)	[sanˈda:lʲʌɪ]
sapateiro (m)	batsiuvȳs (v)	[batsʲʊˈvʲi:s]
salto (m)	kulnas (v)	[ˈkuˈlnas]
par (m)	porà (m)	[poˈra]
atacador (m)	bãtraištis (v)	[ˈba:trʌɪʃtʲɪs]

apertar os atacadores	várstyti	['varstʲiːtʲɪ]
calçadeira (f)	šáukštas (v)	['ʃoukʃtas]
graxa (f) para calçado	ãvalynės krėmas (v)	['aːvalʲiːnʲeːs 'krʲɛmas]

35. Têxtil. Tecidos

algodão (m)	mẽdvilnė (m)	['mʲædvʲɪlʲnʲe:]
de algodão	ìš mẽdvilnės	[ɪʃ 'mʲædvʲɪlʲnʲeːs]
linho (m)	lìnas (v)	['lʲɪnas]
de linho	ìš lìno	[ɪʃ 'lʲɪnɔ]

seda (f)	šĩlkas (v)	['ʃɪlʲkas]
de seda	šilkìnis	[ʃɪlʲ'kʲɪnʲɪs]
lã (f)	vìlna (m)	['vʲɪlʲna]
de lã	vilnõnis	[vʲɪlʲ'noːnʲɪs]

veludo (m)	aksómas (v)	[ak'somas]
camurça (f)	zõmša (m)	['zomʃa]
bombazina (f)	velvetas (v)	[vʲɛlʲ'vʲɛtas]

náilon (m)	nailõnas (v)	[nʌɪ'lʲonas]
de náilon	ìš nailòno	[ɪʃ nʌɪ'lʲonɔ]
poliéster (m)	poliestéris (v)	[polʲiɛ'stʲærʲɪs]
de poliéster	ìš poliestéro	[ɪʃ polʲiɛ'stʲærɔ]

couro (m)	óda (m)	['oda]
de couro	ìš ódos	[ɪʃ 'odos]
pele (f)	káilis (v)	['kʌɪlʲɪs]
de peles, de pele	kailìnis	[kʌɪ'lʲɪnʲɪs]

36. Acessórios pessoais

luvas (f pl)	pìrštinės (m dgs)	['pʲɪrʃtʲɪnʲeːs]
mitenes (f pl)	kùmštinės (m dgs)	['kumʃtʲɪnʲeːs]
cachecol (m)	šãlikas (v)	['ʃaːlʲɪkas]

óculos (m pl)	akiniaĩ (dgs)	[akʲɪ'nʲɛɪ]
armação (f) de óculos	rėmėliai (v dgs)	[rʲe:'mʲælʲɛɪ]
guarda-chuva (m)	skėtis (v)	['skʲe:tʲɪs]
bengala (f)	lazdẽlė (m)	[laz'dʲælʲe:]
escova (f) para o cabelo	plaukų šepetỹs (v)	[plʲou'ku: ʃɛpʲɛ'tʲi:s]
leque (m)	vėduõklė (m)	[vʲe:'duɑklʲe:]

gravata (f)	kaklãraištis (v)	[kak'lʲaːrʌɪʃtʲɪs]
gravata-borboleta (f)	petelìškė (m)	[pʲɛtʲɛ'lʲɪʃkʲe:]
suspensórios (m pl)	pẽtnešos (m dgs)	['pʲætnʲɛʃos]
lenço (m)	nósinė (m)	['nosʲɪnʲe:]

pente (m)	šùkos (m dgs)	['ʃukos]
travessão (m)	segtùkas (v)	[sʲɛk'tukas]
gancho (m) de cabelo	plaukų segtùkas (v)	[plʲou'ku: sʲɛk'tukas]
fivela (f)	sagtìs (m)	[sak'tʲɪs]

| cinto (m) | dìřžas (v) | ['dʲɪrʒas] |
| correia (f) | dìřžas (v) | ['dʲɪrʒas] |

mala (f)	rankinùkas (v)	[raŋkʲɪˈnʊkas]
mala (f) de senhora	rankinùkas (v)	[raŋkʲɪˈnʊkas]
mochila (f)	kuprìnė (m)	[kʊˈprʲɪnʲe:]

37. Vestuário. Diversos

moda (f)	madà (m)	[maˈda]
na moda	madìngas	[maˈdʲɪngas]
estilista (m)	modeliùotojas (v)	[modʲɛˈlʲʊɑto:jɛs]

colarinho (m), gola (f)	apýkaklė (m)	[aˈpʲi:kaklʲe:]
bolso (m)	kišēnė (m)	[kʲɪˈʃænʲe:]
de bolso	kišenìnis	[kʲɪʃɛˈnʲɪnʲɪs]
manga (f)	rankóvė (m)	[raŋˈkovʲe:]
alcinha (f)	pakabà (m)	[pakaˈba]
braguilha (f)	klỹnas (v)	[ˈklʲi:nas]

fecho (m) de correr	užtrauktùkas (v)	[ʊʒtrɑʊkˈtʊkas]
fecho (m), colchete (m)	užsegìmas (v)	[ʊʒsʲɛˈgʲɪmas]
botão (m)	sagà (m)	[saˈga]
casa (f) de botão	kìlpa (m)	[ˈkʲɪlʲpa]
soltar-se (vr)	atplýšti	[atˈplʲi:ʃtʲɪ]

coser, costurar (vi)	siũti	[ˈsʲu:tʲɪ]
bordar (vt)	siuvinéti	[sʲʊvʲɪˈnʲe:tʲɪ]
bordado (m)	siuvinéjimas (v)	[sʲʊvʲɪˈnʲɛjɪmas]
agulha (f)	ãdata (m)	[ˈa:data]
fio (m)	siũlas (v)	[ˈsʲu:lʲas]
costura (f)	siũlė (m)	[ˈsʲu:lʲe:]

sujar-se (vr)	išsitèpti	[ɪʃsʲɪˈtʲɛptʲɪ]
mancha (f)	dėmě (m)	[dʲe:ˈmʲe:]
engelhar-se (vr)	susiglámžyti	[sʊsʲɪˈglʲa mʒʲi:tʲɪ]
rasgar (vt)	supléšyti	[sʊpˈlʲe:ʃɪ:tʲɪ]
traça (f)	kañdis (v)	[ˈkandʲɪs]

38. Cuidados pessoais. Cosméticos

pasta (f) de dentes	dantų̃ pastà (m)	[danˈtu: pasˈta]
escova (f) de dentes	dantų̃ šepetėlis (v)	[danˈtu: ʃepeˈtʲle:lʲɪs]
escovar os dentes	valýti dantìs	[vaˈlʲi:tʲɪ danˈtʲɪs]

máquina (f) de barbear	skustùvas (v)	[skʊˈstʊvas]
creme (m) de barbear	skutìmosi krèmas (v)	[skʊˈtʲɪmosʲɪ ˈkrʲɛmas]
barbear-se (vr)	skùstis	[ˈskʊstʲɪs]

sabonete (m)	muìlas (v)	[ˈmʊɪlʲas]
champô (m)	šampū̃nas (v)	[ʃamˈpu:nas]
tesoura (f)	žìrklės (m dgs)	[ˈʒʲɪrklʲe:s]

41

lima (f) de unhas	dìldė (m) nagáms	['dʲɪlʲdʲe: na'gams]
corta-unhas (m)	gnybtùkai (v)	[gnʲiːp'tʊkʌɪ]
pinça (f)	pincètas (v)	[pʲɪn'tsʲɛtas]
cosméticos (m pl)	kosmètika (m)	[kɔs'mʲɛtʲɪka]
máscara (f) facial	kaũkė (m)	['kaʊkʲe:]
manicura (f)	manikiũras (v)	[manʲɪ'kʲu:ras]
fazer a manicura	darýti manikiũrą	[da'rʲiːtʲɪ manʲɪ'kʲu:ra:]
pedicure (f)	pedikiũras (v)	[pʲɛdʲɪ'kʲu:ras]
mala (f) de maquilhagem	kosmètinė (m)	[kɔs'mʲɛtʲɪnʲe:]
pó (m)	pudrà (m)	[pʊd'ra]
caixa (f) de pó	pùdrinė (m)	['pʊdrʲɪnʲe:]
blush (m)	skaistalaĩ (v dgs)	[skʌɪsta'lʲaĩ]
perfume (m)	kvepalaĩ (v dgs)	[kvʲɛpa'lʲaĩ]
água (f) de toilette	tualètinis vanduõ (v)	[tʊa'lʲɛtʲɪnʲɪs van'dʊɑ]
loção (f)	losjònas (v)	[lʲo'sjɔ nas]
água-de-colónia (f)	odekolònas (v)	[odʲɛko'lʲonas]
sombra (f) de olhos	vokų̃ šešėliai (v)	[vo'ku: ʃeʲʃʲe:lʲɛɪ]
lápis (m) delineador	akių̃ pieštùkas (v)	[a'kʲu: pʲiɛʃ'tʊkas]
máscara (f), rímel (m)	tùšas (v)	['tʊʃas]
batom (m)	lū́pų dažaĩ (v)	['lʲu:pu: da'ʒʌɪ]
verniz (m) de unhas	nagų̃ lãkas (v)	[na'gu: 'lʲa:kas]
laca (f) para cabelos	plaukų̃ lãkas (v)	[plʲaʊ'ku: 'lʲa:kas]
desodorizante (m)	dezodorántas (v)	[dʲɛzodo'rantas]
creme (m)	krèmas (v)	['krʲɛmas]
creme (m) de rosto	véido krèmas (v)	['vʲɛɪdɔ 'krʲɛmas]
creme (m) de mãos	rañkų krèmas (v)	['raŋku: 'krʲɛmas]
creme (m) antirrugas	krèmas (v) nuõ raukšlių̃	['krʲɛmas nʊɑ raʊkʃ'lʲu:]
creme (m) de dia	dienìnis krèmas (v)	[dʲiɛ'nʲɪnʲɪs 'krʲɛmas]
creme (m) de noite	naktìnis krèmas (v)	[nak'tʲɪnʲɪs 'krʲɛmas]
de dia	dienìnis	[dʲiɛ'nʲɪnʲɪs]
da noite	naktìnis	[nak'tʲɪnʲɪs]
tampão (m)	tampònas (v)	[tam'ponas]
papel (m) higiénico	tualètinis pòpierius (v)	[tʊa'lʲɛtʲɪnʲɪs 'po:pʲiɛrʲʊs]
secador (m) elétrico	fènas (v)	['fʲɛnas]

39. Joalheria

joias (f pl)	brangenýbės (m dgs)	[brange'nʲiːbʲe:s]
precioso	brangùs	[bran'gʊs]
marca (f) de contraste	prabà (m)	[pra'ba]
anel (m)	žíedas (v)	['ʒʲiɛdas]
aliança (f)	vestùvinis žíedas (v)	[vʲɛs'tʊvʲɪnʲɪs 'ʒʲiɛdas]
pulseira (f)	apýrankė (v)	[a'pʲiːraŋkʲe:]
brincos (m pl)	auskaraĩ (v)	[aʊska'rʌɪ]
colar (m)	vėrinỹs (v)	[vʲe:rʲɪ'nʲiːs]

coroa (f)	karūnà (m)	[karu:'na]
colar (m) de contas	karõliai (v dgs)	[ka'ro:lⁱɛɪ]
diamante (m)	briliántas (v)	[brⁱɪlⁱɪ'jantas]
esmeralda (f)	smarãgdas (v)	[sma'ra:gdas]
rubi (m)	rubìnas (v)	[rʊ'bⁱɪnas]
safira (f)	safỹras (v)	[sa'fⁱi:ras]
pérola (f)	pérlas (v)	['pⁱɛrⁱas]
âmbar (m)	giñtaras (v)	['gⁱɪntaras]

40. Relógios de pulso. Relógios

relógio (m) de pulso	laĩkrodis (v)	['lⁱʌɪkrodⁱɪs]
mostrador (m)	ciferblãtas (v)	[tsⁱɪfⁱɛr'blⁱa:tas]
ponteiro (m)	rodỹklė (m)	[ro'dⁱi:klⁱe:]
bracelete (f) em aço	apỹrankė (m)	[a'pⁱi:raŋkⁱe:]
bracelete (f) em couro	diržēlis (v)	[dⁱɪr'ʒⁱælⁱɪs]
pilha (f)	elemeñtas (v)	[ɛlⁱɛ'mⁱɛntas]
descarregar-se	išsikráuti	[ɪʃsⁱɪ'kraʊtⁱɪ]
trocar a pilha	pakeĩsti elemeñtą	[pa'kⁱɛɪstⁱɪ ɛlⁱɛ'mⁱɛnta:]
estar adiantado	skubéti	[skʊ'bⁱe:tⁱɪ]
estar atrasado	atsilìkti	[atsⁱɪ'lⁱɪktⁱɪ]
relógio (m) de parede	síeninis laĩkrodis (v)	['sⁱiɛnⁱɪnⁱɪs 'lⁱʌɪkrodⁱɪs]
ampulheta (f)	smėlio laĩkrodis (v)	['smⁱe:lⁱɔ 'lⁱʌɪkrodⁱɪs]
relógio (m) de sol	sáulės laĩkrodis (v)	['saʊlⁱe:s 'lⁱʌɪkrodⁱɪs]
despertador (m)	žadintùvas (v)	[ʒadⁱɪn'tʊvas]
relojoeiro (m)	laĩkrodininkas (v)	['lⁱʌɪkrodⁱɪnⁱɪŋkas]
reparar (vt)	taisýti	[tʌɪ'sⁱi:tⁱɪ]

Alimentação. Nutrição

41. Comida

carne (f)	mėsà (m)	[mʲeː'sa]
galinha (f)	vištà (m)	[vʲɪʃ'ta]
frango (m)	viščiùkas (v)	[vʲɪʃ'tʂʲʊkas]
pato (m)	ántis (m)	['antʲɪs]
ganso (m)	žąsinas (v)	['ʒaːsʲɪnas]
caça (f)	žvėríena (m)	[ʒvʲeː'rʲiɛna]
peru (m)	kalakutíena (m)	[kalʲakʊ'tʲiɛna]

carne (f) de porco	kiaulíena (m)	[kʲɛʊ'lʲiɛna]
carne (f) de vitela	veršíena (m)	[vʲɛr'ʃiɛna]
carne (f) de carneiro	avíena (m)	[a'vʲiɛna]
carne (f) de vaca	jáutiena (m)	['jɑʊtʲiɛna]
carne (f) de coelho	triùšis (v)	['trʲʊʃɪs]

chouriço, salsichão (m)	dešrà (m)	[dʲɛʃ'ra]
salsicha (f)	dešrėlė (m)	[dʲɛʃ'rʲælʲeː]
bacon (m)	bekònas (v)	[bʲɛ'konas]
fiambre (f)	kumpis (v)	['kʊmpʲɪs]
presunto (m)	kumpis (v)	['kʊmpʲɪs]

patê (m)	paštètas (v)	[paʃ'tʲɛtas]
fígado (m)	kėpenys (m dgs)	[kʲɛpe'nʲiːs]
carne (f) moída	fáršas (v)	['farʃas]
língua (f)	liežùvis (v)	[lʲiɛ'ʒʊvʲɪs]

ovo (m)	kiaušìnis (v)	[kʲɛʊ'ʃɪnʲɪs]
ovos (m pl)	kiaušìniai (v dgs)	[kʲɛʊ'ʃɪnʲɛɪ]
clara (f) do ovo	báltymas (v)	['balʲtʲiːmas]
gema (f) do ovo	trynỹs (v)	[trʲiː'nʲiːs]

peixe (m)	žuvìs (m)	[ʒʊ'vʲɪs]
mariscos (m pl)	jūros gėrýbės (m dgs)	['juːros gʲeː'rʲiːbʲeːs]
crustáceos (m pl)	vėžiāgyviai (v dgs)	[vʲeː'ʒʲægʲiːvʲɛɪ]
caviar (m)	ìkrai (v dgs)	['ɪkrʌɪ]

caranguejo (m)	krãbas (v)	['kraːbas]
camarão (m)	krevètė (m)	[krʲɛ'vʲɛtʲeː]
ostra (f)	áustrė (m)	['ɑʊstrʲeː]
lagosta (f)	langùstas (v)	[lʲan'gʊstas]
polvo (m)	aštuonkōjis (v)	[aʃtʊɑŋ'koːjis]
lula (f)	kalmãras (v)	[kalʲ'maːras]

esturjão (m)	eršketíena (m)	[ɛrʃkʲɛ'tʲiɛna]
salmão (m)	lašišà (m)	[lʲaʃɪ'ʃa]
halibute (m)	õtas (v)	['oːtas]
bacalhau (m)	ménkė (m)	['mʲɛŋkʲeː]

cavala, sarda (f)	skumbrė (m)	['skumbrʲeː]
atum (m)	tunas (v)	['tunas]
enguia (f)	ungurỹs (v)	[ungu'rʲiːs]

truta (f)	upétakis (v)	[u'pʲeːtakʲɪs]
sardinha (f)	sardinė (m)	[sar'dʲɪnʲeː]
lúcio (m)	lydeka (m)	[lʲiːdʲɛ'ka]
arenque (m)	silkė (m)	['sʲɪlʲkʲeː]

pão (m)	duona (m)	['duɑna]
queijo (m)	suris (v)	['suːrʲɪs]
açúcar (m)	cukrus (v)	['tsukrus]
sal (m)	druska (m)	[drus'ka]

arroz (m)	rỹžiai (v)	['rʲiːʒʲɛɪ]
massas (f pl)	makaronai (v dgs)	[maka'roːnʌɪ]
talharim (m)	lakštiniai (v dgs)	['lʲaːkʃtʲɪnʲɛɪ]

manteiga (f)	sviestas (v)	['svʲiɛstas]
óleo (m) vegetal	augalinis aliėjus (v)	[augalʲɪnʲɪs a'lʲɛjus]
óleo (m) de girassol	saulégrąžų aliėjus (v)	[sau'lʲeːgraːʒuː a'lʲɛjus]
margarina (f)	margarinas (v)	[marga'rʲɪnas]

| azeitonas (f pl) | alỹvuogės (m dgs) | [a'lʲiːvuɑgʲeːs] |
| azeite (m) | alỹvuogių aliėjus (v) | [a'lʲiːvuɑgʲu: a'lʲɛjus] |

leite (m)	pienas (v)	['pʲiɛnas]
leite (m) condensado	sutirštintas pienas (v)	[su'tʲɪrʃtʲɪntas 'pʲiɛnas]
iogurte (m)	jogurtas (v)	[jɔ'gurtas]
nata (f) azeda	grietinė (m)	[grʲiɛ'tʲɪnʲeː]
nata (f) do leite	grietinėlė (m)	[grʲiɛtʲɪ'nʲeːlʲeː]

| maionese (f) | majonezas (v) | [majɔ'nʲɛzas] |
| creme (m) | kremas (v) | ['krʲɛmas] |

grãos (m pl) de cereais	kruopos (m dgs)	['kruɑpos]
farinha (f)	miltai (v dgs)	['mʲɪlʲtʌɪ]
enlatados (m pl)	konservai (v dgs)	[kɔn'sʲɛrvʌɪ]

flocos (m pl) de milho	kukurūzų dribsniai (v dgs)	[kuku'ruːzu: 'drʲɪbsnʲɛɪ]
mel (m)	medus (v)	[mʲɛ'dus]
doce (m)	džemas (v)	['dʒʲɛmas]
pastilha (f) elástica	kramtomoji guma (m)	[kramto'mojɪ gu'ma]

42. Bebidas

água (f)	vanduõ (v)	[van'duɑ]
água (f) potável	geriamas vanduõ (v)	['gʲærʲæmas van'duɑ]
água (f) mineral	mineralinis vanduõ (v)	[mʲɪnʲɛ'raːlʲɪnʲɪs van'duɑ]

som gás	be gazo	['bʲɛ 'gaːzɔ]
gaseificada	gazuotas	[ga'zuɑtas]
com gás	gazuotas	[ga'zuɑtas]
gelo (m)	ledas (v)	['lʲædas]

com gelo	su ledais	['sʊ lʲɛ'dʌɪs]
sem álcool	nealkoholonis	[nʲɛalʲko'ɣolonʲɪs]
bebida (f) sem álcool	nealkoholonis gėrimas (v)	[nʲɛalʲko'ɣolonʲɪs 'gʲeːrʲɪmas]
refresco (m)	gaivusis gėrimas (v)	[gʌɪ'vʊsʲɪs 'gʲeːrʲɪmas]
limonada (f)	limonãdas (v)	[lʲɪmo'naːdas]

bebidas (f pl) alcoólicas	alkoholiniai gėrimai (v dgs)	[alʲko'ɣolʲɪnʲɛɪ 'gʲeːrʲɪmʌɪ]
vinho (m)	vỹnas (v)	['vʲiːnas]
vinho (m) branco	baltas vỹnas (v)	['balʲtas 'vʲiːnas]
vinho (m) tinto	raudonas vỹnas (v)	[rɑʊ'donas 'vʲiːnas]

licor (m)	likeris (v)	['lʲɪkʲɛrʲɪs]
champanhe (m)	šampãnas (v)	[ʃam'paːnas]
vermute (m)	vermutas (v)	['vʲɛrmʊtas]

uísque (m)	viskis (v)	['vʲɪskʲɪs]
vodka (f)	degtinė (m)	[dʲɛk'tʲɪnʲeː]
gim (m)	džinas (v)	['dʒɪnas]
conhaque (m)	konjãkas (v)	[kɔn'jaːkas]
rum (m)	romas (v)	['romas]

café (m)	kava (m)	[ka'va]
café (m) puro	juoda kava (m)	[jʊɑ'da ka'va]
café (m) com leite	kava su pienu (m)	[ka'va 'sʊ 'pʲɪɛnʊ]
cappuccino (m)	kapučino kava (m)	[kapʊ'tʂɪnɔ ka'va]
café (m) solúvel	tirpi kava (m)	[tʲɪr'pʲɪ ka'va]

leite (m)	pienas (v)	['pʲɪɛnas]
coquetel (m)	kokteilis (v)	[kɔk'tʲɛɪlʲɪs]
batido (m) de leite	pieniškas kokteilis (v)	['pʲɪɛnʲɪʃkas kok'tʲɛɪlʲɪs]

sumo (m)	sultys (m dgs)	['sʊlʲtʲiːs]
sumo (m) de tomate	pomidorų sultys (m dgs)	[pomʲɪ'doruː 'sʊlʲtʲiːs]
sumo (m) de laranja	apelsinų sultys (m dgs)	[apʲɛlʲ'sʲɪnu: 'sʊlʲtʲiːs]
sumo (m) fresco	šviežiai spaustos sultys (m dgs)	[ʃvʲɪɛ'ʒɛɪ 'spɑʊstos 'sʊlʲtʲiːs]

cerveja (f)	alus (v)	[a'lʲʊs]
cerveja (f) clara	šviesus alus (v)	[ʃvʲɪɛ'sʊs a'lʲʊs]
cerveja (f) preta	tamsus alus (v)	[tam'sʊs a'lʲʊs]

chá (m)	arbata (m)	[arba'ta]
chá (m) preto	juoda arbata (m)	[jʊɑ'da arba'ta]
chá (m) verde	žalia arbata (m)	[ʒa'lʲæ arba'ta]

43. Vegetais

| legumes (m pl) | daržovės (m dgs) | [dar'ʒovʲeːs] |
| verduras (f pl) | žalumýnai (v) | [ʒalʲʊ'mʲiːnʌɪ] |

tomate (m)	pomidoras (v)	[pomʲɪ'doras]
pepino (m)	agurkas (v)	[a'gʊrkas]
cenoura (f)	morka (m)	[mor'ka]
batata (f)	bulvė (m)	['bʊlʲvʲeː]

cebola (f)	svogū́nas (v)	[svo'gu:nas]
alho (m)	česnãkas (v)	[tʃʲɛs'na:kas]
couve (f)	kopū́stas (v)	[kɔ'pu:stas]
couve-flor (f)	kalafióras (v)	[kalʲa'fʲoras]
couve-de-bruxelas (f)	briùselio kopū́stas (v)	['brʲusʲɛlʲɔ koʹpu:stas]
brócolos (m pl)	bròkolių kopū́stas (v)	['brokolʲu: ko'pu:stas]
beterraba (f)	run̄kelis, burõkas (v)	['rʊŋkʲɛlʲɪs], [bʊ'ro:kas]
beringela (f)	baklažãnas (v)	[baklʲa'ʒa:nas]
curgete (f)	agurõtis (v)	[agʊ'ro:tʲɪs]
abóbora (f)	rópė (m)	['ropʲe:]
nabo (m)	moliū̃gas (v)	[mo'lʲu:gas]
salsa (f)	petrãžolė (m)	[pʲɛ'tra:ʒolʲe:]
funcho, endro (m)	krãpas (v)	['kra:pas]
alface (f)	salõta (m)	[sa'lʲo:ta]
aipo (m)	saliēras (v)	[sa'lʲɛras]
espargo (m)	smìdras (v)	['smʲɪdras]
espinafre (m)	špinãtas (v)	[ʃpʲɪ'na:tas]
ervilha (f)	žìrniai (v dgs)	['ʒʲɪrnʲɛɪ]
fava (f)	pùpos (m dgs)	['pʊpos]
milho (m)	kukurū̃zas (v)	[kʊkʊ'ru:zas]
feijão (m)	pupēlės (m dgs)	[pʊ'pʲælʲe:s]
pimentão (m)	pipìras (v)	[pʲɪ'pʲɪras]
rabanete (m)	ridìkas (v)	[rʲɪ'dʲɪkas]
alcachofra (f)	artišòkas (v)	[artʲɪ'ʃokas]

44. Frutos. Nozes

fruta (f)	vaĩsius (v)	['vʌɪsʲʊs]
maçã (f)	obuolỹs (v)	[obʊa'lʲi:s]
pera (f)	kriáušė (m)	['krʲæʊʃʲe:]
limão (m)	citrinà (m)	[tsʲɪtrʲɪ'na]
laranja (f)	apelsìnas (v)	[apʲɛlʲ'sʲɪnas]
morango (m)	brãškė (m)	['bra:ʃkʲe:]
tangerina (f)	mandarìnas (v)	[manda'rʲɪnas]
ameixa (f)	slyvà (m)	[slʲi:'va]
pêssego (m)	pérsikas (v)	['pʲɛrsʲɪkas]
damasco (m)	abrikòsas (v)	[abrʲɪ'kosas]
framboesa (f)	aviẽtė (m)	[a'vʲɛtʲe:]
ananás (m)	ananãsas (v)	[ana'na:sas]
banana (f)	banãnas (v)	[ba'na:nas]
melancia (f)	arbū̃zas (v)	[ar'bu:zas]
uva (f)	vỹnuogės (m dgs)	['vʲi:nʊɑgʲe:s]
ginja (f)	vyšnià (m)	[vʲi:ʃnʲæ]
cereja (f)	trẽšnė (m)	['trʲæʃnʲe:]
meloa (f)	meliònas (v)	[mʲɛ'lʲʊnɑe]
toranja (f)	greĩpfrutas (v)	['grʲɛɪpfrʊtas]
abacate (m)	avokàdas (v)	[avo'kadas]

papaia (f)	papája (m)	[pa'pa ja]
manga (f)	mángo (v)	['mangɔ]
romã (f)	granãtas (v)	[gra'na:tas]

groselha (f) vermelha	raudoníeji serbeñtai (v dgs)	[rauɗo'nⁱɛji sⁱɛr'bⁱɛntʌɪ]
groselha (f) preta	juodíeji serbeñtai (v dgs)	[jua'dⁱiɛjɪ sⁱɛr'bⁱɛntʌɪ]
groselha (f) espinhosa	agrãstas (v)	[ag'ra:stas]
mirtilo (m)	mélỹnės (m dgs)	[mⁱe:'lⁱi:nⁱe:s]
amora silvestre (f)	gérvuogės (m dgs)	['gⁱɛrvuagⁱe:s]

uvas (f pl) passas	razìnos (m dgs)	[ra'zⁱɪnos]
figo (m)	figà (m)	[fⁱɪ'ga]
tâmara (f)	datùlė (m)	[da'tulⁱe:]

amendoim (m)	žẽmės riešutaì (v)	['ʒⁱæmⁱe:s rⁱiɛʃu'tʌɪ]
amêndoa (f)	migdõlas (v)	[mⁱɪg'do:lⁱas]
noz (f)	graìkinis ríešutas (v)	['grʌɪkⁱɪnⁱɪs 'rⁱiɛʃutas]
avelã (f)	ríešutas (v)	['rⁱiɛʃutas]
coco (m)	kòkoso ríešutas (v)	['kokosɔ 'rⁱiɛʃutas]
pistáchios (m pl)	pistãcijos (m dgs)	[pⁱɪs'ta:tsⁱɪjɔs]

45. Pão. Bolaria

pastelaria (f)	konditèrijos gaminiaì (v)	[kɔndⁱɪ'tⁱɛrⁱɪjos gamⁱɪ'nⁱɪɛɪ]
pão (m)	dúona (m)	['duɑna]
bolacha (f)	sausaìniai (v)	[sɑu'sʌɪnⁱɛɪ]

chocolate (m)	šokolãdas (v)	[ʃoko'lⁱa:das]
de chocolate	šokolãdinis	[ʃoko'lⁱa:dⁱɪnⁱɪs]
rebuçado (m)	saldaìnis (v)	[salⁱ'dʌɪnⁱɪs]
bolo (cupcake, etc.)	pyragáitis (v)	[pⁱi:ra'gʌɪtⁱɪs]
bolo (m) de aniversário	tòrtas (v)	['tortas]

| tarte (~ de maçã) | pyrãgas (v) | [pⁱi:'ra:gas] |
| recheio (m) | įdaras (v) | ['i:daras] |

doce (m)	uogiẽnė (m)	[ua'gⁱɛnⁱe:]
geleia (f) de frutas	marmelãdas (v)	[marmⁱɛ'lⁱa:das]
waffle (m)	vãfliai (v dgs)	['va:flⁱɛɪ]
gelado (m)	ledaì (v dgs)	[lⁱɛ'dʌɪ]
pudim (m)	pùdingas (v)	['pudⁱɪngas]

46. Pratos cozinhados

prato (m)	pãtiekalas (v)	['pa:tⁱɛkalⁱas]
cozinha (~ portuguesa)	virtùvė	[vⁱɪr'tuvⁱe:]
receita (f)	recèptas (v)	[rⁱɛ'tsⁱɛptas]
porção (f)	pòrcija (m)	['portsⁱɪjɛ]

salada (f)	salõtos (m)	[sa'lⁱo:tos]
sopa (f)	sriubà (m)	[srⁱu'ba]
caldo (m)	sultinỹs (v)	[sulⁱtⁱɪ'nⁱi:s]

| sandes (f) | sumuštìnis (v) | [sʊmʊʃˈtʲɪnʲɪs] |
| ovos (m pl) estrelados | kiaušinięnė (m) | [kʲɛʊʃɪˈnʲɛnʲeː] |

| hambúrguer (m) | mėsaĩnis (v) | [mʲeːˈsʌɪnʲɪs] |
| bife (m) | bifštèksas (v) | [bʲɪfʲʃtʲɛksas] |

conduto (m)	garnȳras (v)	[garˈnʲiːras]
espaguete (m)	spagečiai (v dgs)	[spaˈgʲɛtʲsʲɛɪ]
puré (m) de batata	bùlvių kõšė (m)	[ˈbʊlʲvʲu: ˈkoːʃeː]
pizza (f)	picà (m)	[pʲɪˈtsa]
papa (f)	kõšė (m)	[ˈkoːʃeː]
omelete (f)	omlètas (v)	[omˈlʲɛtas]

cozido em água	vìrtas	[ˈvʲɪrtas]
fumado	rūkýtas	[ruːˈkʲiːtas]
frito	kẽptas	[ˈkʲæptas]
seco	džiovìntas	[dʒʲoˈvʲɪntas]
congelado	šáldytas	[ˈʃalʲdʲiːtas]
em conserva	marinúotas	[marʲɪˈnʊɑtas]

doce (açucarado)	saldùs	[salʲˈdʊs]
salgado	sūrùs	[suːˈrʊs]
frio	šáltas	[ˈʃalʲtas]
quente	kárštas	[ˈkarʃtas]
amargo	kartùs	[karˈtʊs]
gostoso	skanùs	[skaˈnʊs]

cozinhar (em água a ferver)	vìrti	[ˈvʲɪrtʲɪ]
fazer, preparar (vt)	gamìnti	[gaˈmʲɪntʲɪ]
fritar (vt)	kèpti	[ˈkʲɛptʲɪ]
aquecer (vt)	pašìldyti	[paˈʃɪlʲdʲiːtʲɪ]

salgar (vt)	sū́dyti	[ˈsuːdʲiːtʲɪ]
apimentar (vt)	įbeři pipìrų	[iːˈbʲɛrtʲɪ pʲɪˈpʲɪruː]
ralar (vt)	tarkúoti	[tarˈkʊɑtʲɪ]
casca (f)	lúoba (m)	[ˈlʲʊɑba]
descascar (vt)	lùpti bùlves	[ˈlʊptʲɪ ˈbʊlʲvʲɛs]

47. Especiarias

sal (m)	druskà (m)	[drʊsˈka]
salgado	sūrùs	[suːˈrʊs]
salgar (vt)	sū́dyti	[ˈsuːdʲiːtʲɪ]

pimenta (f) preta	juodíeji pipìrai (v)	[jʊɑˈdʲiɛjɪ pʲɪˈpʲɪrʌɪ]
pimenta (f) vermelha	raudoníeji pipìrai (v)	[rɑʊdoˈnʲiɛjɪ pʲɪˈpʲɪrʌɪ]
mostarda (f)	garstýčios (v)	[garˈstʲiːtʲsʲos]
raiz-forte (f)	krienaĩ (v dgs)	[krʲiɛˈnʌɪ]

condimento (m)	príeskonis (v)	[ˈprʲiɛskonʲɪs]
especiaria (f)	príeskonis (v)	[ˈprʲiɛskonʲɪs]
molho (m)	pãdažas (v)	[ˈpaːdaʒas]
vinagre (m)	ãctas (v)	[ˈaːtstas]
anis (m)	anýžius (v)	[aˈnʲiːʒʲʊs]

manjericão (m)	bazilikas (v)	[ba'zɪlʲɪkas]
cravo (m)	gvazdikas (v)	[gvaz'dʲɪkas]
gengibre (m)	imbieras (v)	['ɪmbʲiɛras]
coentro (m)	kaléndra (m)	[ka'lʲɛndra]
canela (f)	cinamònas (v)	[tsʲɪna'monas]

sésamo (m)	sezãmas (v)	[sʲɛ'za:mas]
folhas (f pl) de louro	láuro lãpas (v)	['lʲɑʊrɔ 'lʲa:pas]
páprica (f)	pãprika (m)	['pa:prʲɪka]
cominho (m)	kmỹnai (v)	['kmʲi:nʌɪ]
açafrão (m)	šafrãnas (v)	[ʃafʲra:nas]

48. Refeições

| comida (f) | valgis (v) | ['valʲgʲɪs] |
| comer (vt) | válgyti | ['valʲgʲi:tʲɪ] |

pequeno-almoço (m)	pùsryčiai (v dgs)	['pʊsrʲi:tʂʲɛɪ]
tomar o pequeno-almoço	pùsryčiauti	['pʊsrʲi:tʂʲɛʊtʲɪ]
almoço (m)	piẽtūs (v)	['pʲɛ'tu:s]
almoçar (vi)	pietáuti	[pʲiɛ'tɑʊtʲɪ]
jantar (m)	vakariẽnė (m)	[vaka'rʲɛnʲe:]
jantar (vi)	vakarieniáuti	[vakarʲiɛ'nʲæʊtʲɪ]

| apetite (m) | apetìtas (v) | [apʲɛ'tʲɪtas] |
| Bom apetite! | Gẽro apetìto! | ['gʲærɔ apʲɛ'tʲɪtɔ!] |

abrir (~ uma lata, etc.)	atidarýti	[atʲɪda'rʲi:tʲɪ]
derramar (vt)	išpìlti	[ɪʃ'pʲɪlʲtʲɪ]
derramar-se (vr)	išsipìlti	[ɪʃsʲɪ'pʲɪlʲtʲɪ]

ferver (vi)	vìrti	['vʲɪrtʲɪ]
ferver (vt)	vìrinti	['vʲɪrʲɪntʲɪ]
fervido	vìrintas	['vʲɪrʲɪntas]
arrefecer (vt)	atvẽsìnti	[atvʲe:'sʲɪntʲɪ]
arrefecer-se (vr)	vẽsìnti	[vʲe:'sʲɪntʲɪ]

| sabor, gosto (m) | skõnis (v) | ['sko:nʲɪs] |
| gostinho (m) | príeskonis (v) | ['prʲiɛskonʲɪs] |

fazer dieta	laikýti diẽtos	[lʲʌɪ'kʲi:tʲɪ 'dʲɛtos]
dieta (f)	dietà (m)	[dʲiɛ'ta]
vitamina (f)	vitamìnas (v)	[vʲɪta'mʲɪnas]
caloria (f)	kalòrija (m)	[ka'lʲorʲɪjɛ]

| vegetariano (m) | vegetãras (v) | [vʲɛgʲɛ'ta:ras] |
| vegetariano | vegetãriškas | [vʲɛgʲɛ'ta:rʲɪʃkas] |

gorduras (f pl)	riebalai (v dgs)	[rʲiɛba'lʲʌɪ]
proteínas (f pl)	baltymai (v dgs)	[balʲtʲi:'mʌɪ]
carboidratos (m pl)	angliãvandeniai (v dgs)	[an'glʲævandʲɛnʲɛɪ]
fatia (~ de limão, etc.)	griežinỹs (v)	[grʲiɛʒʲɪ'nʲi:s]
pedaço (~ de bolo)	gãbalas (v)	['ga:balʲas]
migalha (f)	trupinỹs (v)	[trʊpʲɪ'nʲi:s]

49. Por a mesa

colher (f)	šáukštas (v)	['ʃɑʊkʃtas]
faca (f)	peĩlis (v)	['pʲɛɪlʲɪs]
garfo (m)	šakùtė (m)	[ʃa'kʊtʲe:]
chávena (f)	puodùkas (v)	[pʊɑ'dʊkas]
prato (m)	lėkštė̃ (m)	[lʲe:kʃtʲe:]
pires (m)	lėkštẽlė (m)	[lʲe:kʃtʲælʲe:]
guardanapo (m)	servetė̃lė (m)	[sʲɛrveʲtʲe:lʲe:]
palito (m)	dantų̃ krapštùkas (v)	[dan'tu: krapʃ'tʊkas]

50. Restaurante

restaurante (m)	restorãnas (v)	[rʲɛsto'ra:nas]
café (m)	kavìnė (m)	[ka'vʲɪnʲe:]
bar (m), cervejaria (f)	bãras (v)	['ba:ras]
salão (m) de chá	arbãtos salònas (v)	[ar'ba:tos sa'lʲonas]
empregado (m) de mesa	padavéjas (v)	[pada'vʲe:jas]
empregada (f) de mesa	padavéja (m)	[pada'vʲe:ja]
barman (m)	bármenas (v)	['barmʲɛnas]
ementa (f)	meniù (v)	[mʲɛ'nʲʊ]
lista (f) de vinhos	vỹnų žemélapis (v)	['vʲi:nu: ʒe'mʲe:lʲapʲɪs]
reservar uma mesa	rezervúoti staliùką	[rʲɛzʲɛr'vʊɑtɪ sta'lʲʊka:]
prato (m)	pãtiekalas (v)	['pa:tʲiɛkalʲas]
pedir (vt)	užsisakýti	[ʊʒsʲɪsakʲi:tʲɪ]
fazer o pedido	padarýti užsãkymą	[pada'rʲi:tʲɪ ʊʒ'sa:kʲi:ma:]
aperitivo (m)	aperitỹvas (v)	[apʲɛrʲɪ'tʲi:vas]
entrada (f)	ùžkandis (v)	['ʊʒkandʲɪs]
sobremesa (f)	desèrtas (v)	[dʲɛ'sʲɛrtas]
conta (f)	sąskaita (m)	['sa:skʌɪta]
pagar a conta	apmokė́ti sąskaitą	[apmo'kʲe:tʲɪ 'sa:skʌɪta:]
dar o troco	dúoti grąžõs	['dʊɑtʲɪ gra:'ʒo:s]
gorjeta (f)	arbãtpinigiai (v dgs)	[ar'ba:tpʲɪnʲɪgʲɛɪ]

Família, parentes e amigos

51. Informação pessoal. Formulários

nome (m)	vardas (v)	['vardas]
apelido (m)	pavardė (m)	[pavar'dʲe:]
data (f) de nascimento	gimìmo datà (m)	[gʲɪ'mʲɪmɔ da'ta]
local (m) de nascimento	gimìmo vietà (m)	[gʲɪ'mʲɪmɔ vʲiɛ'ta]
nacionalidade (f)	tautýbė (m)	[tɑʊ'tʲi:bʲe:]
lugar (m) de residência	gyvẽnamoji vietà (m)	[gʲi:vʲæna'mojɪ vʲiɛ'ta]
país (m)	šalìs (m)	[ʃa'lʲɪs]
profissão (f)	profèsija (m)	[profʲɛsʲɪjɛ]
sexo (m)	lýtis (m)	['lʲi:tʲɪs]
estatura (f)	ū̃gis (v)	['u:gʲɪs]
peso (m)	svõris (v)	['svo:rʲɪs]

52. Membros da família. Parentes

mãe (f)	mótina (m)	['motʲɪna]
pai (m)	tévas (v)	['tʲe:vas]
filho (m)	sūnùs (v)	[su:'nʊs]
filha (f)	dukrà, duktė̃ (m)	[dʊk'ra], [dʊk'tʲe:]
filha (f) mais nova	jaunesnióji duktė̃ (m)	[jɛʊnes'nʲo:jɪ dʊk'tʲe:]
filho (m) mais novo	jaunesnỹsis sūnùs (v)	[jɛʊnʲɛs'nʲi:sʲɪs su:'nʊs]
filha (f) mais velha	vyresnióji duktė̃ (m)	[vʲi:res'nʲo:jɪ dʊk'tʲe:]
filho (m) mais velho	vyresnỹsis sūnùs (v)	[vʲi:rʲɛs'nʲi:sʲɪs su:'nʊs]
irmão (m)	brólis (v)	['brolʲɪs]
irmão (m) mais velho	vyresnỹsis brólis (v)	[vʲi:rʲɛs'nʲi:sʲɪs 'brolʲɪs]
irmão (m) mais novo	jaunesnỹsis brólis (v)	[jɛʊnʲɛs'nʲi:sʲɪs 'brolʲɪs]
irmã (f)	sesuõ (m)	[sʲɛ'sʊa]
irmã (f) mais velha	vyresnióji sesuõ (m)	[vʲi:rʲɛs'nʲo:jɪ sʲɛ'sʊa]
irmã (f) mais nova	jaunesnióji sesuõ (m)	[jɛʊnʲɛs'nʲo:jɪ sʲɛ'sʊa]
primo (m)	pùsbrolis (v)	['pʊsbrolʲɪs]
prima (f)	pùsseserė (m)	['pʊsseserʲe:]
mamã (f)	mamà (m)	[ma'ma]
papá (m)	tė́tis (v)	['tʲe:tʲɪs]
pais (pl)	tėvaĩ (v)	[tʲe:'vʌɪ]
criança (f)	vaĩkas (v)	['vʌɪkas]
crianças (f pl)	vaikaĩ (v)	[vʌɪ'kʌɪ]
avó (f)	senẽlė (m)	[sʲɛ'nʲælʲe:]
avô (m)	senẽlis (v)	[sʲɛ'nʲælʲɪs]
neto (m)	anū̃kas (v)	[a'nu:kas]

| neta (f) | anūkė (m) | [a'nuːkʲeː] |
| netos (pl) | anūkai (v) | [a'nuːkʌɪ] |

tio (m)	dėdė (v)	['dʲeːdʲeː]
tia (f)	teta (m)	[tʲɛ'ta]
sobrinho (m)	sūnėnas (v)	[suːˈnʲeːnas]
sobrinha (f)	dukterėčia (m)	[dʊkteˈrʲeːtʂʲæ]

sogra (f)	uošvė (m)	['ʊɑʃvʲeː]
sogro (m)	uošvis (v)	['ʊɑʃvʲɪs]
genro (m)	žéntas (v)	['ʒʲɛntas]
madrasta (f)	pamotė (m)	['paːmotʲeː]
padrasto (m)	patévis (v)	[paˈtʲeːvʲɪs]

criança (f) de colo	kūdikis (v)	['kuːdʲɪkʲɪs]
bebé (m)	naujagimis (v)	[nɑʊˈjaːgʲɪmʲɪs]
menino (m)	vaikas (v)	['vʌɪkas]

mulher (f)	žmona (m)	[ʒmo'na]
marido (m)	výras (v)	['vʲiːras]
esposo (m)	sutuoktìnis (v)	[sʊtʊɑkˈtʲɪnʲɪs]
esposa (f)	sutuoktìnė (m)	[sʊtʊɑkˈtʲɪnʲeː]

casado	vėdęs	['vʲædʲɛːs]
casada	ištekéjusi	[ɪʃtɛˈkʲeːjʊsʲɪ]
solteiro	viengungis	[vʲiɛŋˈgʊŋgʲɪs]
solteirão (m)	viengungis (v)	[vʲiɛŋˈgʊŋgʲɪs]
divorciado	išsiskýręs	[ɪʃsʲɪˈskʲiːrʲɛːs]
viúva (f)	našlė (m)	[naʃˈlʲeː]
viúvo (m)	našlýs (v)	[naʃˈlʲiːs]

parente (m)	giminaitis (v)	[gʲɪmʲɪˈnʌɪtʲɪs]
parente (m) próximo	ártimas giminaitis (v)	['artʲɪmas gʲɪmʲɪˈnʌɪtʲɪs]
parente (m) distante	tólimas giminaitis (v)	['tolʲɪmas gʲɪmʲɪˈnʌɪtʲɪs]
parentes (m pl)	gìminės (m dgs)	['gʲɪmʲɪnʲeːs]

órfão (m), órfã (f)	našlaitis (v)	[naʃˈlʲʌɪtʲɪs]
tutor (m)	globéjas (v)	[glʲoˈbʲeːjas]
adotar (um filho)	įsūnyti	[iːˈsuːnʲɪːtʲɪ]
adotar (uma filha)	įdukrinti	[iːˈdʊkrʲɪntʲɪ]

53. Amigos. Colegas de trabalho

amigo (m)	draugas (v)	['drɑʊgas]
amiga (f)	draugė (m)	[drɑʊˈgʲeː]
amizade (f)	draugýstė (m)	[drɑʊˈgʲiːstʲeː]
ser amigos	draugauti	[drɑʊˈgɑʊtʲɪ]

amigo (m)	pažįstamas (v)	[paˈʒʲiːstamas]
amiga (f)	pažįstama (m)	[paʒʲiːstaˈma]
parceiro (m)	pártneris (v)	['partnʲɛrʲɪs]

| chefe (m) | šėfas (v) | ['ʃɛfas] |
| superior (m) | viršininkas (v) | ['vʲɪrʃɪnʲɪŋkas] |

proprietário (m)	savininkas (v)	[savʲɪ'nʲɪŋkas]
subordinado (m)	pavaldinỹs (v)	[pavalʲdʲɪ'nʲiːs]
colega (m)	kolegà (v)	[kɔlʲɛ'ga]

conhecido (m)	pažįstamas (v)	[pa'ʒɪːstamas]
companheiro (m) de viagem	pakeleĩvis (v)	[pakʲɛ'lʲɛɪvʲɪs]
colega (m) de classe	klasiõkas (v)	[klʲa'sʲoːkas]

vizinho (m)	kaimýnas (v)	[kʌɪ'mʲiːnas]
vizinha (f)	kaimýnė (m)	[kʌɪ'mʲiːnʲeː]
vizinhos (pl)	kaimýnai (v)	[kʌɪ'mʲiːnʌɪ]

54. Homem. Mulher

mulher (f)	móteris (m)	['motʲɛrʲɪs]
rapariga (f)	panẽlė (m)	[pa'nʲæɫʲeː]
noiva (f)	núotaka (m)	['nʊɑtaka]

bonita	gražì	[gra'ʒʲɪ]
alta	aukštà	[ɑʊkʃ'ta]
esbelta	lieknà	[lʲiɛk'na]
de estatura média	neáukšto ū̃gio	[nʲɛ'ɑʊkʃtɔ 'uːgʲɔ]

| loura (f) | blondìnė (m) | [blʲon'dʲɪnʲeː] |
| morena (f) | brunėtė (m) | [brʲu'nʲɛtʲeː] |

de senhora	dãmų	['daːmuː]
virgem (f)	skaistuõlė (m)	[skʌɪs'tʊɑlʲeː]
grávida	nėščià	[nʲeːʃ'tʂʲæ]

homem (m)	výras (v)	['vʲiːras]
louro (m)	blondìnas (v)	[blʲon'dʲɪnas]
moreno (m)	brunėtas (v)	[brʲu'nʲɛtas]
alto	áukštas	['ɑʊkʃtas]
de estatura média	neáukšto ū̃gio	[nʲɛ'ɑʊkʃtɔ 'uːgʲɔ]

rude	grubùs	[grʊ'bʊs]
atarracado	petìngas	[pʲɛ'tʲɪngas]
robusto	tvìrtas	['tvʲɪrtas]
forte	stiprùs	[stʲɪp'rʊs]
força (f)	jėgà (m)	[je:'ga]

gordo	stambùs	[stam'bʊs]
moreno	tamsaũs gỹmio	[tam'sɑʊs 'gʲiːmʲɔ]
esbelto	liẽknas	['lʲiɛknas]
elegante	elegántiškas	[ɛlʲɛ'gantʲɪʃkas]

55. Idade

idade (f)	ámžius (v)	['amʒʲʊs]
juventude (f)	jaunýstė (m)	[jɛu'nʲiːstʲeː]
jovem	jáunas	['jɑʊnas]

| mais novo | jaunèsnis (-ĕ) | [jɛʊ'nʲɛsnʲɪs] |
| mais velho | vyrèsnis | [vʲiː'rʲɛsnʲɪs] |

jovem (m)	jaunuõlis (v)	[jɛʊ'nʊalʲɪs]
adolescente (m)	paauglỹs (v)	[paɑʊ'glʲiː s]
rapaz (m)	vaikìnas (v)	[vʌɪ'kʲɪnas]

| velho (m) | sẽnis (v) | ['sʲænʲɪs] |
| velhota (f) | sẽnė (m) | ['sʲænʲeː] |

adulto	suáugęs	[sʊ'ɑʊgʲɛː s]
de meia-idade	vidutìnio ámžiaus	[vʲɪdʊ'tʲɪnʲɔ 'amʒʲɛʊs]
idoso, de idade	pagyvẽnęs	[pagʲiː'vʲænʲɛː s]
velho	sẽnas	['sʲænas]

reforma (f)	peñsija (m)	['pʲɛnsʲɪjɛ]
reformar-se (vr)	išeĩti į̃ peñsiją	[ɪ'ʃɛɪtʲɪ iː 'pʲɛnsʲɪjaː]
reformado (m)	peñsininkas (v)	['pʲɛnsʲɪnʲɪŋkas]

56. Crianças

criança (f)	vaĩkas (v)	['vʌɪkas]
crianças (f pl)	vaikaĩ (v)	[vʌɪ'kʌɪ]
gémeos (m pl)	dvyniaĩ (v dgs)	[dvʲiː'nʲɛɪ]

berço (m)	lopšỹs (v)	[lʲop'ʃɪː s]
guizo (m)	barškalas (v)	['barʃkalʲas]
fralda (f)	výstyklas (v)	['vʲiː stʲiː klʲas]

chupeta (f)	čiulptùkas (v)	[tʃʲʊlʲp'tʊkas]
carrinho (m) de bebé	vežimẽlis (v)	[vʲɛʒʲɪ'mʲeː lʲɪs]
jardim (m) de infância	vaikų̃ darželis (v)	[vʌɪ'ku dar'ʒʲælʲɪs]
babysitter (f)	áuklė (m)	['ɑʊklʲeː]

infância (f)	vaikýstė (m)	[vʌɪ'kʲiː stʲeː]
boneca (f)	lėlẽ (m)	[lʲeː'lʲe]
brinquedo (m)	žaĩslas (v)	['ʒʌɪslʲas]
jogo (m) de armar	konstruktorius (v)	[kɔns'trʊktorʲʊs]

bem-educado	išáuklėtas	[ɪʃɑʊklʲeː tas]
mal-educado	neišáuklėtas	[nʲɛɪ'ʃɑʊklʲeː tas]
mimado	išlẽpintas	[ɪʃˈlʲæpʲɪntas]

ser travesso	dū̃kti	['duː ktʲɪ]
travesso, traquinas	padū̃kęs	[pa'duː kʲɛː s]
travessura (f)	išdáiga (m)	[ɪʃ'dʌɪga]
criança (f) travessa	padykẽlis (v)	[padʲiː'kʲeː lʲɪs]

| obediente | paklusnùs | [paklʲʊs'nʊs] |
| desobediente | nepaklusnùs | [nʲɛpaklʲʊs'nʊs] |

dócil	išmintìngas	[ɪʃmʲɪn'tʲɪngaɛ]
inteligente	protìngas	[pro'tʲɪngas]
menino (m) prodígio	vùnderkindas (v)	['vʊndʲɛrkʲɪndas]

57. Casais. Vida de família

beijar (vt)	bučiúoti	[bʊ'tʃʲʊɑtʲɪ]
beijar-se (vr)	bučiúotis	[bʊ'tʃʲʊɑtʲɪs]
família (f)	šeimà (m)	[ʃɛɪ'ma]
familiar	šeimýninis	[ʃɛɪ'mʲiːnʲɪnʲɪs]
casal (m)	porà (m)	[po'ra]
matrimónio (m)	sántuoka (m)	['santʊɑka]
lar (m)	namų̃ židinỹs (v)	[na'muː ʒʲɪdʲɪ'nʲiːs]
dinastia (f)	dinãstija (m)	[dʲɪ'naːstʲɪjɛ]

encontro (m)	pasimãtymas (v)	[pasʲɪ'maːtʲiːmas]
beijo (m)	bučinỹs (v)	[bʊtʃʲɪ'nʲiːs]

amor (m)	méilė (m)	['mʲɛilʲeː]
amar (vt)	myléti	[mʲiː'lʲeːtʲɪ]
amado, querido	mýlimas	['mʲiːlʲɪmas]

ternura (f)	švelnùmas (v)	[ʃvʲɛlʲ'nʊmas]
terno, afetuoso	švelnùs	[ʃvʲɛlʲ'nʊs]
fidelidade (f)	ištikimýbė (m)	[ɪʃtʲɪkʲɪ'mʲiːbʲeː]
fiel	ìštikimas	['ɪʃtʲɪkʲɪmas]
cuidado (m)	rūpestis (v)	['ruːpʲɛstʲɪs]
carinhoso	rūpestìngas	[ruːpʲɛs'tʲɪngas]

recém-casados (m pl)	jaunavedžiaĩ (v dgs)	[jɛʊnavʲɛ'dʒʲɛɪ]
lua de mel (f)	medaũs ménuo (v)	[mʲɛ'daʊs 'mʲeːnʊɑ]
casar-se (com um homem)	ištekéti	[ɪʃtʲɛ'kʲeːtʲɪ]
casar-se (com uma mulher)	vèsti	['vʲɛstʲɪ]

boda (f)	vestùvės (m dgs)	[vʲɛs'tʊvʲeːs]
bodas (f pl) de ouro	auksìnės vestùvės (m dgs)	[aʊk'sʲɪnʲeːs vɛ'stʊvʲeːs]
aniversário (m)	métinės (m dgs)	['mʲætʲɪnʲeːs]

amante (m)	meilùžis (v)	[mʲɛɪ'lʲʊʒʲɪs]
adultério (m)	neištikimýbė (m)	[nʲɛɪʃtʲɪkʲɪ'mʲiːbʲeː]
cometer adultério	išdúoti	[ɪʃ'dʊɑtʲɪ]
ciumento	pavydùs	[pavʲiː'dʊs]
ser ciumento	pavyduliáuti	[pavʲiːdʊ'lʲæʊtʲɪ]
divórcio (m)	skyrýbos (m)	[skʲiː'rʲiːbos]
divorciar-se (vr)	išsiskìrti	[ɪʃsʲɪ'skʲɪrtʲɪ]

brigar (discutir)	bártis	['bartʲɪs]
fazer as pazes	susitaĩkyti	[sʊsʲɪ'tʌɪkʲiːtʲɪ]
juntos	kartù	[kar'tʊ]
sexo (m)	sèksas (v)	['sʲɛksas]

felicidade (f)	láimė (m)	['lʲʌɪmʲeː]
feliz	laimìngas	[lʲʌɪ'mʲɪngas]
infelicidade (f)	neláimė (m)	[nʲɛ'lʲʌɪmʲeː]
infeliz	nelaimìngas	[nʲɛlʲʌɪ'mʲɪngas]

Caráter. Sentimentos. Emoções

58. Sentimentos. Emoções

sentimento (m)	jaũsmas (v)	['jɛʊsmas]
sentimentos (m pl)	jausmaĩ (v)	[jɛʊs'mʌɪ]
sentir (vt)	jaũsti	['jɑʊstʲɪ]
fome (f)	bãdas (v)	['ba:das]
ter fome	noréti válgyti	[no'rʲe:tʲɪ 'valʲgʲi:tʲɪ]
sede (f)	troškulỹs (v)	[troʃku'lʲi:s]
ter sede	noréti gérti	[no'rʲe:tʲɪ 'gʲærtʲɪ]
sonolência (f)	mieguistùmas (v)	[mʲiɛgʊis'tʊmas]
estar sonolento	noréti miegóti	[no'rʲe:tʲɪ mʲiɛ'gotʲɪ]
cansaço (m)	núovargis (v)	['nʊɑvargʲɪs]
cansado	pavãrgęs	[pa'vargʲɛ:s]
ficar cansado	pavãrgti	[pa'varktʲɪ]
humor (m)	núotaika (m)	['nʊɑtʌɪka]
tédio (m)	nuobodulỹs (v)	[nʊɑbodu'lʲi:s]
aborrecer-se (vr)	ilgétis	[ɪlʲ'gʲe:tʲɪs]
isolamento (m)	atsiskyrìmas (v)	[atsʲɪskʲi:'rʲɪmas]
isolar-se	atsiskìrti	[atsʲɪ'skʲɪrtʲɪ]
preocupar (vt)	jáudinti	['jɑʊdʲɪntʲɪ]
preocupar-se (vr)	jáudintis	['jɑʊdʲɪntʲɪs]
preocupação (f)	jaudulỹs (v)	[jɛʊdu'lʲi:s]
ansiedade (f)	neramùmas (v)	[nʲɛra'mʊmas]
preocupado	susirũpinęs	[sʊsʲɪ'ru:pʲɪnʲɛ:s]
estar nervoso	nèrvintis	['nʲɛrvʲɪntʲɪs]
entrar em pânico	panikúoti	[panʲɪ'kʊɑtʲɪ]
esperança (f)	viltìs (m)	[vʲɪlʲtʲɪs]
esperar (vt)	tikétis	[tʲɪ'kʲe:tʲɪs]
certeza (f)	pasitikéjimas (v)	[pasʲɪtʲɪ'kʲɛjɪmas]
certo	įsitìkinęs	[i:sʲɪ'tʲɪ:kʲɪnʲɛ:s]
indecisão (f)	neaiškùmas (v)	[nʲɛʌɪʃ'kʊmas]
indeciso	neįsitìkinęs	[nʲɛi:sʲɪ'tʲɪ:kʲɪnʲɛ:s]
ébrio, bêbado	gìrtas	['gʲɪrtas]
sóbrio	blaĩvas	['blʲʌɪvas]
fraco	sìlpnas	['sʲɪlʲpnas]
feliz	sėkmìngas	[sʲe:k'mʲɪngas]
assustar (vt)	išgąsdinti	[ɪʃ'ga:sdʲɪntʲɪ]
fúria (f)	pasiutìmas (v)	[pasʲu'tʲɪmas]
ira, raiva (f)	įneršìs (v)	[i:nʲɛrʃʲɪs]
depressão (f)	deprèsija (m)	[dʲɛp'rʲɛsʲɪjɛ]
desconforto (m)	diskomfórtas (v)	[dʲɪskom'fortas]

conforto (m)	komfòrtas (v)	[kɔm'fortas]
arrepender-se (vr)	gailétis	[gʌɪ'lʲe:tʲɪs]
arrependimento (m)	gàilestis (v)	['gʌɪlʲestʲɪs]
azar (m), má sorte (f)	nesėkmě (m)	[nʲɛsʲe:k'mʲe:]
tristeza (f)	nusivylìmas (v)	[nʊsʲɪvʲi:'lʲɪmas]

vergonha (f)	géda (m)	['gʲe:da]
alegria (f)	linksmýbė (m)	[lʲɪŋks'mʲi:bʲe:]
entusiasmo (m)	entuziãzmas (v)	[ɛntʊzʲɪ'jazmas]
entusiasta (m)	entuziãstas (v)	[ɛntʊzʲɪ'jastas]
mostrar entusiasmo	paródyti entuziãzmą	[pa'rodʲi:tʲɪ ɛntʊzʲɪ'jazma:]

59. Caráter. Personalidade

caráter (m)	charãkteris (v)	[xa'ra:ktʲɛrʲɪs]
falha (f) de caráter	trūkumas (v)	['tru:kʊmas]
mente (f)	prõtas (v)	['pro:tas]
razão (f)	išmintìs (m)	[ɪʃmʲɪn'tʲɪs]

consciência (f)	sąžinė (m)	['sa:ʒʲɪnʲe:]
hábito (m)	íprotis (v)	['i:protʲɪs]
habilidade (f)	gebéjimas (v)	[gʲɛ'bʲɛjɪmas]
saber (~ nadar, etc.)	mokéti	[mo'kʲe:tʲɪ]

paciente	kantrùs	[kant'rʊs]
impaciente	nekantrùs	[nʲɛkant'rʊs]
curioso	smalsùs	[smalʲ'sʊs]
curiosidade (f)	smalsùmas (v)	[smalʲ'sʊmas]

modéstia (f)	kuklùmas (v)	[kʊk'lʲʊmas]
modesto	kuklùs	[kʊk'lʲʊs]
imodesto	nekuklùs	[nʲɛkʊk'lʲʊs]

| preguiçoso | tingùs | [tʲɪn'gʊs] |
| preguiçoso (m) | tinginỹs (v) | [tʲɪngʲɪ'nʲɪ:s] |

astúcia (f)	gudrùmas (v)	[gʊd'rʊmas]
astuto	gudrùs	[gʊd'rʊs]
desconfiança (f)	nepasitikéjimas (v)	[nʲɛpasʲɪtʲɪ'kʲɛjɪmas]
desconfiado	nepatiklùs	[nʲɛpatʲɪk'lʲʊs]

generosidade (f)	dosnùmas (v)	[dos'nʊmas]
generoso	dosnùs	[dos'nʊs]
talentoso	talentìngas	[talʲɛn'tʲɪngas]
talento (m)	tãlentas (v)	['ta:lʲɛntas]

corajoso	drąsùs	[dra:'sʊs]
coragem (f)	drąsà (m)	[dra:'sa]
honesto	sąžinìngas	[sa:ʒʲɪ'nʲɪngas]
honestidade (f)	sąžinė (m)	['sa:ʒʲɪnʲe:]

prudente	atsargùs	[atsar'gʊs]
valente	narsùs	[nar'sʊs]
sério	rìmtas	['rʲɪmtas]

severo	gríežtas	['gr'iɛʒtas]
decidido	ryžtìngas	[r'i:ʒ't'ɪngas]
indeciso	neryžtìngas	[n'ɛr'i:ʒ't'ɪngas]
tímido	drovùs	[dro'vʊs]
timidez (f)	drovùmas (v)	[dro'vʊmas]

confiança (f)	pasitikéjimas (v)	[pas'ɪt'ɪ'k'ɛjɪmas]
confiar (vt)	tikéti	[t'ɪ'k'e:t'ɪ]
crédulo	patiklùs	[pat'ɪk'l'ʊs]

sinceramente	nuoširdžiaĩ	[nʊaʃɪr'dʒ'ɛɪ]
sincero	nuoširdùs	[nʊaʃɪr'dʊs]
sinceridade (f)	nuoširdùmas (v)	[nʊaʃɪr'dʊmas]
aberto	ãtviras	['a:tv'ɪras]

calmo	ramùs	[ra'mʊs]
franco	ãtviras	['a:tv'ɪras]
ingénuo	naivùs	[nʌɪ'vʊs]
distraído	išsiblãškęs	[ɪʃs'ɪ'bl'a:ʃk'ɛ:s]
engraçado	juokìngas	[jʊa'k'ɪngas]

ganância (f)	gobšùmas (v)	[gop'ʃʊmas]
ganancioso	gobšùs	[gop'ʃʊs]
avarento	šykštùs	[ʃɪ:kʃ'tʊs]
mau	pìktas	['p'ɪktas]
teimoso	užsispýręs	[ʊʒs'ɪs'p'i:r'ɛ:s]
desagradável	nemalonùs	[n'ɛmal'o'nʊs]

egoísta (m)	egoìstas (v)	[ɛgo'ɪstas]
egoísta	egoìstiškas	[ɛgo'ɪst'ɪʃkas]
cobarde (m)	bailỹs (v)	[bʌɪ'l'i:s]
cobarde	bailùs	[bʌɪ'l'ʊs]

60. O sono. Sonhos

dormir (vi)	miegóti	[m'iɛ'got'ɪ]
sono (m)	miẽgas (v)	['m'ɛgas]
sonho (m)	sãpnas (v)	['sa:pnas]
sonhar (vi)	sapnúoti	[sap'nʊat'ɪ]
sonolento	mieguìstas	[m'iɛ'gʊistas]

cama (f)	lóva (m)	['l'ova]
colchão (m)	čiužinỹs (v)	[tʂ'ʊʒ'ɪ'n'i:s]
cobertor (m)	užklótas (v)	[ʊʒ'kl'otas]
almofada (f)	pagálvė (m)	[pa'gal'v'e:]
lençol (m)	paklõdė (m)	[pak'l'o:d'e:]

insónia (f)	nẽmiga (m)	['n'æm'ɪga]
insone	bemiẽgis	[b'ɛ'm'ɛg'ɪs]
sonífero (m)	mìgdomieji (v)	['m'ɪgdom'iɛji]
tomar um sonífero	išgérti mìgdomuosius	[ɪʃ'g'ɛrt'ɪ 'm'ɪgdomʊas'ʊs]

estar sonolento	noréti miegóti	[no'r'e:t'ɪ m'iɛ'got'ɪ]
bocejar (vi)	žióvauti	['ʒ'ovaʊt'ɪ]

ir para a cama	eiti miegóti	['ɛɪtʲɪ mʲiɛ'gotʲɪ]
fazer a cama	klóti lóvą	['klʲotʲɪ 'lʲova:]
adormecer (vi)	užmìgti	[ʊʒ'mʲɪktʲɪ]

pesadelo (m)	košmãras (v)	[koʃ'ma:ras]
ronco (m)	knarkìmas (v)	[knar'kʲɪmas]
roncar (vi)	knar̃kti	['knarktʲɪ]

despertador (m)	žadintùvas (v)	[ʒadʲɪn'tʊvas]
acordar, despertar (vt)	pažãdinti	[pa'ʒa:dʲɪntʲɪ]
acordar (vi)	atsibùsti	[atsʲɪ'bʊstʲɪ]
levantar-se (vr)	kéltis	['kʲɛlʲtʲɪs]
lavar-se (vr)	praũstis	['praʊstʲɪs]

61. Humor. Riso. Alegria

humor (m)	hùmoras (v)	['ɣʊmoras]
sentido (m) de humor	jaũsmas (v)	['jɛʊsmas]
divertir-se (vr)	lìnksmintis	['lʲɪŋksmʲɪntʲɪs]
alegre	liñksmas	['lʲɪŋksmas]
alegria (f)	linksmýbė (m)	[lʲɪŋks'mʲi:bʲe:]

sorriso (m)	šỹpsena (m)	['ʃɪ:psʲɛna]
sorrir (vi)	šypsótis	[ʃɪ:p'sotʲɪs]
começar a rir	nusijuõkti	[nʊsʲɪ'jʊaktʲɪ]
rir (vi)	juõktis	['jʊaktʲɪs]
riso (m)	juõkas (v)	['jʊakas]

anedota (f)	anekdòtas (v)	[anʲɛk'dotas]
engraçado	juokìngas	[jʊa'kʲɪngas]
ridículo	juokìngas	[jʊa'kʲɪngas]

brincar, fazer piadas	juokáuti	[jʊa'kaʊtʲɪ]
piada (f)	juõkas (v)	['jʊakas]
alegria (f)	džiaũgsmas (v)	['dʒʲɛʊgsmas]
regozijar-se (vr)	džiaũgtis	['dʒʲɛʊktʲɪs]
alegre	džiaugsmìngas	[dʒʲɛʊgs'mʲɪngas]

62. Discussão, conversação. Parte 1

comunicação (f)	bendrãvimas (v)	[bʲɛn'dra:vʲɪmas]
comunicar-se (vr)	bendráuti	[bʲɛn'draʊtʲɪ]

conversa (f)	pókalbis (v)	['pokalʲbʲɪs]
diálogo (m)	dialògas (v)	[dʲɪja'lʲogas]
discussão (f)	diskùsija (m)	[dʲɪs'kʊsʲɪjɛ]
debate (m)	giñčas (v)	['gʲɪntʂas]
debater (vt)	giñčytis	['gʲɪntʂʲi:tʲɪs]

interlocutor (m)	pašnekõvas (v)	[paʃnʲɛ'ko:vas]
tema (m)	temà (m)	[tʲɛ'ma]
ponto (m) de vista	póžiūris (v)	['poʒʲu:rʲɪs]

| opinião (f) | núomonė (m) | ['nuɑmonʲe:] |
| discurso (m) | kalba (m) | [kalʲ'ba] |

discussão (f)	aptarìmas (v)	[apta'rʲɪmas]
discutir (vt)	aptar̃ti	[ap'tartʲɪ]
conversa (f)	pókalbis (v)	['pokalʲbʲɪs]
conversar (vi)	kalbétis	[kalʲ'bʲe:tʲɪs]
encontro (m)	susìtikimas (v)	[su'sʲɪtʲɪkʲɪmas]
encontrar-se (vr)	susitikinéti	[susʲɪtʲɪkʲɪ'nʲe:tʲɪ]

provérbio (m)	patarlě (m)	[patar'lʲe:]
ditado (m)	príežodis (v)	['prʲiɛʒodʲɪs]
adivinha (f)	mįslě (m)	[mʲɪ:s'lʲe:]
dizer uma adivinha	įminti mįslę	[i:'mʲɪntʲɪ 'mʲɪ:slʲɛ:]
senha (f)	slaptãžodis (v)	[slʲap'ta:ʒodʲɪs]
segredo (m)	paslaptìs (m)	[paslʲap'tʲɪs]

juramento (m)	príesaika (m)	['prʲiɛsʌɪka]
jurar (vi)	prisiekinéti	[prʲɪsʲiɛkʲɪ'nʲe:tʲɪ]
promessa (f)	pãžadas (v)	['pa:ʒadas]
prometer (vt)	žadéti	[ʒa'dʲe:tʲɪ]

conselho (m)	patarìmas (v)	[pata'rʲɪmas]
aconselhar (vt)	patar̃ti	[pa'tartʲɪ]
escutar (~ os conselhos)	paklausýti	[paklʲɑu'sʲi:tʲɪ]

novidade, notícia (f)	naujíena (m)	[nɑu'jiɛna]
sensação (f)	sensãcija (m)	[sʲɛn'sa:tsʲɪjɛ]
informação (f)	dúomenys (v dgs)	['duɑmʲɛnʲi:s]
conclusão (f)	ìšvada (m)	['ɪʃvada]
voz (f)	balsas (v)	['balʲsas]
elogio (m)	komplimentas (v)	[komplʲɪ'mʲɛntas]
amável	mandagùs	[manda'gus]

palavra (f)	žõdis (v)	['ʒo:dʲɪs]
frase (f)	reãkcija (m)	[rʲɛ'a:ktsʲɪjɛ]
resposta (f)	atsãkymas (v)	[a'tsa:kʲi:mas]

| verdade (f) | tiesa (m) | [tʲiɛ'sa] |
| mentira (f) | mẽlas (v) | ['mʲælʲas] |

pensamento (m)	mintìs (m)	[mʲɪn'tʲɪs]
ideia (f)	idėja (m)	[lʲ'dʲe:ja]
fantasia (f)	fantãzija (m)	[fan'ta:zʲɪjɛ]

63. Discussão, conversação. Parte 2

estimado	ger̃biamas	['gʲɛrbʲæmas]
respeitar (vt)	ger̃bti	['gʲɛrptʲɪ]
respeito (m)	pagarba (m)	[pagar'ba]
Estimado ..., Caro ...	Gerbiamàsis ...	[gʲɛrbʲæ'masʲɪs ...]

| apresentar (vt) | supažìndinti | [supa'ʒʲɪndʲɪntʲɪ] |
| travar conhecimento | susipažìnti | [susʲɪpa'ʒʲɪntʲɪ] |

intenção (f)	ketìnimas (v)	[kʲɛ'tʲɪnʲɪmas]
tencionar (vt)	ketìnti	[kʲɛ'tʲɪntʲɪ]
desejo (m)	palinkéjimas (v)	[palʲɪŋ'kʲɛjɪmas]
desejar (ex. ~ boa sorte)	palinkéti	[palʲɪŋ'kʲe:tʲɪ]

surpresa (f)	núostaba (m)	['nʊastaba]
surpreender (vt)	stẽbinti	['stʲæbʲɪntʲɪ]
surpreender-se (vr)	stebétis	[ste'bʲe:tʲɪs]

dar (vt)	dúoti	['dʊatʲɪ]
pegar (tomar)	im̃ti	['ɪmtʲɪ]
devolver (vt)	grąžìnti	[gra:'ʒɪntʲɪ]
retornar (vt)	atidúoti	[atʲɪ'dʊatʲɪ]

desculpar-se (vr)	atsiprašinéti	[atsʲɪpraʃɪ'nʲe:tʲɪ]
desculpa (f)	atsiprãšymas (v)	[atsʲɪ'pra:ʃɪ:mas]
perdoar (vt)	atléisti	[at'lʲɛɪstʲɪ]

falar (vi)	kalbéti	[kalʲ'bʲe:tʲɪ]
escutar (vt)	klausýti	[klʲaʊ'sʲi:tʲɪ]
ouvir até o fim	išklausýti	[ɪʃklʲaʊ'sʲi:tʲɪ]
compreender (vt)	suprãsti	[sʊp'rastʲɪ]

mostrar (vt)	paródyti	[pa'rodʲi:tʲɪ]
olhar para ...	žiūréti į ...	[ʒʲu:'rʲe:tʲɪ i: ..]
chamar (dizer em voz alta o nome)	pakviẽsti	[pak'vʲɛstʲɪ]
distrair (vt)	trukdýti	[trʊk'dʲi:tʲɪ]
perturbar (vt)	trukdýti	[trʊk'dʲi:tʲɪ]
entregar (~ em mãos)	pérduoti	['pʲɛrdʊatʲɪ]

pedido (m)	prãšymas (v)	['pra:ʃɪ:mas]
pedir (ex. ~ ajuda)	prašýti	[pra'ʃɪ:tʲɪ]
exigência (f)	reikalãvimas (v)	[rʲɛɪka'lʲa:vʲɪmas]
exigir (vt)	reikaláuti	[rʲɛɪka'lʲaʊtʲɪ]

chamar nomes (vt)	ẽrzinti	['ɛrzʲɪntʲɪ]
zombar (vt)	šaipýtis	[ʃʌɪ'pʲi:tʲɪs]
zombaria (f)	pajuokà (m)	[pajʊa'ka]
alcunha (f)	pravardẽ (m)	[pravar'dʲe:]

insinuação (f)	užúomina (m)	[ʊ'ʒʊamʲɪna]
insinuar (vt)	užsimiñti	[ʊʒsʲɪ'mʲɪntʲɪ]
subentender (vt)	numanýti	[nʊma'nʲi:tʲɪ]

descrição (f)	aprãšymas (v)	[ap'ra:ʃɪ:mas]
descrever (vt)	aprašýti	[apra'ʃɪ:tʲɪ]
elogio (m)	pagyrìmas (v)	[pagʲi:'rʲɪmas]
elogiar (vt)	pagìrti	[pa'gʲɪrtʲɪ]

desapontamento (m)	nusivylìmas (v)	[nʊsʲɪvʲi:'lʲɪmas]
desapontar (vt)	nuvìlti	[nʊ'vʲɪlʲtʲɪ]
desapontar-se (vr)	nusivìlti	[nʊsʲɪ'vʲɪlʲtʲɪ]

suposição (f)	príelaida (m)	['prʲɛlʲʌɪda]
supor (vt)	numanýti	[nʊma'nʲi:tʲɪ]

advertência (f)   įspėjìmas (v)   [i:spʲeː'jɪmas]
advertir (vt)   įspéti   [i:s'pʲeːtʲɪ]

64. Discussão, conversação. Parte 3

convencer (vt)   įkalbéti   [i:kalʲ'bʲeːtʲɪ]
acalmar (vt)   ramìnti, gúosti   [ra'mʲɪntʲɪ], ['guostʲɪ]

silêncio (o ~ é de ouro)   tyléjimas (v)   [tʲiː'lʲɛjɪmas]
ficar em silêncio   tyléti   [tʲiː'lʲeːtʲɪ]
sussurrar (vt)   sušnabždéti   [suʃnabʒ'dʲeːtʲɪ]
sussurro (m)   šnabždesỹs (v)   [ʃnabʒdʲɛ'sʲiːs]

francamente   atviraĩ   [atvʲɪ'rʌɪ]
a meu ver …   màno núomone …   ['manɔ 'nuɑmonʲɛ …]

detalhe (~ da história)   iššamùmas (v)   [ɪʃsa'mumas]
detalhado   iššamùs   [ɪʃsa'mʊs]
detalhadamente   iššamiaĩ   [ɪʃsa'mʲɛɪ]

dica (f)   užúomina (m)   [ʊ'ʒuɑmʲɪna]
dar uma dica   pasakinéti   [pasakʲɪ'nʲeːtʲɪ]

olhar (m)   žvìlgsnis (v)   ['ʒvʲɪlʲgsnʲɪs]
dar uma vista de olhos   žvìlgteléti   ['ʒvʲɪlʲktelʲeːtʲɪ]
fixo (olhar ~)   nejudantis   ['nʲɛjʊdantʲɪs]
piscar (vi)   mirkséti   [mʲɪrk'sʲeːtʲɪ]
pestanejar (vt)   mìrkteléti   ['mʲɪrktelʲeːtʲɪ]
acenar (com a cabeça)   lìnkteléti   ['lʲɪŋktelʲeːtʲɪ]

suspiro (m)   ìškvépis (v)   ['ɪʃkvʲeːpʲɪs]
suspirar (vi)   įkvẽpti   [i:k'vʲeːptʲɪ]
estremecer (vi)   krũpčioti   ['kru:ptʂotʲɪ]
gesto (m)   gestas (v)   ['gʲɛstas]
tocar (com as mãos)   prisiliẽsti   [prʲɪsʲɪ'lʲɛstʲɪ]
agarrar (~ pelo braço)   griẽbti   ['grʲɛptʲɪ]
bater de leve   plekšnóti   [plʲɛkʃ'notʲɪ]

Cuidado!   Atsargiaĩ!   [atsar'gʲɛɪ!]
A sério?   Nejaũgi?   [nʲɛ'jɛʊgʲɪ?]
Tem certeza?   Tù įsitìkinęs?   ['tʊ i:sʲɪ'tʲiːkʲɪnʲɛːs?]
Boa sorte!   Sėkmẽs!   [sʲeːk'mʲeːs!]
Compreendi!   Áišku!   ['ʌɪʃkʊ!]
Que pena!   Gaĩla!   ['gʌɪlʲa!]

65. Acordo. Recusa

consentimento (~ mútuo)   sutikìmas (v)   [sʊtʲɪ'kʲɪmas]
consentir (vi)   sutìkti   [sʊ'tʲɪktʲɪ]
aprovação (f)   pritarìmas (v)   [prʲɪta'rʲɪmas]
aprovar (vt)   pritar̃ti   [prʲɪ'tartʲɪ]
recusa (f)   atsisãkymas (v)   [atsʲɪ'sa:kʲiːmas]

negar-se (vt)	atsisakýti	[atsʲɪsaˈkʲiːtʲɪ]
Está ótimo!	Puikù!	[puˈkʊ!]
Muito bem!	Geraì!	[gʲɛˈrʌɪ!]
Está bem! De acordo!	Geraì!	[gʲɛˈrʌɪ!]

proibido	ùždraustas	[ˈʊʒdraʊstas]
é proibido	negalimà	[nʲɛgalʲɪˈma]
é impossível	neįmãnoma	[nʲɛɪˈmaːnoma]
incorreto	neteisìngas	[nʲɛtʲɛɪˈsʲɪngas]

rejeitar (~ um pedido)	atmèsti	[atˈmʲɛstʲɪ]
apoiar (vt)	palaikýti	[palʲʌɪˈkʲiːtʲɪ]
aceitar (desculpas, etc.)	priim̃ti	[prʲɪˈimtʲɪ]

confirmar (vt)	patvìrtinti	[patˈvʲɪrtʲɪntʲɪ]
confirmação (f)	patvìrtinimas (v)	[patˈvʲɪrtʲɪnʲɪˈɪmas]
permissão (f)	leidìmas (v)	[lʲɛɪˈdʲɪmas]
permitir (vt)	léisti	[ˈlʲɛɪstʲɪ]
decisão (f)	sprendìmas (v)	[sprʲɛnˈdʲɪmas]
não dizer nada	nutyléti	[nʊtʲiːˈlʲeːtʲɪ]

condição (com uma ~)	sąlyga (m)	[ˈsaːlʲiːga]
pretexto (m)	atsikalbinéjimas (v)	[atsʲɪkalʲbʲɪˈnʲɛjɪmas]
elogio (m)	pagyrìmas (v)	[pagʲiːˈrʲɪmas]
elogiar (vt)	gìrti	[ˈgʲɪrtʲɪ]

66. Sucesso. Boa sorte. Insucesso

êxito, sucesso (m)	sėkmė̃ (m)	[sʲeːkˈmʲeː]
com êxito	sėkmìngai	[sʲeːkˈmʲɪngʌɪ]
bem sucedido	sėkmìngas	[sʲeːkˈmʲɪngas]

sorte (fortuna)	sėkmė̃ (m)	[sʲeːkˈmʲeː]
Boa sorte!	Sėkmė̃s!	[sʲeːkˈmʲeːs!]
de sorte	sėkmìngas	[sʲeːkˈmʲɪngas]
sortudo, felizardo	sėkmìngas	[sʲeːkˈmʲɪngas]

fracasso (m)	nesėkmė̃ (m)	[nʲɛsʲeːkˈmʲeː]
pouca sorte (f)	nesėkmė̃ (m)	[nʲɛsʲeːkˈmʲeː]
azar (m), má sorte (f)	nesėkmė̃ (m)	[nʲɛsʲeːkˈmʲeː]

| mal sucedido | nesėkmìngas | [nʲɛsʲeːkˈmʲɪngas] |
| catástrofe (f) | katastrofà (m) | [katastroˈfa] |

orgulho (m)	išdidùmas (v)	[ɪʃdʲɪˈdʊmas]
orgulhoso	išdidùs	[ɪʃdʲɪˈdʊs]
estar orgulhoso	didžiúotis	[dʲɪˈdʒʲʊɑtʲɪs]

vencedor (m)	nugalétojas (v)	[nʊgaˈlʲeːtoːjɛs]
vencer (vi)	nugaléti	[nʊgaˈlʲeːtʲɪ]
perder (vt)	pralaiméti	[pralʲʌɪˈmʲeːtʲɪ]
tentativa (f)	bandymas (v)	[ˈbandʲiːmas]
tentar (vt)	bandýti	[banˈdʲiːtʲɪ]
chance (m)	šánsas (v)	[ˈʃansas]

67. Conflitos. Emoções negativas

grito (m)	rìksmas (v)	['rʲɪksmas]
gritar (vi)	rěkti	['rʲeːktʲɪ]
começar a gritar	užrìkti	[ʊʒ'rʲɪktʲɪ]
discussão (f)	barnis (v)	['barnʲɪs]
discutir (vt)	bártis	['bartʲɪs]
escândalo (m)	skandãlas (v)	[skan'daːlʲas]
criar escândalo	kélti skandãlą	['kʲɛlʲtʲɪ skanda:la:]
conflito (m)	konflìktas (v)	[kɔn'flʲɪktas]
mal-entendido (m)	nesusipratìmas (v)	[nʲɛsʊsʲɪpra'tʲɪmas]
insulto (m)	įžeidìmas (v)	[iːʒʲɛɪ'dʲɪːmas]
insultar (vt)	įžeidinéti	[iːʒʲɛɪdʲɪ'nʲeːtʲɪ]
insultado	įžeistas	['iːʒʲɛɪstas]
ofensa (f)	núoskauda (m)	['nʊɑskɑʊda]
ofender (vt)	nuskriaũsti	[nʊ'skrʲɛʊstʲɪ]
ofender-se (vr)	įsižeìsti	[iːsʲɪ'ʒʲɛɪstʲɪ]
indignação (f)	pasipìktinimas (v)	[pasʲɪ'pʲɪktʲɪnʲɪmas]
indignar-se (vr)	pasipìktinti	[pasʲɪ'pʲɪktʲɪntʲɪ]
queixa (f)	skuñdas (v)	['skʊndas]
queixar-se (vr)	skų́stis	['skuːstʲɪs]
desculpa (f)	atsiprãšymas (v)	[atsʲɪ'pra:ʃɪːmas]
desculpar-se (vr)	atsiprašyněti	[atsʲɪ'praʃɪːnʲeːtʲɪ]
pedir perdão	prašýti atleidìmo	[pra'ʃɪːtʲɪ atʲlʲɛɪ'dʲɪmɔ]
crítica (f)	krìtika (m)	['krʲɪtʲɪka]
criticar (vt)	kritikúoti	[krʲɪtʲɪ'kʊɑtʲɪ]
acusação (f)	káltinimas (v)	['kalʲtʲɪnʲɪmas]
acusar (vt)	káltinti	['kalʲtʲɪntʲɪ]
vingança (f)	keřštas (v)	['kʲɛrʃtas]
vingar (vt)	keřšyti	['kʲɛrʃɪːtʲɪ]
vingar-se (vr)	atkeřšyti	[at'kʲɛrʃɪːtʲɪ]
desprezo (m)	pasmerkìmas (v)	[pasmʲɛr'kʲɪmas]
desprezar (vt)	smerkti	['smʲɛrktʲɪ]
ódio (m)	neapýkanta (m)	[nʲɛa'pʲiːkanta]
odiar (vt)	nekę̃sti	[nʲɛ'kʲɛːstʲɪ]
nervoso	nervúotas	[nʲɛr'vʊɑtas]
estar nervoso	nèrvintis	['nʲɛrvʲɪntʲɪs]
zangado	pìktas	['pʲɪktas]
zangar (vt)	supýkdyti	[sʊ'pʲiːkdʲiːtʲɪ]
humilhação (f)	žẽminimas (v)	['ʒʲæmʲɪnʲɪmas]
humilhar (vt)	žẽminti	['ʒʲæmʲɪntʲɪ]
humilhar-se (vr)	žẽmintis	['ʒʲæmʲɪntʲɪs]
choque (m)	šòkas (v)	['ʃɔkas]
chocar (vt)	šokirúoti	[ʃɔkʲɪ'rʊɑtʲɪ]
aborrecimento (m)	nemalonùmas (v)	[nʲɛmalʲo'nʊmas]

desagradável	nemalonùs	[nˡɛmalˡoˈnʊs]
medo (m)	báimė (m)	[ˈbʌImˡe:]
terrível (tempestade, etc.)	baisùs	[bʌIˈsʊs]
assustador (ex. história ~a)	baisùs	[bʌIˈsʊs]
horror (m)	siaũbas (v)	[ˈsˡɛʊbas]
horrível (crime, etc.)	siaubìngas	[sˡɛʊˈbˡɪngas]
começar a tremer	suvirpéti	[sʊvˡɪrˈpˡe:tˡɪ]
chorar (vi)	ve̅rkti	[ˈvˡɛrktˡɪ]
começar a chorar	pradéti ve̅rkti	[praˈdˡe:tˡɪ ˈverktˡɪ]
lágrima (f)	ãšara (m)	[ˈa:ʃara]
falta (f)	kaltě̃ (m)	[kalˡˈtˡe:]
culpa (f)	kaltě̃ (m)	[kalˡˈtˡe:]
desonra (f)	géda (m)	[ˈgˡe:da]
protesto (m)	protèstas (v)	[proˈtˡɛstas]
stresse (m)	strèsas (v)	[ˈstrˡɛsas]
perturbar (vt)	trukdýti	[trʊkˈdˡi:tˡɪ]
zangar-se com ...	pỹkti	[ˈpˡi:ktˡɪ]
zangado	pìktas	[ˈpˡɪktas]
terminar (vt)	nutráukti	[nʊˈtraʊktˡɪ]
praguejar	bártis	[ˈbartˡɪs]
assustar-se	baugìntis	[baʊˈgˡɪntˡɪs]
golpear (vt)	treñkti	[ˈtrˡɛŋktˡɪ]
brigar (na rua, etc.)	mùštis	[ˈmʊʃtˡɪs]
resolver (o conflito)	sureguliúoti	[sʊrˡɛgʊˈlˡʊatˡɪ]
descontente	nepaténkintas	[nˡɛpaˈtˡɛŋkˡɪntas]
furioso	įníršęs	[i:ˈnˡɪrʃɛ:s]
Não está bem!	Negerai̅!	[nˡɛgˡɛˈrʌɪ!]
É mau!	Negerai̅!	[nˡɛgˡɛˈrʌɪ!]

Medicina

68. Doenças

doença (f)	liga (m)	[lɪˈga]
estar doente	sirgti	[ˈsⁱɪrktⁱɪ]
saúde (f)	sveikata (m)	[svⁱɛɪkaˈta]
nariz (m) a escorrer	sloga (m)	[slⁱoˈga]
amigdalite (f)	angina (m)	[angⁱɪˈna]
constipação (f)	peršalimas (v)	[ˈpⁱɛrʃalⁱɪmas]
constipar-se (vr)	peršalti	[ˈpⁱɛrʃalⁱtⁱɪ]
bronquite (f)	bronchitas (v)	[bronˈxⁱɪtas]
pneumonia (f)	plaučių uždegimas (v)	[ˈplⁱɑʊt̪sⁱuː ʊʒdⁱɛˈgⁱɪmas]
gripe (f)	gripas (v)	[ˈgrⁱɪpas]
míope	trumparegis	[trʊmpaˈrⁱægⁱɪs]
presbita	toliaregis	[tolⁱæˈrⁱægⁱɪs]
estrabismo (m)	žvairumas (v)	[ʒvʌɪˈrʊmas]
estrábico	žvairas	[ˈʒvʌɪras]
catarata (f)	katarakta (m)	[katarakˈta]
glaucoma (m)	glaukoma (m)	[glⁱɑʊkoˈma]
AVC (m), apoplexia (f)	insultas (v)	[ɪnˈsʊlⁱtas]
ataque (m) cardíaco	infarktas (v)	[ɪnˈfarktas]
enfarte (m) do miocárdio	miokarda infarktas (v)	[mⁱɪjoˈkarda inˈfarktas]
paralisia (f)	paralyžius (v)	[paraˈlⁱiːʒⁱʊs]
paralisar (vt)	paraližuoti	[paralⁱɪˈʒʊɑtⁱɪ]
alergia (f)	alergija (m)	[aˈlⁱɛrgⁱɪjɛ]
asma (f)	astma (m)	[astˈma]
diabetes (f)	diabetas (v)	[dⁱɪjaˈbⁱɛtas]
dor (f) de dentes	dantų skausmas (v)	[danˈtuː ˈskɑʊsmas]
cárie (f)	kariesas (v)	[ˈkaːrⁱiɛsas]
diarreia (f)	diaréja (m)	[dⁱɪjarⁱeːja]
prisão (f) de ventre	viduriųužkietėjimas (v)	[vⁱɪdʊˈrⁱu· ʊʒkⁱiɛˈtⁱɛjɪmas]
desarranjo (m) intestinal	skrandžio sutrikimas (v)	[ˈskrandʒⁱɔ sʊtrⁱɪˈkⁱɪmas]
intoxicação (f) alimentar	apsinuodijimas (v)	[apsⁱɪˈnʊɑdⁱɪjimas]
intoxicar-se	apsinuodyti	[apsⁱɪˈnʊɑdⁱiːtⁱɪ]
artrite (f)	artritas (v)	[artˈrⁱɪtas]
raquitismo (m)	rachitas (v)	[raˈxⁱɪtas]
reumatismo (m)	reumatizmas (v)	[rⁱɛumaˈtⁱɪzmas]
arteriosclerose (f)	aterosklerozė (m)	[aterosklⁱɛˈrozⁱeː]
gastrite (f)	gastritas (v)	[gasˈtrⁱɪtas]
apendicite (f)	apendicitas (v)	[apⁱɛndⁱɪˈtsⁱɪtas]

| colecistite (f) | cholecistìtas (v) | [xolʲɛtsʲɪs'tʲɪtas] |
| úlcera (f) | opà (m) | [o'pa] |

sarampo (m)	tymaĩ (v)	[tʲi:'mʌɪ]
rubéola (f)	raudoniùkė (m)	[rɑʊdo'nʲʊkʲe:]
iterícia (f)	geltà (m)	[gʲɛlʲ'ta]
hepatite (f)	hepatìtas (v)	[ɣʲɛpa'tʲɪtas]

esquizofrenia (f)	šizofrènija (m)	[ʃɪzo'frʲɛnʲɪjɛ]
raiva (f)	pasiùtligė (m)	[pa'sʲʊtlʲɪgʲe:]
neurose (f)	neuròzė (m)	[nʲɛʊ'rozʲe:]
comoção (f) cerebral	smegenų̃ sutrenkìmas (v)	[smʲɛgʲɛ'nu: sʊtrʲɛŋ'kʲɪmas]

cancro (m)	vėžỹs (v)	[vʲe:'ʒʲi:s]
esclerose (f)	skleròzė (m)	[sklʲɛ'rozʲe:]
esclerose (f) múltipla	išsėtìnė skleròzė (m)	[ɪʃsʲe:'tʲɪnʲe: sklʲɛ'rozʲe:]

alcoolismo (m)	alkoholìzmas (v)	[alʲkoɣo'lʲɪzmas]
alcoólico (m)	alokoholikas (v)	[aloko'ɣolʲɪkas]
sífilis (f)	sìfilis (v)	['sʲɪfʲɪlʲɪs]
SIDA (f)	ŽIV (v)	['ʒʲɪv]

tumor (m)	auglỹs (v)	[ɑʊg'lʲi:s]
febre (f)	kar̃štligė (m)	['karʃtlʲɪgʲe:]
malária (f)	maliãrija (m)	[ma'lʲærʲɪjɛ]
gangrena (f)	gangrenà (m)	[gangrʲɛ'na]
enjoo (m)	jū́ros ligà (m)	['ju:ros lʲɪ'ga]
epilepsia (f)	epilèpsija (m)	[ɛpʲɪ'lʲɛpsʲɪjɛ]

epidemia (f)	epidèmija (m)	[ɛpʲɪ'dʲɛmʲɪjɛ]
tifo (m)	šĩltinė (m)	['ʃʲɪlʲtʲɪnʲe:]
tuberculose (f)	tuberkuliòzė (m)	[tʊberkʊ'lʲʲozʲe:]
cólera (f)	chòlera (m)	['xolʲɛra]
peste (f)	mãras (v)	['ma:ras]

69. Sintomas. Tratamentos. Parte 1

sintoma (m)	simptòmas (v)	[sʲɪmp'tomas]
temperatura (f)	temperatūrà (m)	[tʲɛmpʲɛratu:'ra]
febre (f)	aukštà temperatūrà (m)	[ɑʊkʃ'ta tʲɛmpʲɛratu:'ra]
pulso (m)	pùlsas (v)	['pʊlʲsas]

vertigem (f)	galvõs svaigìmas (v)	[galʲ'vo:s svʌɪ'gʲɪmas]
quente (testa, etc.)	kár̃štas	['karʃtas]
calafrio (m)	drebulỹs (v)	[drʲɛbʊ'lʲi:s]
pálido	išbãlęs	[ɪʃ'ba:lʲɛ:s]

tosse (f)	kosulỹs (v)	[kɔsʊ'lʲi:s]
tossir (vi)	kósėti	['kosʲe:tʲɪ]
espirrar (vi)	čiáudėti	['tʃʲæʊdʲe:tʲɪ]
desmaio (m)	nualpimas (v)	[nʊ'alʲpʲɪmas]
desmaiar (vi)	nualpti	[nʊ'alʲptʲɪ]
nódoa (f) negra	mėlynė̃ (m)	[mʲe:'lʲi:nʲe:]
galo (m)	gùzas (v)	['gʊzas]

magoar-se (vr)	**atsitreñkti**	[atsʲɪ'trʲɛŋktʲɪ]
pisadura (f)	**sumušìmas** (v)	[sʊmʊ'ʃʲɪmas]
aleijar-se (vr)	**susimùšti**	[sʊsʲɪ'mʊʃtʲɪ]
coxear (vi)	**šlubúoti**	[ʃlʲʊ'bʊɑtʲɪ]
deslocação (f)	**išnirìmas** (v)	[ɪʃnʲɪ'rʲɪmas]
deslocar (vt)	**išnarìnti**	[ɪʃna'rʲɪntʲɪ]
fratura (f)	**lū̃žis** (v)	['lʲu:ʒʲɪs]
fraturar (vt)	**susiláužyti**	[sʊsʲɪ'lʲɑʊʒʲi:tʲɪ]
corte (m)	**įpjovìmas** (v)	[i:pjɔ'vʲɪ:mas]
cortar-se (vr)	**įsipjáuti**	[i:sʲɪ'pjɑʊtʲɪ]
hemorragia (f)	**kraujãvimas** (v)	[krɑʊ'ja:vʲɪmas]
queimadura (f)	**nudegìmas** (v)	[nʊdʲɛ'gʲɪmas]
queimar-se (vr)	**nusidẽginti**	[nʊsʲɪ'dʲægʲɪntʲɪ]
picar (vt)	**įdùrti**	[i:'dʊrtʲɪ]
picar-se (vr)	**įsidùrti**	[i:sʲɪ'dʊrtʲɪ]
lesionar (vt)	**susižalóti**	[sʊsʲɪʒa'lʲotʲɪ]
lesão (m)	**sužalójimas** (v)	[sʊʒa'lʲo:jɪmas]
ferida (f), ferimento (m)	**žaizdà** (m)	[ʒʌɪz'da]
trauma (m)	**tráuma** (m)	['trɑʊma]
delirar (vi)	**sapalióti**	[sapa'lʲotʲɪ]
gaguejar (vi)	**mikčióti**	[mʲɪk'tʂʲotʲɪ]
insolação (f)	**sáulės smū̃gis** (v)	['sɑʊlʲe:s 'smu:gʲɪs]

70. Sintomas. Tratamentos. Parte 2

dor (f)	**skaũsmas** (v)	['skɑʊsmas]
farpa (no dedo)	**rakštìs** (m)	[rakʃ'tʲɪs]
suor (m)	**prãkaitas** (v)	['pra:kʌɪtas]
suar (vi)	**prakaitúoti**	[prakʌɪ'tʊɑtʲɪ]
vómito (m)	**pỹkinimas** (v)	['pʲi:kʲɪnʲɪmas]
convulsões (f pl)	**traukùliai** (v)	[trɑʊ'kʊlʲɛɪ]
grávida	**nėščià**	[nʲe:ʃ'tʂʲæ]
nascer (vi)	**gìmti**	['gʲɪmtʲɪ]
parto (m)	**gim̃dymas** (v)	['gʲɪmdʲi:mas]
dar à luz	**gimdýti**	[gʲɪm'dʲi:tʲɪ]
aborto (m)	**abòrtas** (v)	[a'bortas]
respiração (f)	**kvėpãvimas** (v)	[kvʲe:'pa:vʲɪmas]
inspiração (f)	**įkvėpis** (v)	['i:kvʲe:pʲɪs]
expiração (f)	**iškvėpìmas** (v)	[ɪʃkvʲe:'pʲɪmas]
expirar (vi)	**iškvė̃pti**	[ɪʃ'kvʲe:ptʲɪ]
inspirar (vi)	**įkvė̃pti**	[i:k'vʲe:ptʲɪ]
inválido (m)	**invalìdas** (v)	[ɪnva'lʲɪdas]
aleijado (m)	**luošỹs** (v)	[lʲʊɑ'ʃʲɪ:s]
toxicodependente (m)	**narkomãnas** (v)	[narko'ma:nas]
surdo	**kur̃čias**	['kʊrtʂʲæs]

mudo	nebylys	[nʲɛbʲiːʲlʲiːs]
surdo-mudo	kurčnebylis	[ˈkʊrtʂnʲɛbʲiːʲlʲɪs]

louco (adj.)	pamìšęs	[paˈmʲɪʃɛːs]
louco (m)	pamìšęs (v)	[paˈmʲɪʃɛːs]
louca (f)	pamìšusi (m)	[paˈmʲɪʃʊsʲɪ]
ficar louco	išprotéti	[ɪʃproˈtʲeːtʲɪ]

gene (m)	gènas (v)	[ˈɡʲɛnas]
imunidade (f)	imunitètas (v)	[ɪmʊnʲɪˈtʲɛtas]
hereditário	pavéldimas	[paˈvʲɛlʲdʲɪmas]
congénito	įgimtas	[ˈiːɡʲɪmtas]

vírus (m)	vìrusas (v)	[ˈvʲɪrʊsas]
micróbio (m)	mikròbas (v)	[mʲɪkˈrobas]
bactéria (f)	baktèrija (m)	[bakˈtʲɛrʲɪjɛ]
infeção (f)	infèkcija (m)	[ɪnˈfʲɛktsʲɪjɛ]

71. Sintomas. Tratamentos. Parte 3

hospital (m)	ligóninė (m)	[lʲɪˈɡonʲɪnʲeː]
paciente (m)	pacieñtas (v)	[paˈtsʲiɛntas]

diagnóstico (m)	diagnòzė (m)	[dʲɪjagˈnozʲeː]
cura (f)	gýdymas (v)	[ˈɡʲiːdʲiːmas]
tratamento (m) médico	gýdymas (v)	[ˈɡʲiːdʲiːmas]
curar-se (vr)	gýdytis	[ˈɡʲiːdʲiːtʲɪs]
tratar (vt)	gýdyti	[ˈɡʲiːdʲiːtʲɪ]
cuidar (pessoa)	slaugýti	[slʲɑʊˈɡʲiːtʲɪ]
cuidados (m pl)	slaugà (m)	[slʲɑʊˈɡa]

operação (f)	operãcija (m)	[opʲɛˈra:tsʲɪjɛ]
enfaixar (vt)	pérrišti	[ˈpʲɛrrʲɪʃtʲɪ]
enfaixamento (m)	pérrišimas (v)	[ˈpʲɛrrʲɪʃɪmas]

vacinação (f)	skiẽpas (v)	[ˈskʲɛpas]
vacinar (vt)	skiẽpyti	[ˈskʲɛpʲiːtʲɪ]
injeção (f)	įdūrìmas (v)	[iːduːˈrʲɪːmas]
dar uma injeção	suléisti vàistus	[sʊˈlʲɛɪstʲɪ ˈvʌɪstʊs]

ataque (~ de asma, etc.)	príepuolis (v)	[ˈprʲɪɛpʊɑlʲɪs]
amputação (f)	amputãcija (m)	[ampʊˈta:tsʲɪjɛ]
amputar (vt)	amputúoti	[ampʊˈtʊɑtʲɪ]
coma (f)	komà (m)	[kɔˈma]
estar em coma	bū́ti kõmoje	[ˈbuːtʲɪ ˈkõmojɛ]
reanimação (f)	reanimãcija (m)	[rʲɛanʲɪˈma:tsʲɪjɛ]

recuperar-se (vr)	sveĩkti …	[ˈsvʲɛɪktʲɪ …]
estado (~ de saúde)	bū́klė (m)	[ˈbuːklʲeː]
consciência (f)	sámonė (m)	[ˈsa:monʲeː]
memória (f)	atmintìs (m)	[atmʲɪnˈtʲɪs]

tirar (vt)	šãlinti	[ˈʃa:lʲɪntʲɪ]
chumbo (m), obturação (f)	plòmba (m)	[ˈplʲomba]

chumbar, obturar (vt)	plombúoti	[pⁱlom'buatⁱɪ]
hipnose (f)	hipnozė (m)	[ɣⁱɪp'nozⁱeː]
hipnotizar (vt)	hipnotizúoti	[ɣⁱɪpnotⁱɪ'zuatⁱɪ]

72. Médicos

médico (m)	gýdytojas (v)	['gⁱiːdⁱiːtoːjɛs]
enfermeira (f)	medicìnos sesẽlė (m)	[mⁱɛdⁱɪ'tsⁱɪnos se'sⁱælⁱeː]
médico (m) pessoal	asmenìnis gýdytojas (v)	[asmⁱɛ'nⁱɪnⁱɪs 'gⁱiːdⁱiːtoːjɛs]

dentista (m)	dantìstas (v)	[dan'tⁱɪstas]
oculista (m)	okulìstas (v)	[okʊ'lⁱɪstas]
terapeuta (m)	terapèutas (v)	[tⁱɛra'pⁱɛʊtas]
cirurgião (m)	chirùrgas (v)	[xⁱɪ'rʊrgas]

psiquiatra (m)	psichiãtras (v)	[psⁱɪxⁱɪ'jatras]
pediatra (m)	pediãtras (v)	[pⁱɛ'dⁱɪ'jatras]
psicólogo (m)	psichològas (v)	[psⁱɪxo'lⁱogas]
ginecologista (m)	ginekològas (v)	[gⁱɪnⁱɛko'lⁱogas]
cardiologista (m)	kardiològas (v)	[kardⁱɪjo'lⁱogas]

73. Medicina. Drogas. Acessórios

medicamento (m)	váistas (v)	['vʌɪstas]
remédio (m)	príemonė (m)	['prⁱiɛmonⁱeː]
receitar (vt)	išrašýti	[ɪʃra'ʃⁱɪːtⁱɪ]
receita (f)	recèptas (v)	[rⁱɛ'tsⁱɛptas]

comprimido (m)	tablètė (m)	[tab'lⁱɛtⁱeː]
pomada (f)	tẽpalas (v)	['tⁱæpalⁱas]
ampola (f)	ámpulė (m)	['ampʊlⁱeː]
preparado (m)	mikstūrà (m)	[mⁱɪkstuː'ra]
xarope (m)	sìrupas (v)	['sⁱɪrʊpas]
cápsula (f)	piliùlė (m)	[pⁱɪ'lⁱʊlⁱeː]
remédio (m) em pó	miltẽliai (v dgs)	[mⁱɪlⁱ'tⁱælⁱɛɪ]

ligadura (f)	bìntas (v)	['bⁱɪntas]
algodão (m)	vatà (m)	[va'ta]
iodo (m)	jòdas (v)	[jɔ das]

penso (m) rápido	plèistras (v)	['plⁱɛɪstras]
conta-gotas (m)	pipètė (m)	[pⁱɪ'pⁱɛtⁱeː]
termómetro (m)	termomètras (v)	[tⁱɛrmo'mⁱɛtras]
seringa (f)	švìrkštas (v)	['ʃvⁱɪrkʃtas]

| cadeira (f) de rodas | neĩgaliójo vežimẽlis (v) | [nⁱɛɪːga'lⁱojo vⁱɛ'ʒⁱɪmⁱeːlⁱɪs] |
| muletas (f pl) | rameñtai (v dgs) | [ra'mⁱɛntʌɪ] |

| analgésico (m) | skaũsmą malšìnantys vaĩstai (v dgs) | ['skaʊsma: malⁱ'ʃⁱɪnantⁱiːs 'vʌɪstʌɪ] |

| laxante (m) | láisvinantys vaĩstai (v dgs) | ['lⁱʌɪsvⁱɪnantⁱiː: s 'vʌɪstʌɪ] |
| álcool (m) etílico | spìritas (v) | ['spⁱɪrⁱɪtas] |

ervas (f pl) medicinais   žolė (m)   [ʒoˈlʲeː]
de ervas (chá ~)   žolìnis   [ʒoˈlʲɪnʲɪs]

74. Fumar. Produtos tabágicos

tabaco (m)	tabõkas (v)	[taˈboːkas]
cigarro (m)	cigaretė (m)	[tsʲɪgaˈrʲɛtʲeː]
charuto (m)	cigãras (v)	[tsʲɪˈɡaːras]
cachimbo (m)	pýpkė (m)	[ˈpʲiːpkʲeː]
maço (~ de cigarros)	pakelìs (v)	[pakʲɛˈlʲɪs]
fósforos (m pl)	degtùkai (v)	[dʲɛgˈtʊkʌɪ]
caixa (f) de fósforos	degtùkų dėžùtė (m)	[dʲɛgˈtʊku: dʲeːˈʒʊtʲeː]
isqueiro (m)	žiebtuvĕlis (v)	[ʒʲiɛptʊˈvʲeːlʲɪs]
cinzeiro (m)	penenìnė (m)	[pʲɛlʲɛˈnʲɪnʲeː]
cigarreira (f)	portsigãras (v)	[portsʲɪˈɡaːras]
boquilha (f)	kandìklis (v)	[kanˈdʲɪklʲɪs]
filtro (m)	fìltras (v)	[ˈfɪlʲtras]
fumar (vi, vt)	rūkýti	[ruːˈkʲiːtʲɪ]
acender um cigarro	užrūkýti	[ʊʒruːˈkʲiːtʲɪ]
tabagismo (m)	rūkymas (v)	[ˈruːkʲiːmas]
fumador (m)	rūkõrius (v)	[ruːˈkoːrʲʊs]
beata (f)	núorūka (m)	[ˈnʊɑruːka]
fumo (m)	dūmas (v)	[ˈduːmas]
cinza (f)	pelenaĩ (v dgs)	[pʲɛlʲɛˈnʌɪ]

HABITAT HUMANO

Cidade

75. Cidade. Vida na cidade

cidade (f)	miestas (v)	['mˡɛstas]
capital (f)	sóstinė (m)	['sostˡɪnˡeː]
aldeia (f)	káimas (v)	['kʌɪmas]
mapa (m) da cidade	miesto plãnas (v)	['mˡɛsto 'plˡaːnas]
centro (m) da cidade	miesto centras (v)	['mˡɛsto 'tsˡɛntras]
subúrbio (m)	príemiestis (v)	['prˡiɛmˡɛstˡɪs]
suburbano	príemiesčio	['prˡiɛmˡiɛstşˡɔ]
periferia (f)	pakraštỹs (v)	[pakraʃ'tˡiːs]
arredores (m pl)	apýlinkės (m dgs)	[a'pˡiːlˡɪŋkˡeːs]
quarteirão (m)	kvartãlas (v)	[kvar'taːlˡas]
quarteirão (m) residencial	gyvẽnamas kvartãlas (v)	[gˡiː'vˡænamas kvar'taːlˡas]
tráfego (m)	judéjimas (v)	[juˈdˡɛjɪmas]
semáforo (m)	šviesoforas (v)	[ʃvˡiɛso'foras]
transporte (m) público	miesto transpórtas (v)	['mˡɛsto trans'portas]
cruzamento (m)	sánkryža (m)	['saŋkrˡiːʒa]
passadeira (f)	péreja (m)	['pˡɛrˡeːja]
passagem (f) subterrânea	požeminė péreja (m)	[poʒe'mˡɪnˡeː 'pˡærˡeːja]
cruzar, atravessar (vt)	péreiti	['pˡɛrˡɛɪtˡɪ]
peão (m)	péstysis (v)	['pˡeːstˡiːsˡɪs]
passeio (m)	šalìgatvis (v)	[ʃa'lˡɪgatvˡɪs]
ponte (f)	tìltas (v)	['tˡɪlˡtas]
margem (f) do rio	krantìnė (m)	[kran'tˡɪnˡeː]
alameda (f)	aléja (m)	[a'lˡeːja]
parque (m)	párkas (v)	['parkas]
bulevar (m)	bulvãras (v)	[bʊlˡ'va:ras]
praça (f)	aikštẽ (m)	[ʌɪkʃ'tˡeː]
avenida (f)	prospéktas (v)	[pros'pˡɛktas]
rua (f)	gãtvė (m)	['ga:tvˡeː]
travessa (f)	skẽrsgatvis (v)	['skˡɛrsgatvˡɪs]
beco (m) sem saída	tupìkas (v)	[tʊ'pˡɪkas]
casa (f)	nãmas (v)	['na:mas]
edifício, prédio (m)	pãstatas (v)	['pa:statas]
arranha-céus (m)	dangóraižis (v)	[dan'gorʌɪʒˡɪs]
fachada (f)	fasãdas (v)	[fa'saːdas]
telhado (m)	stógas (v)	['stogas]

janela (f)	lángas (v)	['lʲangas]
arco (m)	árka (m)	['arka]
coluna (f)	kolona (m)	[kɔlʲo'na]
esquina (f)	kaṁpas (v)	['kampas]

montra (f)	vitrina (m)	[vʲɪtrʲɪ'na]
letreiro (m)	iškaba (m)	['ɪʃkaba]
cartaz (m)	afiša (m)	[afʲɪ'ʃa]
cartaz (m) publicitário	reklãminis plakãtas (v)	[rʲɛk'lʲa:mʲɪnʲɪs plʲa'ka:tas]
painel (m) publicitário	reklãminis skỹdas (v)	[rʲɛk'lʲa:mʲɪnʲɪs 'skʲi:das]

lixo (m)	šiùkšlės (m dgs)	['ʃʊkʃlʲe:s]
cesta (f) do lixo	úrna (m)	['ʊrna]
jogar lixo na rua	šiùkšlinti	['ʃʊkʃlʲɪntʲɪ]
aterro (m) sanitário	sąvartỹnas (v)	[sa:var'tʲi:nas]

cabine (f) telefónica	telefòno bùdelė (m)	[tʲɛlʲɛ'fonɔ 'bʊdelʲe:]
candeeiro (m) de rua	žibiñto stùlpas (v)	[ʒʲɪ'bʲɪntɔ 'stʊlpas]
banco (m)	súolas (v)	['sʊolʲas]

polícia (m)	polìcininkas (v)	[po'lʲɪtsʲɪnʲɪŋkas]
polícia (instituição)	polìcija (m)	[po'lʲɪtsʲɪjɛ]
mendigo (m)	skuŕdžius (v)	['skʊrdʒʲʊs]
sem-abrigo (m)	benãmis (v)	[bʲɛ'na:mʲɪs]

76. Instituições urbanas

loja (f)	parduotùvė (m)	[pardʊa'tʊvʲe:]
farmácia (f)	váistinė (m)	['vʌɪstʲɪnʲe:]
ótica (f)	òptika (m)	['optʲɪka]
centro (m) comercial	prekỹbos ceñtras (v)	[prʲɛ'kʲi:bos 'tsʲɛntras]
supermercado (m)	supermárketas (v)	[sʊpʲɛr'markʲɛtas]

padaria (f)	bandẽlių kráutuvė (m)	[ban'dʲælʲu: 'krɑʊtʊvʲe:]
padeiro (m)	kepéjas (v)	[kʲɛ'pʲe:jas]
pastelaria (f)	konditèrija (m)	[kɔndʲɪ'tʲɛrʲɪjɛ]
mercearia (f)	bakaléja (m)	[baka'lʲe:ja]
talho (m)	mėsõs kráutuvė (m)	[mʲe:'so:s 'krɑʊtʊvʲe:]

loja (f) de legumes	daržóvių kráutuvė (m)	[dar'ʒovʲu: 'krɑʊtʊvʲe:]
mercado (m)	prekỹvietė (m)	[prʲɛ'kʲi:vʲiɛtʲe:]

café (m)	kavìnė (m)	[ka'vʲɪnʲe:]
restaurante (m)	restorãnas (v)	[rʲɛsto'ra:nas]
bar (m), cervejaria (f)	alùdė (m)	[a'lʲʊdʲe:]
pizzaria (f)	picèrija (m)	[pʲɪ'tsʲɛrʲɪjɛ]

salão (m) de cabeleireiro	kirpyklà (m)	[kʲɪrpʲi:k'lʲa]
correios (m pl)	pãštas (v)	['pa:ʃtas]
lavandaria (f)	valyklà (m)	[valʲi:k'la]
estúdio (m) fotográfico	fotoateljė̃ (v)	[fotoate'lʲje:]

sapataria (f)	ãvalynės parduotùvė (m)	['a:valʲi:nʲe:s pardʊa'tʊvʲe:]
livraria (f)	knygýnas (v)	[knʲi:'gʲi:nas]

loja (f) de artigos de desporto	sportinių prekių parduotuvė (m)	['sportⁱɪnⁱu: 'prⁱækⁱu: parduɑ'tuvⁱe:]
reparação (f) de roupa	drabužių taisykla (m)	[dra'buʒⁱu: tʌɪsⁱiːk'lⁱa]
aluguer (m) de roupa	drabužių nuoma (m)	[dra'buʒⁱu: 'nuɑma]
aluguer (m) de filmes	filmų nuoma (m)	['fɪlⁱmu: 'nuɑma]
circo (m)	cirkas (v)	['tsⁱɪrkas]
jardim (m) zoológico	zoologijos sodas (v)	[zoo'lⁱogⁱɪjɔs 'so:das]
cinema (m)	kino teatras (v)	['kⁱɪnɔ tⁱɛ'a:tras]
museu (m)	muziejus (v)	[muˈzⁱɛjus]
biblioteca (f)	biblioteka (m)	[bⁱɪblⁱɪjotⁱɛ'ka]
teatro (m)	teatras (v)	[tⁱɛ'a:tras]
ópera (f)	opera (m)	['opⁱɛra]
clube (m) noturno	naktinis klubas (v)	[nak'tⁱɪnⁱɪs 'klⁱubas]
casino (m)	kazino (v)	[kazⁱɪ'no]
mesquita (f)	mečetė (m)	[mⁱɛ'tʂⁱɛtⁱe:]
sinagoga (f)	sinagoga (m)	[sⁱɪnago'ga]
catedral (f)	katedra (m)	['ka:tⁱɛdra]
templo (m)	šventykla (m)	[ʃvⁱɛntⁱi:k'lⁱa]
igreja (f)	bažnyčia (m)	[baʒ'nⁱi:tʂⁱæ]
instituto (m)	institutas (v)	[ɪnstⁱɪ'tutas]
universidade (f)	universitetas (v)	[uⁿⁱɪvⁱɛrsⁱɪ'tⁱɛtas]
escola (f)	mokykla (m)	[mokⁱi:k'lⁱa]
prefeitura (f)	prefektūra (m)	[prⁱɛfⁱɛk'tu:'ra]
câmara (f) municipal	savivaldybė (m)	[savⁱɪvalⁱ'dⁱi:bⁱe:]
hotel (m)	viešbutis (v)	['vⁱɛʃbutⁱɪs]
banco (m)	bankas (v)	['baŋkas]
embaixada (f)	ambasada (m)	[ambasa'da]
agência (f) de viagens	turizmo agentūra (m)	[tu'rⁱɪzmɔ agⁱɛntu:'ra]
agência (f) de informações	informacijos biuras (v)	[ɪnfor'ma:tsⁱɪjɔs 'bⁱuras]
casa (f) de câmbio	keitykla (m)	[kⁱɛɪtⁱi:k'lⁱa]
metro (m)	metro	[mⁱɛ'tro]
hospital (m)	ligoninė (m)	[lⁱɪ'gonⁱɪnⁱe:]
posto (m) de gasolina	degalinė (m)	[dⁱɛga'lⁱɪnⁱe:]
parque (m) de estacionamento	stovėjimo aikštelė (m)	[sto'vⁱɛjɪmɔ ʌɪkʃ'tⁱælⁱe:]

77. Transportes urbanos

autocarro (m)	autobusas (v)	[ɑuto'busas]
elétrico (m)	tramvajus (v)	[tram'va:jus]
troleicarro (m)	troleibusas (v)	[trolⁱɛɪ'busas]
itinerário (m)	maršrutas (v)	[marʃrutas]
número (m)	numeris (v)	['numⁱɛrⁱɪs]
ir de … (carro, etc.)	važiuoti …	[va'ʒⁱuɑtⁱɪ …]
entrar (~ no autocarro)	įlipti į …	[i:'lⁱɪ:ptⁱɪ i: …]
descer de …	išlipti iš …	[ɪʃ'lⁱɪptⁱɪ ɪʃ …]

paragem (f)	stotelė (m)	[sto'tʲælʲe:]
próxima paragem (f)	kita stotelė (m)	[kʲɪ'ta sto'tʲælʲe:]
ponto (m) final	galutinė stotelė (m)	[galu'tʲɪnʲe: sto'tʲælʲe:]
horário (m)	tvarkāraštis (v)	[tvar'ka:raʃtʲɪs]
esperar (vt)	laukti	['lʲaukˈtʲɪ]

| bilhete (m) | bilietas (v) | ['bʲɪlʲiɛtas] |
| custo (m) do bilhete | bilieto kaina (m) | ['bʲɪlʲiɛtɔ 'kʌɪna] |

bilheteiro (m)	kāsininkas (v)	['ka:sʲɪnʲɪŋkas]
controlo (m) dos bilhetes	kontrolė (m)	[kɔn'trolʲe:]
revisor (m)	kontrolierius (v)	[kɔntro'lʲɛrʲus]

atrasar-se (vr)	vēluoti	[vʲe:'lʲuatʲɪ]
perder (o autocarro, etc.)	pavėluoti	[pavʲe:'lʲuatʲɪ]
estar com pressa	skubēti	[skʊ'bʲe:tʲɪ]

táxi (m)	taksi (v)	[tak'sʲɪ]
taxista (m)	taksistas (v)	[tak'sʲɪstas]
de táxi (ir ~)	su taksi	['sʊ tak'sʲɪ]
praça (f) de táxis	taksi stovéjimo aikštēlė (m)	[tak'sʲɪ sto'vʲɛjɪmɔ ʌɪkʃ'tʲælʲe:]
chamar um táxi	iškviesti taksi	[ɪʃk'vʲɛstʲɪ tak'sʲɪ]
apanhar um táxi	įsēsti į taksi	[i:sʲes'tʲɪ: i: tak'sʲɪ:]

tráfego (m)	gātvės judéjimas (v)	['ga:tvʲe:s jʊ'dʲɛjɪmas]
engarrafamento (m)	kamštis (v)	['kamʃtʲɪs]
horas (f pl) de ponta	piko vālandos (m dgs)	['pʲɪkɔ 'va:lʲandos]
estacionar (vi)	parkúotis	[par'kuatʲɪ]
estacionar (vt)	parkúoti	[par'kuatʲɪ]
parque (m) de estacionamento	stovéjimo aikštēlė (m)	[sto'vʲɛjɪmɔ ʌɪkʃ'tʲælʲe:]

metro (m)	metro	[mʲɛ'tro]
estação (f)	stotis (m)	[sto'tʲɪs]
ir de metro	važiúoti metro	[va'ʒʲuatʲɪ mʲɛ'trɔ]
comboio (m)	traukinys (v)	[traʊkʲɪ'nʲi:s]
estação (f)	stotis (m)	[sto'tʲɪs]

78. Turismo

monumento (m)	pamiñklas (v)	[pa'mʲɪŋklʲas]
fortaleza (f)	tvirtóvė (m)	[tvʲɪr'tovʲe:]
palácio (m)	rūmai (v)	['ru:mʌɪ]
castelo (m)	pilis (m)	[pʲɪ'lʲɪs]
torre (f)	bókštas (v)	['bokʃtas]
mausoléu (m)	mauzoliējus (v)	[mauzo'lʲɛjʊs]

arquitetura (f)	architektūra (m)	[arxʲɪtʲɛktu:'ra]
medieval	viduramžių	[vʲɪ'dʊramʒʲu:]
antigo	senóvinis	[sʲɛ'novʲɪnʲɪs]
nacional	nacionālinis	[natsʲɪjo'na:lʲɪnʲɪs]
conhecido	žymus	[ʒʲi:'mʊs]

| turista (m) | turistas (v) | [tʊ'rʲɪstas] |
| guia (pessoa) | gidas (v) | ['gʲɪdas] |

excursão (f)	ekskùrsija (m)	[ɛks'kʊrsʲɪjɛ]
mostrar (vt)	ródyti	['rodʲiːtʲɪ]
contar (vt)	pãsakoti	['paːsakotʲɪ]

encontrar (vt)	ràsti	['rastʲɪ]
perder-se (vr)	pasiklýsti	[pasʲɪ'klʲiːstʲɪ]
mapa (~ do metrô)	schemà (m)	[sxʲɛ'ma]
mapa (~ da cidade)	plãnas (v)	['plʲaːnas]

lembrança (f), presente (m)	suvenýras (v)	[sʊvʲɛ'nʲiːras]
loja (f) de presentes	suvenýrų parduotùvė (m)	[sʊve'nʲiːruː: pardʊɑ'tʊvʲeː]
fotografar (vt)	fotografúoti	[fotogra'fʊɑtʲɪ]
fotografar-se	fotografúotis	[fotogra'fʊɑtʲɪs]

79. Compras

comprar (vt)	pírkti	['pʲɪrktʲɪ]
compra (f)	pirkinỹs (v)	[pʲɪrkʲɪ'nʲiːs]
fazer compras	apsipírkti	[apsʲɪ'pʲɪrktʲɪ]
compras (f pl)	apsipirkìmas (v)	[apsʲɪpʲɪr'kʲɪmas]

estar aberta (loja, etc.)	veĩkti	['vʲɛɪktʲɪ]
estar fechada	užsidarýti	[ʊʒsʲɪda'rʲiːtʲɪ]

calçado (m)	ãvalynė (m)	['aːvalʲiːnʲeː]
roupa (f)	drabùžiai (v)	[dra'bʊʒʲɛɪ]
cosméticos (m pl)	kosmètika (m)	[kɔs'mʲɛtʲɪka]
alimentos (m pl)	prodùktai (v)	[pro'dʊktʌɪ]
presente (m)	dovanà (m)	[dova'na]

vendedor (m)	pardavéjas (v)	[parda'vʲeːjas]
vendedora (f)	pardavéja (m)	[parda'vʲeːja]

caixa (f)	kasà (m)	[ka'sa]
espelho (m)	véidrodis (v)	['vʲɛɪdrodʲɪs]
balcão (m)	prekýstalis (v)	[prʲɛ'kʲiːstalʲɪs]
cabine (f) de provas	matãvimosi kabinà (m)	[ma'taːvʲɪmosʲɪ kabʲɪ'na]

provar (vt)	matúoti	[ma'tʊɑtʲɪ]
servir (vi)	tìkti	['tʲɪktʲɪ]
gostar (apreciar)	patìkti	[pa'tʲɪktʲɪ]

preço (m)	káina (m)	['kʌɪna]
etiqueta (f) de preço	kainýnas (v)	[kʌɪ'nʲiːnas]
custar (vt)	kainúoti	[kʌɪ'nʊɑtʲɪ]
Quanto?	Kíek?	['kʲiɛk?]
desconto (m)	núolaida (m)	['nʊɑlʲʌɪda]

não caro	nebrangùs	[nʲɛbran'gʊs]
barato	pigùs	[pʲɪ'gʊs]
caro	brangùs	[bran'gʊs]
É caro	Taĩ brangù.	['tʌɪ bran'gʊ]
aluguer (m)	núoma (m)	['nʊama]
alugar (vestidos, etc.)	iššinúomoti	[ɪʃsʲɪ'nʊamotʲɪ]

| crédito (m) | kreditas (v) | [krɛ'dʲɪtas] |
| a crédito | kreditu | [krʲɛdʲɪ'tʊ] |

80. Dinheiro

dinheiro (m)	pinigai (v)	[pʲɪnʲɪ'gʌɪ]
câmbio (m)	keitimas (v)	[kʲɛɪ'tʲɪmas]
taxa (f) de câmbio	kursas (v)	['kʊrsas]
Caixa Multibanco (m)	bankomatas (v)	[baŋko'maːtas]
moeda (f)	moneta (m)	[monʲɛ'ta]

| dólar (m) | doleris (v) | ['dolʲɛrʲɪs] |
| euro (m) | euras (v) | ['ɛʊras] |

lira (f)	lira (m)	[lʲɪ'ra]
marco (m)	markė (m)	['markʲe:]
franco (m)	frankas (v)	['fraŋkas]
libra (f) esterlina	svaras (v)	['svaːras]
iene (m)	jena (m)	[jɛ'na]

dívida (f)	skola (m)	[sko'lʲa]
devedor (m)	skolininkas (v)	['sko:lʲɪnʲɪŋkas]
emprestar (vt)	duoti į skolą	['dʊɑtʲɪ iː 'sko:lʲa:]
pedir emprestado	imti į skolą	['ɪmtʲɪ iː 'sko:lʲa:]

banco (m)	bankas (v)	['baŋkas]
conta (f)	sąskaita (m)	['saːskʌɪta]
depositar na conta	dėti į sąskaitą	['dʲe:tʲɪ iː 'saːskʌɪta:]
levantar (vt)	imti iš sąskaitos	['ɪmtʲɪ ɪʃ 'saːskʌɪtos]

cartão (m) de crédito	kreditinė kortelė (m)	[krʲɛ'dʲɪtʲɪnʲe: kor'tʲælʲe:]
dinheiro (m) vivo	grynieji pinigai (v)	[grʲɪ:'nʲiɛjɪ pʲɪnʲɪ'gʌɪ]
cheque (m)	čekis (v)	['tʂʲɛkʲɪs]
passar um cheque	išrašyti čekį	[ɪʃra'ʃiːtʲɪ 'tʂʲɛkʲɪ:]
livro (m) de cheques	čekių knygelė (m)	['tʂʲɛkʲu: knʲiː'gʲælʲe:]

carteira (f)	piniginė (m)	[pʲɪnʲɪ'gʲɪnʲe:]
porta-moedas (m)	piniginė (m)	[pʲɪnʲɪ'gʲɪnʲe:]
cofre (m)	seifas (v)	['sʲɛɪfas]

herdeiro (m)	paveldėtojas (v)	[pavelʲ'dʲe:toːjɛs]
herança (f)	palikimas (v)	[palʲɪ'kʲɪmas]
fortuna (riqueza)	turtas (v)	['tʊrtas]

arrendamento (m)	nuoma (m)	['nʊɑma]
renda (f) de casa	buto mokestis (v)	['bʊtɔ 'mokʲɛstʲɪs]
alugar (vt)	nuomotis	['nʊɑmotʲɪs]

preço (m)	kaina (m)	['kʌɪna]
custo (m)	kaina (m)	['kʌɪna]
soma (f)	suma (m)	[sʊ'ma]

| gastar (vt) | leisti | ['lʲɛɪstʲɪ] |
| gastos (m pl) | sąnaudos (m dgs) | ['sa:nɑʊdos] |

| economizar (vi) | taupýti | [tɑʊˈpⁱiːtⁱɪ] |
| económico | taupùs | [tɑʊˈpʊs] |

pagar (vt)	mokéti	[moˈkⁱeːtⁱɪ]
pagamento (m)	apmokéjimas (v)	[apmoˈkⁱɛjɪmas]
troco (m)	grąžà (m)	[graːˈʒa]

imposto (m)	mókestis (v)	[ˈmokⁱɛstⁱɪs]
multa (f)	baudà (m)	[bɑʊˈda]
multar (vt)	baũsti	[ˈbɑʊstⁱɪ]

81. Correios. Serviço postal

correios (m pl)	pãštas (v)	[ˈpaːʃtas]
correio (m)	pãštas (v)	[ˈpaːʃtas]
carteiro (m)	pãštininkas (v)	[ˈpaːʃtⁱɪnⁱɪŋkas]
horário (m)	dárbo valandõs (m dgs)	[ˈdarbɔ valⁱanˈdoːs]

carta (f)	laĩškas (v)	[ˈlⁱʌɪʃkas]
carta (f) registada	užsakýtas laĩškas (v)	[ʊʒsaˈkⁱiːtas ˈlⁱʌɪʃkas]
postal (m)	atvirùtė (m)	[atvⁱɪˈrʊtⁱeː]
telegrama (m)	telegramà (m)	[tⁱɛlⁱɛgraˈma]
encomenda (f) postal	siuntinỹs (v)	[sⁱʊntⁱɪˈrⁱiːs]
remessa (f) de dinheiro	piniginis pavedìmas (v)	[pⁱɪnⁱɪˈgⁱɪnⁱɪs pavⁱɛˈdⁱɪmas]

receber (vt)	gáuti	[ˈgɑʊtⁱɪ]
enviar (vt)	išsių̃sti	[ɪʃsⁱuːstⁱɪ]
envio (m)	išsiuntìmas (v)	[ɪʃsⁱʊnˈtⁱɪmas]

endereço (m)	ãdresas (v)	[ˈaːdrⁱɛsas]
código (m) postal	iñdeksas (v)	[ˈɪndⁱɛksas]
remetente (m)	siuntéjas (v)	[sⁱʊnˈtⁱeːjas]
destinatário (m)	gavéjas (v)	[gaˈvⁱeːjas]

| nome (m) | var̃das (v) | [ˈvardas] |
| apelido (m) | pavardė̃ (m) | [pavarˈdⁱeː] |

tarifa (f)	tarìfas (v)	[taˈrⁱɪfas]
ordinário	į̃prastas	[ˈiːprastas]
económico	taupùs	[tɑʊˈpʊs]

peso (m)	svõris (v)	[ˈsvoːrⁱɪs]
pesar (estabelecer o peso)	svérti	[ˈsvⁱɛrtⁱɪ]
envelope (m)	võkas (v)	[ˈvoːkas]
selo (m)	markùtė (m)	[marˈkʊtⁱeː]

Moradia. Casa. Lar

82. Casa. Habitação

casa (f)	nãmas (v)	['na:mas]
em casa	namuose	[namʋɑ'sʲɛ]
pátio (m)	kiẽmas (v)	['kʲɛmas]
cerca (f)	tvorà (m)	[tvo'ra]
tijolo (m)	plytà (m)	[plʲi:'ta]
de tijolos	plỹtinis	['plʲi:tʲɪnʲɪs]
pedra (f)	akmuõ (v)	[ak'mʋɑ]
de pedra	akmenìnis	[akmʲɛ'nʲɪnʲɪs]
betão (m)	betònas (v)	[bʲɛ'tonas]
de betão	betòninis	[bʲɛ'tonʲɪnʲɪs]
novo	naũjas	['nɑʋjas]
velho	sẽnas	['sʲænas]
decrépito	senàsis	[sʲɛ'nasʲɪs]
moderno	šiuolaikìnis	[ʃʋolʲʌɪ'kʲɪnʲɪs]
de muitos andares	daugiaaũkštis	[dɑʋgʲæ'ɑʋkʃtʲɪs]
alto	áukštas	['ɑʋkʃtas]
andar (m)	aũkštas (v)	['ɑʋkʃtas]
de um andar	vienaaũkštis	[vʲiɛna'ɑʋkʃtʲɪs]
andar (m) de baixo	apatìnis aũkštas (v)	[apa'tʲɪnʲɪs 'ɑʋkʃtas]
andar (m) de cima	viršutìnis aũkštas (v)	[vʲɪrʃʋ'tʲɪnʲɪs 'ɑʋkʃtas]
telhado (m)	stógas (v)	['stogas]
chaminé (f)	vamzdis (v)	['vamzdʲɪs]
telha (f)	čérpė (m)	['tʂʲærpʲe:]
de telha	čérpinis	['tʂʲɛrpʲɪnʲɪs]
sótão (m)	palépė (m)	[pa'lʲe:pʲe:]
janela (f)	lángas (v)	['lʲangas]
vidro (m)	stìklas (v)	['stʲɪklʲas]
parapeito (m)	palángė (m)	[pa'lʲangʲe:]
portadas (f pl)	langìnės (m dgs)	[lʲan'gʲɪnʲe:s]
parede (f)	síena (m)	['sʲiɛna]
varanda (f)	balkònas (v)	[balʲ'konas]
tubo (m) de queda	stógvamzdis (v)	['stogvamzdʲɪs]
em cima	viršujè	[vʲɪrʃʋ'jæ]
subir (~ as escadas)	kìlti	['kʲɪlʲtʲɪ]
descer (vi)	léistis	['lʲɛɪstʲɪs]
mudar-se (vr)	pérvažiuoti	['pʲɛrvaʒʲʋotʲɪ]

83. Casa. Entrada. Elevador

entrada (f)	laiptinė (m)	['lʌɪptʲɪnʲeː]
escada (f)	laiptai (v dgs)	['lʌɪptʌɪ]
degraus (m pl)	laiptai (v)	['lʌɪptʌɪ]
corrimão (m)	turėklai (v dgs)	[tʊ'rʲeːklʲʌɪ]
hall (m) de entrada	holas (v)	['ɣolʲas]

caixa (f) de correio	pašto dėžutė (m)	['paːʃtɔ dʲeː'ʒʊtʲeː]
caixote (m) do lixo	šiukšlių bakas (v)	['ʃʊkʃlʲuː 'baːkas]
conduta (f) do lixo	šiukšliavamzdis (v)	[ʃʊkʃlʲʲævamzdʲɪs]

elevador (m)	liftas (v)	['lʲɪftas]
elevador (m) de carga	krovininis liftas (v)	[krovʲɪ'nʲɪnʲɪs lʲɪftas]
cabine (f)	kabina (m)	[kabʲɪ'na]
pegar o elevador	važiuoti liftu	[va'ʒʲʊɑtʲɪ lʲɪf'tʊ]

apartamento (m)	butas (v)	['bʊtas]
moradores (m pl)	gyventojai (v dgs)	[gʲiː'vʲɛnto:jɛi]
vizinho (m)	kaimynas (v)	[kʌɪ'mʲiː:nas]
vizinha (f)	kaimynė (m)	[kʌɪ'mʲiː:nʲeː]
vizinhos (pl)	kaimynai (v dgs)	[kʌɪ'mʲiː:nʌɪ]

84. Casa. Portas. Fechaduras

porta (f)	durys (m dgs)	['dʊrʲiːs]
portão (m)	vartai (v)	['vartʌɪ]
maçaneta (f)	rankena (m)	['raŋkʲɛna]
destrancar (vt)	atrakinti	[atra'kʲɪntʲɪ]
abrir (vt)	atidaryti	[atʲɪda'rʲiːtʲɪ]
fechar (vt)	uždaryti	[ʊʒda'rʲiːtʲɪ]

chave (f)	raktas (v)	['raːktas]
molho (m)	ryšulys (v)	[rʲiːʃʊ'lʲiːs]
ranger (vi)	girgždėti	[gʲɪrgʒ'dʲeːtʲɪ]
rangido (m)	girgždesys (v)	[gʲɪrgʒdʲɛ'sʲiːs]
dobradiça (f)	vyris (v)	['viːrʲɪs]
tapete (m) de entrada	kilimas (v)	['kʲɪlʲɪmas]

fechadura (f)	spyna (m)	[spʲiː'na]
buraco (m) da fechadura	spynos skylutė (m)	[spʲiː'noːs skʲɪ'lʲʊtʲeː]
ferrolho (m)	skląstis (v)	['sklʲaːstʲɪs]
fecho (ferrolho pequeno)	sklendė (m)	[sklʲɛn'dʲeː]
cadeado (m)	pakabinama spyna (m)	[paka'bʲɪnama spʲiː'na]

tocar (vt)	skambinti	['skambʲɪntʲɪ]
toque (m)	skambutis (v)	[skam'bʊtʲɪs]
campainha (f)	skambutis (v)	[skam'bʊtʲɪs]
botão (m)	mygtukas (v)	[mʲɪk'tʊkas]
batida (f)	beldimas (v)	[bʲɛlʲ'dʲɪmas]
bater (vi)	baladoti	[balʲa'dotʲɪ]
código (m)	kodas (v)	['kodas]
fechadura (f) de código	koduota spyna (m)	[kɔ'dʊɑta spʲiː'na]

telefone (m) de porta	domofònas (v)	[domo'fonas]
número (m)	nùmeris (v)	['numʲɛrʲɪs]
placa (f) de porta	lentėlė (m)	[lʲɛn'tʲælʲe:]
vigia (f), olho (m) mágico	akùtė (m)	[a'kutʲe:]

85. Casa de campo

| aldeia (f) | káimas (v) | ['kʌɪmas] |
| horta (f) | daržas (v) | ['darʒas] |

cerca (f)	tvorà (m)	[tvo'ra]
paliçada (f)	aptvarà (m)	[aptva'ra]
cancela (f) do jardim	vartėliai (v dgs)	[var'tʲælʲɛɪ]

celeiro (m)	klėtis (v)	['klʲe:tʲɪs]
adega (f)	pógrindis (v)	['pogrʲɪndʲɪs]
galpão, barracão (m)	daržinė (m)	[darʒʲɪ'nʲe:]
poço (m)	šulinỹs (v)	[ʃulʲɪ'nʲi:s]

| fogão (m) | pečiùs (v) | [pʲɛ'tʲsʲʊs] |
| atiçar o fogo | kūrénti | [ku:'rʲɛntʲɪ] |

| lenha (carvão ou ~) | málkos (m dgs) | ['malʲkos] |
| acha (lenha) | málka (m) | ['malʲka] |

varanda (f)	veránda (m)	[vʲɛ'randa]
alpendre (m)	terasà (m)	[tʲɛra'sa]
degraus (m pl) de entrada	príeangis (v)	['prʲiɛangʲɪs]
balouço (m)	supynės (m dgs)	[supʲi:'nʲe:s]

86. Castelo. Palácio

castelo (m)	pilìs (m)	[pʲɪ'lʲɪs]
palácio (m)	rūmai (v)	['ru:mʌɪ]
fortaleza (f)	tvirtóvė (m)	[tvʲɪr'tovʲe:]

muralha (f)	síena (m)	['sʲiɛna]
torre (f)	bókštas (v)	['bokʃtas]
calabouço (m)	pagrindìnė síena (m)	[pagrʲɪn'dʲɪnʲe: 'sʲiɛna]

grade (f) levadiça	pakeliamì vartai (v)	[pakʲɛlʲæ'mʲɪ 'vartʌɪ]
passagem (f) subterrânea	požéminis praėjìmas (v)	[poʒʲe:m'ɪnʲɪs praʲe:'jɪmas]
fosso (m)	griovỹs (v)	[grʲo'vʲi:s]

| corrente, cadeia (f) | grandìs (m) | [gran'dʲɪs] |
| seteira (f) | šáudymo angà (m) | ['ʃɑʊdʲi:mɔ an'ga] |

| magnífico | nuostabùs | [nuasta'bʊs] |
| majestoso | didìngas | [dʲɪ'dʲɪngas] |

| inexpugnável | neprieĩnamas | [nʲɛprʲiˈɛɪnamas] |
| medieval | vidùramžių | [vʲɪ'duramʒʲu:] |

87. Apartamento

apartamento (m)	bùtas (v)	['bʊtas]
quarto (m)	kambarỹs (v)	[kamba'rʲiːs]
quarto (m) de dormir	miegamàsis (v)	[mʲiɛga'masʲɪs]
sala (f) de jantar	valgomàsis (v)	[valʲgo'masʲɪs]
sala (f) de estar	svečių̃ kambarỹs (v)	[svʲɛ'tɕʲu: kamba'rʲiːs]
escritório (m)	kabinètas (v)	[kabʲɪ'nʲɛtas]
antessala (f)	príeškambaris (v)	['prʲiɛʃkambarʲɪs]
quarto (m) de banho	voniõs kambarỹs (v)	[vo'nʲoːs kamba'rʲiːs]
toilette (lavabo)	tualètas (v)	[tʊa'lʲɛtas]
teto (m)	lùbos (m dgs)	['lʲʊbos]
chão, soalho (m)	griñdys (m dgs)	['grʲɪndʲiːs]
canto (m)	kam̃pas (v)	['kampas]

88. Apartamento. Limpeza

arrumar, limpar (vt)	tvarkýti	[tvar'kʲiːtʲɪ]
guardar (no armário, etc.)	tvarkýti (išnèšti)	[tvar'kʲiːtʲɪ]
pó (m)	dùlkės (m dgs)	['dʊlʲkʲeːs]
empoeirado	dulkétas	[dʊlʲ'kʲeːtas]
limpar o pó	valýti dùlkes	[va'lʲiːtʲɪ 'dʊlʲkʲɛs]
aspirador (m)	dùlkių siurblỹs (v)	['dʊlʲkʲu: sʲʊr'blʲiːs]
aspirar (vt)	siur̃bti	['sʲʊrptʲɪ]
varrer (vt)	šlúoti	['ʃlʲʊatʲɪ]
sujeira (f)	šiùkšlės (m dgs)	['ʃʊkʃlʲeːs]
arrumação (f), ordem (f)	tvarkà (m)	[tvar'ka]
desordem (f)	netvarkà (m)	[nʲɛtvar'ka]
esfregão (m)	plaušìnė šlúota (m)	[plʲaʊ'ʃɪnʲe: 'ʃlʲʊata]
pano (m), trapo (m)	skùduras (v)	['skʊdʊras]
vassoura (f)	šlúota (m)	['ʃlʲʊata]
pá (f) de lixo	semtuvėlis (v)	[sʲɛmtʊvʲeːlʲɪs]

89. Mobiliário. Interior

mobiliário (m)	baĩdai (v)	['balʲdʌɪ]
mesa (f)	stãlas (v)	['staːlʲas]
cadeira (f)	kėdė̃ (m)	[kʲe:'dʲe:]
cama (f)	lóva (m)	['lʲova]
divã (m)	sofà (m)	[so'fa]
cadeirão (m)	fòtelis (v)	['fotʲɛlʲɪs]
estante (f)	spìnta (m)	['spɪnta]
prateleira (f)	lentýna (m)	[lʲɛn'tʲiːna]
guarda-vestidos (m)	drabùžių spìnta (m)	[dra'bʊʒʲu: 'spɪnta]
cabide (m) de parede	pakabà (m)	[paka'ba]

cabide (m) de pé	kabyklà (m)	[kabʲi:k'lʲa]
cómoda (f)	komodà (m)	[komo'da]
mesinha (f) de centro	žurnãlinis staliùkas (v)	[ʒurʲna:lʲinʲɪs sta'lʲʊkas]
espelho (m)	veĩdrodis (v)	['vʲɛɪdrodʲɪs]
tapete (m)	kìlimas (v)	['kʲɪlʲɪmas]
tapete (m) pequeno	kilimẽlis (v)	[kʲɪlʲɪ'mʲe:lʲɪs]
lareira (f)	židinỹs (v)	[ʒʲɪdʲɪˈrʲnʲi:s]
vela (f)	žvãkė (m)	['ʒva:kʲe:]
castiçal (m)	žvakìdė (m)	[ʒvaˈkʲɪdʲe:]
cortinas (f pl)	užúolaidos (m dgs)	[ʊ'ʒʊalʲʌɪdos]
papel (m) de parede	tapetai (v)	[ta'pʲɛtʌɪ]
estores (f pl)	žãliuzės (m dgs)	['ʒa:lʲʊzʲe:s]
candeeiro (m) de mesa	stalìnė lémpa (m)	[sta'lʲɪnʲe: 'lʲɛmpa]
candeeiro (m) de parede	šviestùvas (v)	[ʃvʲiɛ'stʊvas]
candeeiro (m) de pé	toršèras (v)	[tor'ʃɛras]
lustre (m)	sietýnas (v)	[sʲiɛ'tʲi:nas]
pé (de mesa, etc.)	kojýtė (m)	[ko'ji:tʲe:]
braço (m)	rañktūris (v)	['raŋktu:rʲɪs]
costas (f pl)	ãtlošas (v)	['a:tlʲoʃas]
gaveta (f)	stálčius (v)	['stalʲtʂʊs]

90. Quarto de dormir

roupa (f) de cama	pãtalynė (m)	['pa:talʲi:nʲe:]
almofada (f)	pagálvė (m)	[pa'galʲvʲe:]
fronha (f)	ùžvalkalas (v)	['ʊʒvalʲkalas]
cobertor (m)	užklótas (v)	[ʊʒ'klʲotas]
lençol (m)	paklõdė (m)	[pak'lʲo:dʲe:]
colcha (f)	lovãtiesė (m)	[lʲo'va:tʲiɛsʲe:]

91. Cozinha

cozinha (f)	virtùvė (m)	[vʲɪr'tʊvʲe:]
gás (m)	dùjos (m dgs)	['dʊjɔs]
fogão (m) a gás	dùjinė (m)	['dʊjinʲe:]
fogão (m) elétrico	elektrìnė (m)	[ɛlʲɛk'trʲɪnʲe:]
forno (m)	órkaitė (m)	['orkʌɪtʲe:]
forno (m) de micro-ondas	mikrobangų krosnẽlė (m)	[mʲɪkroban'gu: kros'nʲælʲe:]
frigorífico (m)	šaldytùvas (v)	[ʃalʲdʲi:'tʊvas]
congelador (m)	šáldymo kãmera (m)	['ʃalʲdʲi:mɔ 'ka:mʲɛra]
máquina (f) de lavar louça	iñdų plovìmo mašinà (m)	['ɪndu: plʲo'vʲɪmɔ maʃʲɪ'na]
moedor (m) de carne	mėsmalė (m)	['mʲe:smalʲe:]
espremedor (m)	sulčiãspaudė (m)	[sʊlʲ'tʂæspɑʊdʲe:]
torradeira (f)	tósteris (v)	['tostʲɛrʲɪs]
batedeira (f)	mìkseris (v)	['mʲɪksʲɛrʲɪs]

máquina (f) de café	kavõs aparãtas (v)	[ka'vo:s apa'ra:tas]
cafeteira (f)	kavinùkas (v)	[kav'ɪ'nʊkas]
moinho (m) de café	kavãmalė (m)	[ka'va:malʲe:]
chaleira (f)	arbatinùkas (v)	[arbat'ɪ'nʊkas]
bule (m)	arbãtinis (v)	[arba:'tʲɪnʲɪs]
tampa (f)	dangtėlis (v)	[daŋk'tʲælʲɪs]
coador (m) de chá	sietėlis (v)	[sʲiɛ'tʲælʲɪs]
colher (f)	šáukštas (v)	['ʃɑʊkʃtas]
colher (f) de chá	arbãtinis šaukštėlis (v)	[ar'ba:tʲɪnʲɪs ʃɑʊkʃ'tʲælʲɪs]
colher (f) de sopa	válgomasis šáukštas (v)	['valʲgomasʲɪs 'ʃɑʊkʃtas]
garfo (m)	šakùtė (m)	[ʃa'kʊtʲe:]
faca (f)	peĩlis (v)	['pʲɛɪlʲɪs]
louça (f)	iñdai (v)	['ɪndʌɪ]
prato (m)	lėkště (m)	[lʲe:kʃ'tʲe:]
pires (m)	lėkštėlė (m)	[lʲe:kʃ'tʲælʲe:]
cálice (m)	taurėlė (m)	[tɑʊ'rʲælʲe:]
copo (m)	stiklìnė (m)	[stʲɪk'lʲɪnʲe:]
chávena (f)	puodùkas (v)	[pʊɑ'dʊkas]
açucareiro (m)	cùkrinė (m)	['tsʊkrʲɪnʲe:]
saleiro (m)	drùskinė (m)	['drʊskʲɪnʲe:]
pimenteiro (m)	pipìrinė (m)	[pʲɪ'pʲɪrʲɪnʲe:]
manteigueira (f)	svíestinė (m)	['svʲiɛstʲɪnʲe:]
panela, caçarola (f)	púodas (v)	['pʊɑdas]
frigideira (f)	keptùvė (m)	[kʲɛp'tʊvʲe:]
concha (f)	sámtis (v)	['samtʲɪs]
passador (m)	kiaurãsamtis (v)	[kʲɛʊ'ra:samtʲɪs]
bandeja (f)	padėklas (v)	[pa'dʲe:klʲas]
garrafa (f)	bùtelis (v)	['bʊtʲɛlʲɪs]
boião (m) de vidro	stiklaĩnis (v)	[stʲɪk'lʲʌɪnʲɪs]
lata (f)	skardìnė (m)	[skar'dʲɪnʲe:]
abre-garrafas (m)	atidarytùvas (v)	[atʲɪdarʲi:'tʊvas]
abre-latas (m)	konsèrvų atidarytùvas (v)	[kɔn'sʲɛrvʊ: atʲɪdarʲi:'tʊvas]
saca-rolhas (m)	kamščiãtraukis (v)	[kamʃ'tsʲætrɑʊk'ɪs]
filtro (m)	filtras (v)	['fʲɪlʲtras]
filtrar (vt)	filtrúoti	[fʲɪlʲ'trʊɑtʲɪ]
lixo (m)	šiùkšlės (m dgs)	['ʃʊkʃlʲe:s]
balde (m) do lixo	šiùkšlių kìbiras (v)	['ʃʊkʃlʲu: 'kʲɪbʲɪras]

92. Casa de banho

quarto (m) de banho	voniõs kambarỹs (v)	[vo'nʲo:s kamba'rʲi:s]
água (f)	vanduõ (v)	[van'dʊɑ]
torneira (f)	čiáupas (v)	['tɕɑʊpas]
água (f) quente	kárštas vanduõ (v)	['karʃtas van'dʊɑ]
água (f) fria	šáltas vanduõ (v)	['ʃalʲtas van'dʊɑ]

pasta (f) de dentes	dantų pasta (m)	[dan'tu: pas'ta]
escovar os dentes	valýti dantis	[va'lʲiːtʲɪ dan'tʲɪs]
escova (f) de dentes	dantų šepetėlis (v)	[dan'tu: ʃepe'tʲeːlʲɪs]

barbear-se (vr)	skustis	['skustʲɪs]
espuma (f) de barbear	skutimosi putos (m dgs)	[sku'tʲɪmosʲɪ 'putos]
máquina (f) de barbear	skutimosi peiliukas (v)	[sku'tʲɪmosʲɪ pʲɛɪ'lʲʲukas]

lavar (vt)	pláuti	['plʲautʲɪ]
lavar-se (vr)	máudytis, praústis	['maudʲiːtʲɪs], ['praustʲɪs]
duche (m)	dušas (v)	['duʃas]
tomar um duche	praústis dušė	['praustʲɪs du'ʃɛ]

banheira (f)	vonia (m)	[vo'nʲæ]
sanita (f)	unitazas (v)	[unʲɪ'taːzas]
lavatório (m)	kriauklė (m)	[krʲɛuk'lʲeː]

| sabonete (m) | muilas (v) | ['muɪlʲas] |
| saboneteira (f) | muilinė (m) | ['muɪlʲɪnʲeː] |

esponja (f)	kempinė (m)	[kʲɛm'pʲɪnʲeː]
champô (m)	šampūnas (v)	[ʃam'puːnas]
toalha (f)	rankšluostis (v)	['raŋkʃlʲʲuostʲɪs]
roupão (m) de banho	chalatas (v)	[xa'lʲaːtas]

lavagem (f)	skalbimas (v)	[skalʲʲbʲɪmas]
máquina (f) de lavar	skalbimo mašina (m)	[skalʲʲbʲɪmɔ maʃɪ'na]
lavar a roupa	skalbti baltinius	['skʌlʲptʲɪ 'ba lʲtʲɪnʲʲus]
detergente (m)	skalbimo milteliai (v dgs)	[skalʲʲbʲɪmɔ mʲɪlʲʲtʲælʲɛɪ]

93. Eletrodomésticos

televisor (m)	televizorius (v)	[tʲɛlʲɛ'vʲɪzorʲus]
gravador (m)	magnetofonas (v)	[magnʲɛto'fonas]
videogravador (m)	video magnetofonas (v)	[vʲɪdʲɛɔ magnʲɛto'fonas]
rádio (m)	imtuvas (v)	[ɪm'tuvas]
leitor (m)	grotuvas (v)	[gro'tuvas]

projetor (m)	video projektorius (v)	['vʲɪdʲɛɔ pro'jæktorʲus]
cinema (m) em casa	namų kino teatras (v)	[na'mu: 'kʲɪnɔ tʲɛ'aːtras]
leitor (m) de DVD	DVD grotuvas (v)	[dʲɪvʲɪ'dʲɪ gro'tuvas]
amplificador (m)	stiprintuvas (v)	[stʲɪprʲɪn'tuvas]
console (f) de jogos	žaidimų príedėlis (v)	[ʒʌɪ'dʲɪmu: 'prʲiɛdʲeːlʲɪs]

câmara (f) de vídeo	videokamera (m)	[vʲɪdʲɛo'ka:mʲɛra]
máquina (f) fotográfica	fotoaparatas (v)	[fotoapa'ra:tas]
câmara (f) digital	skaitmeninis fotoaparatas (v)	[skʌɪtmʲɛ'nʲɪnʲɪs fotoapa'ra:tas]

aspirador (m)	dulkių siurblys (v)	['dulʲkʲʲu: sʲur'blʲiːs]
ferro (m) de engomar	lygintuvas (v)	[lʲiːgʲɪn'tuvas]
tábua (f) de engomar	lyginimo lenta (m)	['lʲiːgʲɪnʲɪmɔ lʲɛn'ta]
telefone (m)	telefonas (v)	[tʲɛlʲɛ'fonas]
telemóvel (m)	mobilusis telefonas (v)	[mobʲɪ'lusʲɪs tʲɛlʲɛ'fonas]

| máquina (f) de escrever | rãšymo mašinėlė (m) | ['ra:ʃɪːmɔ maʃɪ'nʲeːlʲeː] |
| máquina (f) de costura | siuvìmo mašinà (m) | [sʲʊ'vʲɪmɔ maʃɪ'na] |

microfone (m)	mikrofònas (v)	[mʲɪkro'fonas]
auscultadores (m pl)	ausìnės (m dgs)	[ɑʊ'sʲɪnʲeːs]
controlo remoto (m)	pùltas (v)	['pʊlʲtas]

CD (m)	kompãktinis dìskas (v)	[kɔm'paːktʲɪnʲɪs 'dʲɪskas]
cassete (f)	kasètė (m)	[ka'sʲɛtʲeː]
disco (m) de vinil	plokštėlė (m)	[plokʃ'tʲælʲeː]

94. Reparações. Renovação

renovação (f)	remòntas (v)	[rʲɛ'montas]
renovar (vt), fazer obras	darýti remòntą	[da'rʲiːtʲɪ rʲɛ'monta:]
reparar (vt)	remontúoti	[rʲɛmon'tʊatʲɪ]
consertar (vt)	tvarkýti	[tvar'kʲiːtʲɪ]
refazer (vt)	pérdaryti	['pʲɛrdarʲiːtʲɪ]

tinta (f)	dažaì (v dgs)	[da'ʒʌɪ]
pintar (vt)	dažýti	[da'ʒʲiːtʲɪ]
pintor (m)	dažýtojas (v)	[da'ʒʲiːto:jɛs]
pincel (m)	teptùkas (v)	[tʲɛp'tʊkas]

| cal (f) | báltinimas (v) | ['balʲtʲɪnʲɪmas] |
| caiar (vt) | bãlinti | ['ba:lʲɪntʲɪ] |

papel (m) de parede	tapètai (v)	[ta'pʲɛtʌɪ]
colocar papel de parede	tapetúoti	[tapʲɛ'tʊatʲɪ]
verniz (m)	lãkas (v)	['lʲa:kas]
envernizar (vt)	lakúoti	[lʲa'kʊatʲɪ]

95. Canalizações

água (f)	vanduõ (v)	[van'dʊɑ]
água (f) quente	kárštas vanduõ (v)	['karʃtas van'dʊɑ]
água (f) fria	šáltas vanduõ (v)	['ʃalʲtas van'dʊɑ]
torneira (f)	čiáupas (v)	['tʃʲæʊpas]

gota (f)	lãšas (v)	['lʲa:ʃas]
gotejar (vi)	lašnóti	[lʲaʃ'notʲɪ]
vazar (vt)	varvéti	[var'vʲeːtʲɪ]
vazamento (m)	tekéti	[tʲɛ'kʲeːtʲɪ]
poça (f)	balà (m)	[ba'lʲa]

tubo (m)	vamzdis (v)	['vamzdʲɪs]
válvula (f)	ventìlis (v)	[vʲɛn'tʲɪlʲɪs]
entupir-se (vr)	užsiteršti	[ʊʒsʲɪ'tʲɛrʃtʲɪ]

ferramentas (f pl)	įrankiai (v dgs)	['iːraŋkʲɛɪ]
chave (f) inglesa	skečiamàsis rãktas (v)	[skʲɛtʃʲæ'masʲɪs 'ra:ktas]
desenroscar (vt)	atsùkti	[at'sʊktʲɪ]

enroscar (vt)	užsukti	[ʊʒ'sʊktʲɪ]
desentupir (vt)	valýti	[va'lʲiːtʲɪ]
canalizador (m)	santèchnikas (v)	[san'tʲɛxnʲɪkas]
cave (f)	rūsỹs (v)	[ruː'sʲiːs]
sistema (m) de esgotos	kanalizācija (m)	[kanalʲɪ'zaːtsʲɪjɛ]

96. Fogo. Deflagração

incêndio (m)	ugnìs (v)	[ʊg'nʲɪs]
chama (f)	liepsnà (m)	[lʲiɛps'na]
faísca (f)	žíežirba (m)	['ʒʲiɛʒʲɪrba]
fumo (m)	dū́mas (v)	['duːmas]
tocha (f)	fākelas (v)	['faːkʲɛlʲas]
fogueira (f)	láužas (v)	['lʲauʒas]

gasolina (f)	benzìnas (v)	[bʲɛn'zʲɪnas]
querosene (m)	žìbalas (v)	['ʒʲɪbalʲas]
inflamável	degùs	[dʲɛ'gʊs]
explosivo	sprógus	['sprogʊs]
PROIBIDO FUMAR!	NERŪKÝTI!	[nʲɛruː'kʲiːtʲɪ]

segurança (f)	saugùmas (v)	[saʊ'gʊmas]
perigo (m)	pavõjus (v)	[pa'voːjʊs]
perigoso	pavojìngas	[pavo'jɪngas]

incendiar-se (vr)	užsidègti	[ʊʒsʲɪ'dʲɛktʲɪ]
explosão (f)	sprogìmas (v)	[spro'gʲɪmas]
incendiar (vt)	padègti	[pa'dʲɛktʲɪ]
incendiário (m)	padegéjas (v)	[padʲɛ'gʲeːjas]
incêndio (m) criminoso	padegìmas (v)	[padʲɛ'gʲɪmas]

arder (vi)	liepsnóti	[lʲiɛps'notʲɪ]
queimar (vi)	dègti	['dʲeːktʲɪ]
queimar tudo (vi)	sudègti	[sʊ'dʲɛktʲɪ]

chamar os bombeiros	iškviẽsti gaĩsrininkus	[ɪʃk'vʲɛstʲɪ 'gʌɪsrʲɪnʲɪŋkʊs]
bombeiro (m)	gaisrìnis	['gʌɪsrʲɪnʲɪs]
carro (m) de bombeiros	gaĩsrinė mašinà (m)	[gʌɪsrʲɪnʲeː maʃʲɪ'na]
corpo (m) de bombeiros	gaĩsrinė kománda (m)	['gʌɪsrʲɪnʲeː ko'manda]
escada (f) extensível	gaisrìnės kópėčios (m dgs)	['gʌɪsrʲɪnʲeːs 'kopʲeːtʂʲos]

mangueira (f)	žarnà (m)	[ʒar'na]
extintor (m)	gesintùvas (v)	[gʲɛsʲɪn'tʊvas]
capacete (m)	šálmas (v)	['ʃalʲmas]
sirene (f)	sirenà (m)	[sʲɪrʲɛ'na]

gritar (vi)	šaũkti	['ʃaʊktʲɪ]
chamar por socorro	kviẽsti pagálbą	['kvʲɛstʲɪ pa'galʲbaː]
salvador (m)	gélbėtojas (v)	['gʲælʲbʲeːtoːjɛs]
salvar, resgatar (vt)	gélbėti	['gʲælʲbʲeːtʲɪ]

chegar (vi)	atvažiúoti	[atva'ʒʲuatʲɪ]
apagar (vt)	gesìnti	[gʲɛ's'ɪntʲɪ]
água (f)	vanduõ (v)	[van'dʊa]

areia (f)	smėlis (v)	['smʲeːlʲɪs]
ruínas (f pl)	griuvėsiai (v dgs)	[grʲʊ'vʲeːsʲɛɪ]
ruir (vi)	nugriūti	[nʊ'grʲuːtʲɪ]
desmoronar (vi)	nuvírsti	[nʊ'vʲɪrstʲɪ]
desabar (vi)	apgriūti	[ap'grʲuːtʲɪ]

| fragmento (m) | núolauža (m) | ['nʊɑlʲɑʊʒa] |
| cinza (f) | pelenaĩ (v dgs) | [pʲɛlʲɛ'nʌɪ] |

| sufocar (vi) | uždùsti | [ʊʒ'dʊstʲɪ] |
| perecer (vi) | žúti | ['ʒuːtʲɪ] |

ATIVIDADES HUMANAS

Emprego. Negócios. Parte 1

97. Banca

banco (m)	bánkas (v)	['baŋkas]
sucursal, balcão (f)	skȳrius (v)	['skʲiːrʲʊs]
consultor (m)	konsultántas (v)	[kɔnsʊlʲ'tantas]
gerente (m)	valdýtojas (v)	[valʲ'dʲiːtoːjɛs]
conta (f)	sąskaita (m)	['saːskʌɪta]
número (m) da conta	sąskaitos numeris (v)	['saːskʌɪtos 'nʊmʲɛrʲɪs]
conta (f) corrente	einamóji sąskaita (m)	[ɛɪna'moːjɪ 'saːskʌɪta]
conta (f) poupança	kaupiamóji sąskaita (m)	[kaʊpʲæ'moːjɪ 'saːskʌɪta]
abrir uma conta	atidarýti sąskaitą	[atʲɪda'rʲiːtʲɪ 'saːskʌɪtaː]
fechar uma conta	uždarýti sąskaitą	[ʊʒda'rʲiːtʲɪ 'saːskʌɪtaː]
depositar na conta	padéti į sąskaitą	[pa'dʲeːtʲɪ iː 'saːskʌɪtaː]
levantar (vt)	paimti iš sąskaitos	['pʌɪmtʲɪ ɪʃ 'saːskʌɪtos]
depósito (m)	indėlis (v)	['ɪndʲeːlʲɪs]
fazer um depósito	įnešti indėlį	[iː'nʲɛʃtʲɪ 'ɪndʲeːlʲɪː]
transferência (f) bancária	pavedimas (v)	[pavʲɛ'dʲɪmas]
transferir (vt)	atlikti pavedimą	[at'lʲɪktʲɪ pavʲɛ'dʲɪmaː]
soma (f)	suma (m)	[sʊ'ma]
Quanto?	Kíek?	['kʲiɛk?]
assinatura (f)	párašas (v)	['paːraʃas]
assinar (vt)	pasirašýti	[pasʲɪra'ʃɪːtʲɪ]
cartão (m) de crédito	kreditinė kortelė (m)	[krʲɛ'dʲɪtʲɪnʲeː kor'tʲælʲeː]
código (m)	kodas (v)	['kodas]
número (m)	kreditinės kortelės	[krʲɛ'dʲɪtʲɪnʲeːs kor'tʲælʲeːs]
do cartão de crédito	numeris (v)	'nʊmʲɛrʲɪs]
Caixa Multibanco (m)	bankomātas (v)	[baŋko'maːtas]
cheque (m)	kvitas (v)	['kvʲɪtas]
passar um cheque	išrašýti kvitą	[ɪʃra'ʃɪːtʲɪ 'kvʲɪtaː]
livro (m) de cheques	čekių knygēlė (m)	['tʃʲɛkʲu: knʲiː'gʲælʲeː]
empréstimo (m)	kreditas (v)	[krʲɛ'dʲɪtas]
pedir um empréstimo	kreiptis dėl kredito	['krʲɛɪptʲɪs dʲeːlʲ krʲɛ'dʲɪtɔ]
obter um empréstimo	imti kreditą	['ɪmtʲɪ krʲɛ'dʲɪta:]
conceder um empréstimo	suteikti kreditą	[sʊ'tʲɛɪktʲɪ krʲɛ'dʲɪta:]
garantia (f)	garántija (m)	[ga'rantʲɪjɛ]

98. Telefone. Conversação telefónica

telefone (m)	telefonas (v)	[tʲɛlʲɛ'fonas]
telemóvel (m)	mobilùsis telefonas (v)	[mobʲɪ'lusʲɪs tʲɛlʲɛ'fonas]
secretária (f) electrónica	autoatsakìklis (v)	[autoatsa'kʲɪklʲɪs]
fazer uma chamada	skambìnti	['skambʲɪntʲɪ]
chamada (f)	skambùtis (v)	[skam'butʲɪs]
marcar um número	suriñkti nùmerį	[su'rʲɪŋktʲɪ 'numʲɛrʲɪ:]
Alô!	Aliò!	[a'lʲo!]
perguntar (vt)	pakláusti	[pak'lʲaustʲɪ]
responder (vt)	atsakýti	[atsa'kʲi:tʲɪ]
ouvir (vt)	girdéti	[gʲɪr'dʲe:tʲɪ]
bem	geraĩ	[gʲɛ'rʌɪ]
mal	prastaĩ	[pras'tʌɪ]
ruído (m)	trukdžiaĩ (v dgs)	[truk'dʒʲɛɪ]
auscultador (m)	ragẽlis (v)	[ra'gʲælʲɪs]
pegar o telefone	pakélti ragẽlį	[pa'kʲɛlʲtʲɪ ra'gʲælʲɪ:]
desligar (vi)	padéti ragẽlį	[pa'dʲe:tʲɪ ra'gʲælʲɪ:]
ocupado	ùžimtas	['uʒʲɪmtas]
tocar (vi)	skambéti	[skam'bʲe:tʲɪ]
lista (f) telefónica	telefonų knygà (m)	[tʲɛlʲɛ'fonu: knʲi:'ga]
local	vietinis	['vʲietʲɪnʲɪs]
chamada (f) local	vietinis skambùtis (v)	['vʲietʲɪnʲɪs skam'butʲɪs]
de longa distância	tarpmiestìnis	[tarpmʲiɛs'tʲɪnʲɪs]
chamada (f) de longa distância	tarpmiestìnis skambùtis (v)	[tarpmʲiɛs'tʲɪnʲɪs skam'butʲɪs]
internacional	tarptautìnis	[tarptau'tʲɪnʲɪs]
chamada (f) internacional	tarptautìnis skambùtis (v)	[tarptau'tʲɪnʲɪs skam'butʲɪs]

99. Telefone móvel

telemóvel (m)	mobilùsis telefonas (v)	[mobʲɪ'lusʲɪs tʲɛlʲɛ'fonas]
ecrã (m)	ekrãnas (v)	[ɛk'ra:nas]
botão (m)	mygtùkas (v)	[mʲi:k'tukas]
cartão SIM (m)	SIM-kortẽlé (m)	[sʲɪm-kor'tʲælʲe:]
bateria (f)	akumuliãtorius (v)	[akumu'lʲiætorʲus]
descarregar-se	išsikráuti	[ɪʃsʲɪ'krautʲɪ]
carregador (m)	įkrovìklis (v)	[i:kro'vʲɪ:klʲɪs]
menu (m)	valgiãraštis (v)	[valʲ'gʲæraʃtʲɪs]
definições (f pl)	nustãtymai (v dgs)	[nu'sta:tʲi:mʌɪ]
melodia (f)	melòdija (m)	[mʲɛ'lʲodʲɪjɛ]
escolher (vt)	pasiriñkti	[pasʲɪ'rʲɪŋktʲɪ]
calculadora (f)	skaičiuotùvas (v)	[skʌɪtʂʲuo'tuvas]
correio (m) de voz	bãlso pãštas (v)	['balʲsɔ 'pa:ʃtas]

despertador (m)	žadintùvas (v)	[ʒadʲɪn'tʊvas]
contatos (m pl)	telefonų knygà (m)	[tʲɛlʲɛ'fonu: knʲi:'ga]
mensagem (f) de texto	SMS žinùtė (m)	[ɛsɛ'mɛs ʒʲɪnʊtʲe:]
assinante (m)	abonentas (v)	[abo'nʲɛntas]

100. Estacionário

caneta (f)	automãtinis šratinùkas (v)	[ɑʊto'ma:tʲɪnʲɪs ʃratʲɪ'nʊkas]
caneta (f) tinteiro	plunksnãkotis (v)	[plʲʊŋk'sna:kotʲɪs]
lápis (m)	pieštùkas (v)	[pʲiɛʃ'tʊkas]
marcador (m)	žymẽklis (v)	[ʒʲi:'mʲæklʲɪs]
caneta (f) de feltro	flomãsteris (v)	[flʲo'ma:stʲɛrʲɪs]
bloco (m) de notas	bloknòtas (v)	[blʲok'notas]
agenda (f)	dienòraštis (v)	[dʲiɛ'noraʃtʲɪs]
régua (f)	liniuõtė (m)	[lʲɪ'nʲʊo:tʲe:]
calculadora (f)	skaičiuotùvas (v)	[skʌɪtʃʲʊo'tʊvas]
borracha (f)	trintùkas (v)	[trʲɪn'tʊkas]
pionés (m)	smeigtùkas (v)	[smʲɛɪk'tʊkas]
clipe (m)	sąvaržẽlė (m)	[sa:var'ʒʲe:lʲe:]
cola (f)	klijaĩ (v dgs)	[klʲɪ'jʌɪ]
agrafador (m)	segìklis (v)	[sʲɛ'gʲɪklʲɪs]
furador (m)	skylãmušis (v)	[skʲi:'lʲa:mʊʃɪs]
afia-lápis (m)	drožtùkas (v)	[droʒ'tʊkas]

Emprego. Negócios. Parte 2

101. Media

jornal (m)	laikraštis (v)	['lʲʌɪkraʃtʲɪs]
revista (f)	žurnãlas (v)	[ʒʊrˈnaːlʲas]
imprensa (f)	spauda (m)	[spɑʊˈda]
rádio (m)	rãdijas (v)	[ˈraːdʲɪjas]
estação (f) de rádio	rãdijo stotìs (m)	[ˈraːdʲɪjɔ stoˈtʲɪs]
televisão (f)	televìzija (m)	[tʲɛlʲɛˈvʲɪzʲɪjɛ]

apresentador (m)	vedéjas (v)	[vʲɛˈdʲeːjas]
locutor (m)	dìktorius (v)	[ˈdʲɪktorʲʊs]
comentador (m)	komentãtorius (v)	[komʲɛnˈtaːtorʲʊs]

jornalista (m)	žurnalìstas (v)	[ʒʊrnaˈlʲɪstas]
correspondente (m)	korespondeñtas (v)	[korˈɛsponˈdʲɛntas]
repórter (m) fotográfico	fotokorespondeñtas (v)	[fotokorˈɛsponˈdʲɛntas]
repórter (m)	repórteris (v)	[rʲɛˈportʲɛrʲɪs]

redator (m)	redãktorius (v)	[rʲɛˈdaːktorʲʊs]
redator-chefe (m)	vyriáusiasis redãktorius (v)	[vʲiːˈrʲæʊsʲæsʲɪs rʲɛˈdaːktorʲʊs]

assinar a ...	užsiprenumeruoti	[ʊʒsʲɪprʲɛnʊmʲɛˈrʊatʲɪ]
assinatura (f)	prenumeratà (m)	[prʲɛnʊmʲɛraˈta]
assinante (m)	prenumerãtorius (v)	[prʲɛnʊmʲɛˈraːtorʲʊs]
ler (vt)	skaitýti	[skʌɪˈtʲiːtʲɪ]
leitor (m)	skaitýtojas (v)	[skʌɪˈtʲiːtoːjɛs]

tiragem (f)	tirãžas (v)	[tʲɪˈraːʒas]
mensal	ménesinis	[mʲeːnesʲɪnʲɪs]
semanal	saváitinis	[saˈvʌɪtʲɪnʲɪs]
número (jornal, revista)	nùmeris (v)	[ˈnʊmʲɛrʲɪs]
recente	naūjas	[ˈnɑʊjas]

manchete (f)	añtraštė (m)	[ˈantraʃtʲeː]
pequeno artigo (m)	straipsnėlis (v)	[strʌɪpˈsnʲælʲɪs]
coluna (~ semanal)	rùbrika (m)	[ˈrʊbrʲɪka]
artigo (m)	stráipsnis (v)	[ˈstrʌɪpsnʲɪs]
página (f)	pùslapis (v)	[ˈpʊslʲapʲɪs]

reportagem (f)	reportãžas (v)	[rʲɛporˈtaːʒas]
evento (m)	įvykis (v)	[ˈiːvʲɪkʲɪs]
sensação (f)	sensãcija (m)	[sʲɛnˈsaːtsʲɪjɛ]
escândalo (m)	skandãlas (m)	[skanˈdaːlʲas]
escandaloso	skandalìngas	[skandaˈlʲɪngas]
grando	garsùs	[garˈsʊs]

programa (m) de TV	laidà (m)	[lʲʌɪˈda]
entrevista (f)	interviu (v)	[ɪntʲɛrvʲˈjʊ]

| transmissão (f) em direto | tiesióginė transliãcija (m) | [tʲiɛ'sʲogʲɪnʲe: trans'lʲætsʲɪjɛ] |
| canal (m) | kanãlas (v) | [ka'na:lʲas] |

102. Agricultura

agricultura (f)	žẽmės ū̃kis (v)	['ʒʲæmʲe:s 'u:kʲɪs]
camponês (m)	valstiẽtis (v)	[valʲs'tʲɛtʲɪs]
camponesa (f)	valstiẽtė (m)	[valʲs'tʲɛtʲe:]
agricultor (m)	fèrmeris (v)	['fɛrmʲɛrʲɪs]

| trator (m) | trãktorius (v) | ['tra:ktorʲʊs] |
| ceifeira-debulhadora (f) | kombáinas (v) | [kɔm'bʌɪnas] |

arado (m)	plū̃gas (v)	['plʲu:gas]
arar (vt)	ãrti	['a:rtʲɪ]
campo (m) lavrado	dirvà (m)	[dʲɪr'va]
rego (m)	vagà (m)	[va'ga]

semear (vt)	sė́ti	['sʲe:tʲɪ]
semeadora (f)	sėjamóji mašinà (m)	[sʲe:ja'mo:jɪ maʃɪ'na]
semeadura (f)	sėjìmas (v)	[sʲe:'jɪmas]

| gadanha (f) | dal̃gis (v) | ['dalʲgʲɪs] |
| gadanhar (vt) | pjáuti | ['pjɑʊtʲɪ] |

| pá (f) | kastùvas (v) | [kas'tʊvas] |
| cavar (vt) | kàsti | ['kastʲɪ] |

enxada (f)	kapõklė (m)	[ka'po:klʲe:]
carpir (vt)	ravė́ti	[ra'vʲe:tʲɪ]
erva (f) daninha	pìktžolė (m)	['pɪktʒolʲe:]

regador (m)	laistytùvas (v)	[lʲʌɪstʲi:'tʊvas]
regar (vt)	láistyti	['lʲʌɪstʲi:tʲɪ]
rega (f)	láistymas (v)	['lʲʌɪstʲi:mas]

| forquilha (f) | šãkės (m dgs) | ['ʃa:kʲe:s] |
| ancinho (m) | grėblỹs (v) | [grʲe:b'lʲi:s] |

fertilizante (m)	trąšà (m)	[tra:'ʃa]
fertilizar (vt)	trẽšti	['trʲɛ:ʃtʲɪ]
estrume (m)	mė́šlas (v)	['mʲe:ʃlʲas]

campo (m)	laũkas (v)	['lʲɑʊkas]
prado (m)	píeva (m)	['pʲiɛva]
horta (f)	dar̃žas (v)	['darʒas]
pomar (m)	sõdas (v)	['so:das]

pastar (vt)	ganýti	[ga'nʲi:tʲɪ]
pastor (m)	piemuõ (v)	[pʲiɛ'mʊɑ]
pastagem (f)	ganyklà (m)	[ganʲi:k'lʲa]

| pecuária (f) | gyvulininkỹstė (m) | [gʲi:vʊlʲɪnʲɪŋ'kʲi:stʲe:] |
| criação (f) de ovelhas | avininkỹstė (m) | [avʲɪnʲɪŋ'kʲi:stʲe:] |

plantação (f)	plantācija (m)	[pˡan'ta:tsˈɪjɛ]
canteiro (m)	lýsvė (m)	['lˈi:svˈe:]
invernadouro (m)	šiltādaržis (v)	[ʃɪlˈ'ta:darʒˈɪs]

| seca (f) | sausrà (m) | [saʊs'ra] |
| seco (verão ~) | sausrìngas | [saʊs'rˈɪngas] |

cereal (m)	grū́das (v)	['gru:das]
cereais (m pl)	javaì (v dgs)	[ja'vʌɪ]
colher (vt)	nuim̃ti	['nʊimtˈɪ]

moleiro (m)	malūninink as (v)	[ma'lˈʊ:nˈɪnˈɪŋkas]
moinho (m)	malū́nas (v)	[ma'lˈʊ:nas]
moer (vt)	málti grū́dus	['malˈtˈɪ 'gru:dʊs]
farinha (f)	mìltai (v dgs)	['mˈɪlˈtʌɪ]
palha (f)	šiaudaì (v dgs)	[ʃˈɛʊ'dʌɪ]

103. Construção. Processo de construção

canteiro (m) de obras	statýbvietė (m)	[sta'tˈi:bvˈiɛtˈe:]
construir (vt)	statýti	[sta'tˈi:tˈɪ]
construtor (m)	statýbininkas (v)	[sta'tˈi:bˈɪnˈɪŋkas]

projeto (m)	projèktas (v)	[pro'jæktas]
arquiteto (m)	architèktas (v)	[arxˈɪ'tˈɛktas]
operário (m)	darbinìñkas (v)	[darbˈɪ'nˈɪŋkas]

fundação (f)	fundameñtas (v)	[fʊnda'mˈɛntas]
telhado (m)	stógas (v)	['stogas]
estaca (f)	pólis (v)	['po:lˈɪs]
parede (f)	síena (m)	['sˈiɛna]

| varões (m pl) para betão | armatūrà (m) | [armatu:'ra] |
| andaime (m) | statýbiniai pastóliai (v dgs) | [sta'tˈi:bˈɪnˈɛɪ pas'to:lˈɛɪ] |

betão (m)	betònas (v)	[bˈɛ'tonas]
granito (m)	granìtas (v)	[gra'nˈɪtas]
pedra (f)	akmuõ (v)	[ak'mʊɑ]
tijolo (m)	plytà (m)	[plˈi:'ta]

areia (f)	smẽlis (v)	['smˈe:lˈɪs]
cimento (m)	cemeñtas (v)	[tsˈɛ'mˈɛntas]
emboço (m)	tìnkas (v)	['tˈɪŋkas]
emboçar (vt)	tinkúoti	[tˈɪŋ'kʊatˈɪ]

tinta (f)	dažaì (v dgs)	[da'ʒʌɪ]
pintar (vt)	dažýti	[da'ʒˈi:tˈɪ]
barril (m)	statìnė (m)	[sta'tˈɪnˈe:]

grua (f), guindaste (m)	krãnas (v)	['kra:nas]
erguer (vt)	kélti	['kˈɛlˈtˈɪ]
baixar (vt)	nuléisti	[nʊˈ'lˈɛɪstˈɪ]
buldózer (m)	buldòzeris (v)	[bʊlˈ'dozˈɛrˈɪs]
escavadora (f)	ekskavãtorius (v)	[ɛkska'va:torˈʊs]

caçamba (f)	káušas (v)	['kɑʊʃas]
escavar (vt)	kàsti	['kastʲɪ]
capacete (m) de proteção	šálmas (v)	['ʃalʲmas]

Profissões e ocupações

104. Procura de emprego. Demissão

trabalho (m)	dárbas (v)	['darbas]
equipa (f)	etãtai (dgs)	[ε'ta:tʌɪ]
pessoal (m)	personãlas (v)	[pⁱɛrso'na:las]
carreira (f)	karjerà (m)	[karjɛ'ra]
perspetivas (f pl)	perspektyvà (m)	[pⁱɛrspⁱɛktⁱi:'va]
mestria (f)	meistriškùmas (v)	[mⁱɛɪstrⁱɪʃkʊmas]
seleção (f)	atrankà (m)	[atraŋ'ka]
agência (f) de emprego	darbúotojų paieškõs agentūrà (m)	[dar'bʊɑto:ju: paⁱiɛʃ'ko:s agⁱɛntu:'ra]
CV, currículo (m)	gyvẽnimo aprãšymas (v)	[gⁱi:'vⁱæɲⁱɪmɔ ap'ra:ʃɪ:mas]
entrevista (f) de emprego	pókalbis (v)	['pokalⁱbⁱɪs]
vaga (f)	laisvà dárbo vietà (m)	[lⁱʌɪs'va 'darbɔ vⁱiɛ'ta]
salário (m)	dárbo ùžmokestis (v)	['darbɔ 'ʊʒmokⁱɛstⁱɪs]
salário (m) fixo	algà (m)	[alⁱⁱ'ga]
pagamento (m)	atlýginimas (v)	[at'lⁱi:gⁱɪnⁱɪmas]
posto (m)	páreigos (m dgs)	['parⁱɛɪgos]
dever (do empregado)	pareigà (m)	[parⁱɛɪ'ga]
gama (f) de deveres	sritìs (m)	[srⁱɪ't'ⁱɪs]
ocupado	ùžimtas	['ʊʒⁱɪmtas]
despedir, demitir (vt)	atléisti	[at'lⁱⁱɛɪstⁱɪ]
demissão (f)	atleidìmas (v)	[atlⁱɛɪ'dⁱɪmas]
desemprego (m)	bedarbỹstė (m)	[bⁱɛdar'bⁱi:stⁱe:]
desempregado (m)	bedar̃bis (v)	[bⁱɛ'darbⁱɪs]
reforma (f)	peñsija (m)	['pⁱɛnsⁱɪjɛ]
reformar-se	išeĩti į̃ peñsiją	[ɪ'ʃɛɪtⁱɪ i: 'pⁱɛnsⁱɪja:]

105. Gente de negócios

diretor (m)	dirèktorius (v)	[dⁱɪ'rⁱɛktorⁱʊs]
gerente (m)	valdýtojas (v)	[valⁱⁱ'dⁱi:to:jɛs]
patrão, chefe (m)	vadõvas (v)	[va'do:vas]
superior (m)	vìršininkas (v)	['vⁱɪrʃⁱɪnⁱɪŋkas]
superiores (m pl)	vadovỹbė (m)	[vado'vⁱi:bⁱe:]
presidente (m)	prezidèntas (v)	[prⁱɛzⁱɪ'dⁱɛntas]
presidente (m) de direção	pìrmlninkas (v)	['pⁱɪrmⁱɪnⁱɪŋkas]
substituto (m)	pavadúotojas (v)	[pava'dʊɑto:jɛs]
assistente (m)	padéjéjas (v)	[padⁱe:'je:jas]

secretário (m)	sekretõrius (v)	[sʲɛkrʲɛ'to:rʲʊs]
secretário (m) pessoal	asmenìnis sekretõrius (v)	[asmʲɛ'nʲɪnʲɪs sʲɛkrʲɛ'to:rʲʊs]
homem (m) de negócios	komersántas (v)	[kɔmʲɛr'santas]
empresário (m)	verslininkas (v)	['vʲɛrslʲɪnʲɪŋkas]
fundador (m)	steigėjas (v)	[stʲɛɪ'gʲeːjas]
fundar (vt)	įsteĩgti	[iː'stʲɛɪktʲɪ]
fundador, sócio (m)	steigėjas (v)	[stʲɛɪ'gʲeːjas]
parceiro, sócio (m)	pártneris (v)	['partnʲɛrʲɪs]
acionista (m)	ãkcininkas (v)	['aːkts⁣ɪnʲɪŋkas]
milionário (m)	milijoniẽrius (v)	[mʲɪlʲɪjɔ'nʲɛrʲʊs]
bilionário (m)	milijardiẽrius (v)	[mʲɪlʲɪjar'dʲɛrʲʊs]
proprietário (m)	valdýtojas (v)	[valʲ'dʲiː:to:jɛs]
proprietário (m) de terras	žẽmės savininkas (v)	['ʒ⁣æmʲe:s savʲɪ'nʲɪŋkas]
cliente (m)	klientas (v)	['klʲiɛntas]
cliente (m) habitual	pastovùs klientas (v)	[pasto'vʊs klʲi'ɛntas]
comprador (m)	pirkėjas (v)	[pʲɪr'kʲeːjas]
visitante (m)	lankýtojas (v)	[lʲaŋ'kʲiː:to:jɛs]
profissional (m)	profesionãlas (v)	[prof⁣ɛsʲɪjɔ'naːlʲas]
perito (m)	ekspertas (v)	[ɛks'pʲɛrtas]
especialista (m)	specialìstas (v)	[spʲɛtsʲɪja'lʲɪstas]
banqueiro (m)	bánkininkas (v)	['baŋkʲɪnʲɪŋkas]
corretor (m)	brokeris (v)	['brokʲɛrʲɪs]
caixa (m, f)	kãsininkas (v)	['ka:sʲɪnʲɪŋkas]
contabilista (m)	buhálteris (v)	[bʊ'ɣalʲtʲɛrʲɪs]
guarda (m)	apsauginiñkas (v)	[apsɑʊgʲɪ'nʲɪŋkas]
investidor (m)	investúotojas (v)	[ɪnvʲɛs'tʊato:jɛs]
devedor (m)	skõlininkas (v)	['sko:lʲɪnʲɪŋkas]
credor (m)	kredìtorius (v)	[krʲɛ'dʲɪtorʲʊs]
mutuário (m)	paskolõs gavėjas (v)	[pasko'lʲo:s ga'vʲeːjas]
importador (m)	importúotojas (v)	[ɪmpor'tʊato:jɛs]
exportador (m)	eksportúotojas (v)	[ɛkspor'tʊato:jɛs]
produtor (m)	gamìntojas (v)	[ga'mʲɪnto:jɛs]
distribuidor (m)	plãtintojas (v)	['plʲaːtʲɪnto:jɛs]
intermediário (m)	tárpininkas (v)	['tarpʲɪnʲɪŋkas]
consultor (m)	konsultántas (v)	[kɔnsʊlʲ'tantas]
representante (m)	atstõvas (v)	[at'sto:vas]
agente (m)	agẽntas (v)	[a'gʲɛntas]
agente (m) de seguros	draudìmo agẽntas (v)	[drɑʊ'dʲɪmɔ a'gʲɛntas]

106. Profissões de serviços

cozinheiro (m)	virėjas (v)	[vʲɪ'rʲeːjas]
cozinheiro chefe (m)	vyriáusiasis virėjas (v)	[vʲiː:'rʲæʊsʲæsʲɪs vʲɪ'rʲeːjas]

padeiro (m)	kepėjas (v)	[kʲɛ'pʲeːjas]
barman (m)	barmenas (v)	['barmʲɛnas]
empregado (m) de mesa	padavėjas (v)	[pada'vʲeːjas]
empregada (f) de mesa	padavėja (m)	[pada'vʲeːja]

advogado (m)	advokātas (v)	[advo'kaːtas]
jurista (m)	jurìstas (v)	[juˈrʲɪstas]
notário (m)	notāras (v)	[no'taːras]

eletricista (m)	mònteris (v)	['montʲɛrʲɪs]
canalizador (m)	santèchnikas (v)	[san'tʲɛxnʲɪkas]
carpinteiro (m)	dailìdė (v)	[dʌɪ'lʲɪdʲeː]

massagista (m)	masažìstas (v)	[masa'ʒʲɪstas]
massagista (f)	masažìstė (m)	[masa'ʒʲɪstʲeː]
médico (m)	gýdytojas (v)	['gʲiːdʲiːtoːjɛs]

taxista (m)	taksìstas (v)	[tak'sʲɪstas]
condutor (automobilista)	vairúotojas (v)	[vʌɪ'ruɑtoːjɛs]
entregador (m)	kùrjeris (v)	['kurjɛrʲɪs]

camareira (f)	kambarìnė (m)	[kamba'rʲɪnʲeː]
guarda (m)	apsauginiñkas (v)	[apsɑugʲɪ'nʲɪŋkas]
hospedeira (f) de bordo	stiuardèsė (m)	[stʲuar'dʲɛsʲeː]

professor (m)	mókytojas (v)	['mokʲiːtoːjɛs]
bibliotecário (m)	bibliotèkininkas (v)	[bʲɪblʲɪjoˈtʲɛkʲɪnʲɪŋkas]
tradutor (m)	vertėjas (v)	[vʲɛr'tʲeːjas]
intérprete (m)	vertėjas (v)	[vʲɛr'tʲeːjas]
guia (pessoa)	gìdas (v)	['gʲɪdas]

cabeleireiro (m)	kirpėjas (v)	[kʲɪr'pʲeːjas]
carteiro (m)	pāštininkas (v)	['paːʃtʲɪnʲɪŋkas]
vendedor (m)	pardavėjas (v)	[parda'vʲeːjas]

jardineiro (m)	sõdininkas (v)	['soːdʲɪnʲɪŋkas]
criado (m)	tarnas (v)	['tarnas]
criada (f)	tarnáitė (m)	[tar'nʌɪtʲeː]
empregada (f) de limpeza	valýtoja (m)	[va'lʲiːtoːjɛ]

107. Profissões militares e postos

soldado (m) raso	eilìnis (v)	[ɛɪ'lʲɪnʲɪs]
sargento (m)	seržántas (v)	[sʲɛr'ʒantas]
tenente (m)	leitenántas (v)	[lʲɛɪtʲɛ'nantas]
capitão (m)	kapitõnas (v)	[kapʲɪ'toːnas]

major (m)	majõras (v)	[ma'jɔːras]
coronel (m)	puĺkininkas (v)	['pulʲkʲɪnʲɪŋkas]
general (m)	generõlas (v)	[gʲɛnʲɛ'roːlas]
marechal (m)	mársalas (v)	['marʃalas]
almirante (m)	admlrõlas (v)	[admʲɪ'roːlas]
militar (m)	kariškis (v)	[ka'rʲɪʃkʲɪs]
soldado (m)	kareìvis (v)	[ka'rʲɛɪvʲɪs]

oficial (m)	kariniñkas (v)	[karʲɪˈnʲɪŋkas]
comandante (m)	vãdas (v)	[ˈvaːdas]

guarda (m) fronteiriço	pasieniẽtis (v)	[pasʲiɛˈnʲɛtʲɪs]
operador (m) de rádio	radìstas (v)	[raˈdʲɪstas]
explorador (m)	žvalgas (v)	[ˈʒvalʲgas]
sapador (m)	pionìerius (v)	[pʲɪjɔˈnʲɛrʲʊs]
atirador (m)	šaulỹs (v)	[ʃɑʊˈlʲiːs]
navegador (m)	štùrmanas (v)	[ˈʃtʊrmanas]

108. Oficiais. Padres

rei (m)	karãlius (v)	[kaˈraːlʲʊs]
rainha (f)	karalíenė (m)	[karaˈlʲiɛnʲeː]

príncipe (m)	prìncas (v)	[ˈprʲɪntsas]
princesa (f)	princèsė (m)	[prʲɪnˈtsʲɛsʲeː]

czar (m)	cãras (v)	[ˈtsaːras]
czarina (f)	caríenė (m)	[tsaˈrʲiɛnʲeː]

presidente (m)	prezideñtas (v)	[prʲɛzʲɪˈdʲɛntas]
ministro (m)	minìstras (v)	[mʲɪˈnʲɪstras]
primeiro-ministro (m)	minìstras pìrmininkas (v)	[mʲɪˈnʲɪstras ˈpʲɪrmʲɪnʲɪŋkas]
senador (m)	senãtorius (v)	[sʲɛˈnaːtorʲʊs]

diplomata (m)	diplomãtas (v)	[dʲɪplʲoˈmaːtas]
cônsul (m)	kònsulas (v)	[ˈkonsʊlʲas]
embaixador (m)	ambasãdorius (v)	[ambaˈsaːdorʲʊs]
conselheiro (m)	pataréjas (v)	[pataˈrʲeːjas]

funcionário (m)	valdiniñkas (v)	[valʲdʲɪˈnʲɪŋkas]
prefeito (m)	prefèktas (v)	[prʲɛˈfʲɛktas]
Presidente (m) da Câmara	mèras (v)	[ˈmʲɛras]

juiz (m)	teiséjas (v)	[tʲɛɪˈsʲeːjas]
procurador (m)	prokuròras (v)	[prokʊˈroras]

missionário (m)	misionìerius (v)	[mʲɪsʲɪjɔˈnʲɛrʲʊs]
monge (m)	vienuõlis (v)	[vʲiɛˈnʊalʲɪs]
abade (m)	abãtas (v)	[aˈbaːtas]
rabino (m)	rãbinas (v)	[ˈraːbʲɪnas]

vizir (m)	vizìris (v)	[vʲɪˈzʲɪrʲɪs]
xá (m)	šãchas (v)	[ˈʃaːxas]
xeque (m)	šeìchas (v)	[ˈʃɛɪxas]

109. Profissões agrícolas

apicultor (m)	bìtininkas (v)	[ˈbʲɪtʲɪnʲɪŋkas]
pastor (m)	piemuõ (v)	[pʲiɛˈmʊɑ]
agrónomo (m)	agronòmas (v)	[agroˈnomas]

criador (m) de gado	gývulininkas (v)	['gʲiːvʊlʲɪnʲɪŋkas]
veterinário (m)	veterināras (v)	[vʲɛtʲɛrʲɪ'naːras]

agricultor (m)	fėrmeris (v)	['fɛrmʲɛrʲɪs]
vinicultor (m)	vyndarỹs (v)	[vʲiːnda'rʲiːs]
zoólogo (m)	zoologas (v)	[zoo'lʲogas]
cowboy (m)	kaubojus (v)	[kɑʊ'bojʊs]

110. Profissões artísticas

ator (m)	āktorius (v)	['aːktorʲʊs]
atriz (f)	āktorė (m)	['aːktorʲeː]

cantor (m)	daininiñkas (v)	[dʌɪnʲɪ'rʲnʲɪŋkas]
cantora (f)	daininiñkė (m)	[dʌɪnʲɪ'rʲnʲɪŋkʲeː]

bailarino (m)	šokėjas (v)	[ʃoˈkʲeːjas]
bailarina (f)	šokėja (m)	[ʃoˈkʲeːja]

artista (m)	artistas (v)	[arˈtʲɪstas]
artista (f)	artistė (m)	[arˈtʲɪstʲeː]

músico (m)	muzikántas (v)	[mʊzʲɪ'kantas]
pianista (m)	pianistas (v)	[pʲɪja'nʲɪstas]
guitarrista (m)	gitaristas (v)	[gʲɪta'rʲɪstas]

maestro (m)	dirigeñtas (v)	[dʲɪrʲɪ'gʲɛntas]
compositor (m)	kompozitorius (v)	[kɔmpo'zʲɪtorʲʊs]
empresário (m)	impresārijas (v)	[ɪmprʲɛ'saːrʲɪjas]

realizador (m)	režisiėrius (v)	[rʲɛʒʲɪ'sʲɛrʲʊs]
produtor (m)	prodiùseris (v)	[pro'dʲʊsʲɛrʲɪs]
argumentista (m)	scenaristas (v)	[stsʲɛna'rʲɪstas]
crítico (m)	kritikas (v)	['krʲɪtʲɪkas]

escritor (m)	rašýtojas (v)	[ra'ʃɪːtoːjɛs]
poeta (m)	poetas (v)	[po'ɛtas]
escultor (m)	skùlptorius (v)	['skʊlʲptorʲʊs]
pintor (m)	mẽnininkas (v)	['mʲænʲɪnʲɪŋkas]

malabarista (m)	žongliėrius (v)	[ʒon'glʲɛrʲʊs]
palhaço (m)	klounas (v)	['klʲoʊnas]
acrobata (m)	akrobātas (v)	[akro'baːtas]
mágico (m)	fokusininkas (v)	['fokʊsʲɪnʲɪŋkas]

111. Várias profissões

médico (m)	gýdytojas (v)	['gʲiːdʲiːtoːjɛs]
enfermeira (f)	medicìnos sesẽlė (m)	[mʲɛdʲɪ'tsʲɪnos se'sʲælʲeː]
psiquiatra (m)	psichiátras (v)	[psʲɪxʲɪ'jatras]
estomatologista (m)	stomatologas (v)	[stomato'lʲoɣas]
cirurgião (m)	chirùrgas (v)	[xʲɪ'rʊrgas]

astronauta (m)	astronáutas (v)	[astro'nautas]
astrónomo (m)	astronómas (v)	[astro'nomas]
piloto (m)	pilótas (v)	[pɪ'lʲotas]

motorista (m)	vairúotojas (v)	[vʌɪ'ruato:jɛs]
maquinista (m)	mašinìstas (v)	[maʃɪ'nʲɪstas]
mecânico (m)	mechãnikas (v)	[mʲɛ'xa:nʲɪkas]

mineiro (m)	šãchtininkas (v)	['ʃa:xtʲɪnʲɪŋkas]
operário (m)	darbinìñkas (v)	[darbʲɪ'nʲɪŋkas]
serralheiro (m)	šáltkalvis (v)	['ʃalʲtkalʲvʲɪs]
marceneiro (m)	stãlius (v)	['sta:lʲʊs]
torneiro (m)	tẽkintojas (v)	['tʲækʲɪnto:jɛs]
construtor (m)	statýbininkas (v)	[sta'tʲi:bʲɪnʲɪŋkas]
soldador (m)	suvìrintojas (v)	[sʊ'vʲɪrʲɪnto:jɛs]

professor (m) catedrático	profèsorius (v)	[pro'fɛsorʲʊs]
arquiteto (m)	architèktas (v)	[arxʲɪ'tʲɛktas]
historiador (m)	istòrikas (v)	[ɪs'torʲɪkas]
cientista (m)	mókslininkas (v)	['mokslʲɪnʲɪŋkas]
físico (m)	fìzikas (v)	['fʲɪzʲɪkas]
químico (m)	chèmikas (v)	['xʲɛmʲɪkas]

arqueólogo (m)	archeológas (v)	[arxʲɛo'lʲogas]
geólogo (m)	geológas (v)	[gʲɛo'lʲogas]
pesquisador (cientista)	tyrinétojas (v)	[tʲi:rʲɪ'nʲe:to:jɛs]

| babysitter (f) | áuklė (m) | ['aʊklʲe:] |
| professor (m) | pedagógas (v) | [pʲɛda'gogas] |

redator (m)	redãktorius (v)	[rʲɛ'da:ktorʲʊs]
redator-chefe (m)	vyriáusiasis redãktorius (v)	[vʲi:'rʲæʊsʲæsʲɪs rʲɛ'da:ktorʲʊs]
correspondente (m)	korespondeñtas (v)	[korʲɛspon'dʲɛntas]
datilógrafa (f)	mašìnininkė (m)	[ma'ʃɪnʲɪnʲɪŋkʲe:]

designer (m)	dizáineris (v)	[dʲɪ'zʌɪnʲɛrʲɪs]
especialista (m) em informática	kompiùterių specialìstas (v)	[kom'pʲʊtʲɛrʲu: spʲɛtsʲɪja'lʲɪstas]
programador (m)	programúotojas (v)	[progra'muato:jɛs]
engenheiro (m)	inžiniẽrius (v)	[ɪnʒʲɪ'nʲɛrʲʊs]

marujo (m)	jūrininkas (v)	['ju:rʲɪnʲɪŋkas]
marinheiro (m)	jūrèivis (v)	[ju:'rʲɛɪvʲɪs]
salvador (m)	gélbėtojas (v)	['gʲælʲbʲe:to:jɛs]

bombeiro (m)	gaìsrininkas (v)	['gʌɪsrʲɪnʲɪŋkas]
polícia (m)	polìcininkas (v)	[po'lʲɪtsʲɪnʲɪŋkas]
guarda-noturno (m)	sárgas (v)	['sargas]
detetive (m)	seklỹs (v)	[sʲɛk'lʲi:s]

funcionário (m) da alfândega	muìtininkas (v)	['mʊɪtʲɪnʲɪŋkas]
guarda-costas (m)	asmeñs sargýbinis (v)	[as'mʲɛns sar'gʲi:bʲɪnʲɪs]
guarda (m) prisional	prižiūrétojas (v)	[prʲɪʒʲu:'rʲe:to:jɛs]
inspetor (m)	inspèktorius (v)	[ɪn'spʲɛktorʲʊs]
desportista (m)	spòrtininkas (v)	['sportʲɪnʲɪŋkas]
treinador (m)	trèneris (v)	['trʲɛnʲɛrʲɪs]

talhante (m)	mėsininkas (v)	['mʲeːsʲɪnʲɪŋkas]
sapateiro (m)	batsiuvỹs (v)	[batsʲʊ'vʲiːs]
comerciante (m)	komersántas (v)	[kɔmʲɛr'santas]
carregador (m)	krovéjas (v)	[kro'vʲeːjas]

| estilista (m) | modeliúotojas (v) | [modʲɛ'lʲʊɑtoːjɛs] |
| modelo (f) | mòdelis (v) | ['modʲɛlʲɪs] |

112. Ocupações. Estatuto social

| aluno, escolar (m) | mokslèivis (v) | [moks'lʲɛɪvʲɪs] |
| estudante (~ universitária) | studeñtas (v) | [stʊ'dʲɛntas] |

filósofo (m)	filosòfas (v)	[fʲɪlʲo'sofas]
economista (m)	ekonomìstas (v)	[ɛkono'mʲɪstas]
inventor (m)	išradėjas (v)	[ɪʃra'dʲeːjas]

desempregado (m)	bedárbis (v)	[bʲɛ'darbʲɪs]
reformado (m)	peñsininkas (v)	['pʲɛnsʲɪnʲɪŋkas]
espião (m)	šnìpas (v)	['ʃnʲɪpas]

preso (m)	kalinỹs (v)	[kalʲɪ'nʲiːs]
grevista (m)	streìkininkas (v)	['strʲɛɪkʲɪnʲɪŋkas]
burocrata (m)	biurokrátas (v)	[bʲʊro'kraːtas]
viajante (m)	keliáutojas (v)	[kʲɛ'lʲæʊtoːjɛs]

homossexual (m)	homosekluaľistas (v)	[ɣomosʲɛklʊa'lʲɪstas]
hacker (m)	programìšius (v)	[progra'mʲɪʃʊs]
hippie	hìpis (v)	['ɣʲɪpʲɪs]

bandido (m)	bandìtas (v)	[ban'dʲɪtas]
assassino (m) a soldo	samdomas žudìkas (v)	['samdomas ʒʊ'dʲɪkas]
toxicodependente (m)	narkomãnas (v)	[narko'maːnas]
traficante (m)	narkòtikų prekèivis (v)	[nar'kotʲɪkuː prʲɛ'kʲɛɪvʲɪs]
prostituta (f)	prostitutė (m)	[prostʲɪ'tʊtʲeː]
chulo (m)	sutèneris (v)	[sʊ'tʲɛnʲɛrʲɪs]

bruxo (m)	burtininkas (v)	['bʊrtʲɪnʲɪŋkas]
bruxa (f)	burtininkė (m)	['bʊrtʲɪnʲɪŋkʲeː]
pirata (m)	pirãtas (v)	[pʲɪ'raːtas]
escravo (m)	vérgas (v)	['vʲɛrgas]
samurai (m)	samurãjus (v)	[samʊ'raːjʊs]
selvagem (m)	laukìnis žmogùs (v)	[lʲɑʊ'kʲɪnʲɪs ʒmɔ'gʊs]

Desportos

113. Tipos de desportos. Desportistas

desportista (m)	sportininkas (v)	['sportʲɪnʲɪŋkas]
tipo (m) de desporto	sportǫ šakà (m)	['sportɔ ʃa'ka]
basquetebol (m)	krepšìnis (v)	[krʲɛpʲʃʲɪnʲɪs]
jogador (m) de basquetebol	krêpšininkas (v)	['krʲæpʃʲɪnʲɪŋkas]
beisebol (m)	beìsbolas (v)	['bʲɛɪsbolʲas]
jogador (m) de beisebol	beìsbolininkas (v)	['bʲɛɪsbolʲɪnʲɪŋkas]
futebol (m)	fùtbolas (v)	['futbolʲas]
futebolista (m)	fùtbolininkas (v)	['futbolʲɪnʲɪŋkas]
guarda-redes (m)	vartininkas (v)	['vartʲɪnʲɪŋkas]
hóquei (m)	lêdo ritulỹs (v)	['lʲædɔ rʲɪtʊ'lʲi:s]
jogador (m) de hóquei	lêdo ritulininkas (v)	['lʲædɔ 'rʲɪtʊlʲɪnʲɪŋkas]
voleibol (m)	tinklìnis (v)	[tʲɪŋk'lʲɪnʲɪs]
jogador (m) de voleibol	tiñklininkas (v)	['tʲɪŋklʲɪnʲɪŋkas]
boxe (m)	bòksas (v)	['boksas]
boxeador, pugilista (m)	bòksininkas (v)	['boksʲɪnʲɪŋkas]
luta (f)	imtỹnės (m dgs)	[ɪm'tʲi:nʲe:s]
lutador (m)	imtỹnininkas (v)	[ɪm'tʲi:nʲɪnʲɪŋkas]
karaté (m)	karatě (m)	[kara'tʲe:]
karateca (m)	karatìstas (v)	[kara'tʲɪstas]
judo (m)	dziudò (v)	[dzʲʊ'do]
judoca (m)	dziudò imtỹnininkas (v)	[dzʲʊ'dɔ im'tʲi:nʲɪnʲɪŋkas]
ténis (m)	tènisas (v)	['tʲɛnʲɪsas]
tenista (m)	tènisininkas (v)	['tʲɛnʲɪsʲɪnʲɪŋkas]
natação (f)	plaukìmas (v)	[plʲaʊ'kʲɪmas]
nadador (m)	plaukìkas (v)	[plʲaʊ'kʲɪkas]
esgrima (f)	fechtãvimas (v)	[fʲɛx'ta:vʲɪmas]
esgrimista (m)	fechtúotojas (v)	[fʲɛx'tʊatoːjɛs]
xadrez (m)	šachmãtai (v dgs)	[ʃax'ma:tʌɪ]
xadrezista (m)	šachmãtininkas (v)	[ʃax'ma:tʲɪnʲɪŋkas]
alpinismo (m)	alpinìzmas (v)	[alʲpʲɪ'nʲɪzmas]
alpinista (m)	alpinìstas (v)	[alʲpʲɪ'nʲɪstas]
corrida (f)	bėgìmas (v)	[bʲe:'gʲɪmas]

corredor (m)	bėgìkas (v)	[bʲe:'gʲɪkas]
atletismo (m)	lengvóji atlètika (m)	[lʲɛng'vo:jɪ at'lʲɛtʲɪka]
atleta (m)	atlètas (v)	[at'lʲɛtas]

hipismo (m)	jojìmo spòrtas (v)	[jɔ'jɪmɔ 'sportas]
cavaleiro (m)	jojìkas (v)	[jɔ'jɪkas]

patinagem (f) artística	dailùsis čiuožìmas (v)	[dʌɪ'lʲusʲɪs tʂʲuo'ʒʲɪmas]
patinador (m)	figūrininkas (v)	[fʲɪ'gu:rʲɪnʲɪŋkas]
patinadora (f)	figūrininkė (m)	[fʲɪ'gu:rʲɪnʲɪŋkʲe:]

halterofilismo (m)	sunkiόji atlètika (m)	[suŋ'kʲo:jɪ at'lʲɛtʲɪka]
corrida (f) de carros	automobìlių lenktỹnės (m dgs)	[autɔmɔ'bʲɪlʲu: lʲɛŋ'ktʲi:nʲe:s]
piloto (m)	lenktỹnininkas (v)	[lʲɛŋk'tʲi:nʲɪnʲɪŋkas]

ciclismo (m)	dvìračių spòrtas (v)	['dvʲɪratʂʲu: 'sportas]
ciclista (m)	dvìratininkas (v)	['dvʲɪratʲɪnʲɪŋkas]

salto (m) em comprimento	šúoliai (v) į̃ tõlį	['ʃualʲɛɪ i: 'to:lʲɪ:]
salto (m) à vara	šúoliai (v dgs) sù kártimi	['ʃualʲɛɪ 'su 'kartʲɪmʲɪ]
atleta (m) de saltos	šúolininkas (v)	['ʃualʲɪnʲɪŋkas]

114. Tipos de desportos. Diversos

futebol (m) americano	amerikiẽtiškas fùtbolas (v)	[amʲɛrʲɪ'kʲɛtʲɪʃkas 'futbolʲas]
badminton (m)	bādmintonas (v)	['ba:dmʲɪntonas]
biatlo (m)	biatlònas (v)	[bʲɪjat'lʲonas]
bilhar (m)	biliárdas (v)	[bʲɪlʲɪ'jardas]

bobsled (m)	bòbslėjus (v)	['bobslʲe:jus]
musculação (f)	kultūrìzmas (v)	[kulʲtu:'rʲɪzmas]
polo (m) aquático	vandénsvydis (v)	[van'dʲɛnsvʲi:dʲɪs]
andebol (m)	rañkinis (v)	['raŋkʲɪnʲɪs]
golfe (m)	gòlfas (v)	['golʲfas]

remo (m)	irklãvimas (v)	[ɪr'klʲa:vʲɪmas]
mergulho (m)	nárdymas (v)	['nardʲi:mas]
corrida (f) de esqui	slìdininkų lenktỹnės (m dgs)	['slʲɪdʲɪnʲɪŋku: lʲɛŋk'tʲi:nʲe:s]
ténis (m) de mesa	stālo tènisas (v)	['sta:lʲɔ 'tʲɛnʲɪsas]

vela (f)	buriãvimas (v)	[bu'rʲævʲɪmas]
rali (m)	rãlis (v)	['ra:lʲɪs]
râguebi (m)	règbis (v)	['rʲɛgbʲɪs]
snowboard (m)	sniẽglenčių spòrtas (v)	['snʲiɛglʲɛntʂʲu: 'sportas]
tiro (m) com arco	šáudymas ìš lañko (v)	['ʃaudʲi:mas ɪʃ 'lʲaŋkɔ]

115. Ginásio

barra (f)	štánga (m)	['ʃtanga]
halteres (m pl)	svarmonys (v dgs)	['sva:rmʲɛnʲi:s]
aparelho (m) de musculaçao	treniruõklis (v)	[trʲɛnʲɪ'ruaklʲɪs]
bicicleta (f) ergométrica	dviratinis treniruõklis (v)	[dvʲɪra'tʲɪnʲɪs trʲɛnʲɪ'ruaklʲɪs]

passadeira (f) de corrida	bėgìmo takēlis (v)	[bʲeːgʲɪmɔ taˈkʲælʲɪs]
barra (f) fixa	skersìnis (v)	[skʲɛrˈsʲɪnʲɪs]
barras (f) paralelas	lygiàgretės (m dgs)	[lʲiːˈɡʲæɡrʲɛtʲeːs]
cavalo (m)	arklỹs (v)	[arkˈlʲiːs]
tapete (m) de ginástica	paklōtas (v)	[pakˈlʲoːtas]

corda (f) de saltar	šokỹklė (m)	[ʃoˈkʲiːklʲeː]
aeróbica (f)	aerobika (m)	[aɛˈrobʲɪka]
ioga (f)	jogà (m)	[jɔˈɡa]

116. Desportos. Diversos

Jogos (m pl) Olímpicos	Olìmpinės žaidỹnės (m dgs)	[oˈlʲɪmpʲɪnʲeːs ʒʌɪˈdʲiːnʲeːs]
vencedor (m)	nugalétojas (v)	[nʊɡaˈlʲeːtoːjɛs]
vencer (vi)	nugaléti	[nʊɡaˈlʲeːtʲɪ]
vencer, ganhar (vi)	laiméti	[lʲʌɪˈmʲeːtʲɪ]

líder (m)	lýderis (v)	[ˈlʲiːdʲɛrʲɪs]
liderar (vt)	būti lýderiu	[ˈbuːtʲɪ ˈlʲiːdʲɛrʲʊ]

primeiro lugar (m)	pirmóji vietà (m)	[pʲɪrˈmoːjɪ vʲiɛˈta]
segundo lugar (m)	antróji vietà (m)	[anˈtroːjɪ vʲiɛˈta]
terceiro lugar (m)	trečióji vietà (m)	[trʲɛˈtʃʲoːjɪ vʲiɛˈta]

medalha (f)	medãlis (v)	[mʲɛˈdaːlʲɪs]
troféu (m)	trofẽjus (v)	[troˈfʲeːjʊs]
taça (f)	taurễ (v)	[tɑʊˈrʲeː]
prémio (m)	prìzas (v)	[ˈprʲɪzas]
prémio (m) principal	pagrindìnis prìzas (v)	[paɡrʲɪnˈdʲɪnʲɪs ˈprʲɪzas]

recorde (m)	rekòrdas (v)	[rʲɛˈkordas]
estabelecer um recorde	pasíekti rekòrdą	[paˈsʲiɛktʲɪ rʲɛˈkorda]

final (m)	finãlas (v)	[fʲɪˈnaːlʲas]
final	finãlinis	[fʲɪˈnaːlʲɪnʲɪs]

campeão (m)	čempiònas (v)	[tʃʲɛmˈpʲɪjɔnas]
campeonato (m)	čempionãtas (v)	[tʃʲɛmpʲɪjoˈnaːtas]

estádio (m)	stadiònas (v)	[stadʲɪˈɔnas]
bancadas (f pl)	tribūnà (m)	[trʲɪbuːˈna]
fã, adepto (m)	sirgãlius (v)	[sʲɪrˈɡaːlʲʊs]
adversário (m)	varžõvas (v)	[varˈʒoːvas]

partida (f)	stártas (v)	[ˈstartas]
chegada, meta (f)	finišas (v)	[ˈfʲɪnʲɪʃas]

derrota (f)	pralaimẽjimas (v)	[pralʲʌɪˈmʲɛjɪmas]
perder (vt)	pralaiméti	[pralʲʌɪˈmʲeːtʲɪ]

árbitro (m)	teisẽjas (v)	[tʲɛɪˈsʲeːjas]
júri (m)	žiurì (v)	[ʒʲʊˈrʲɪ]
resultado (m)	rezultãtas (v)	[rʲɛzʊlʲˈtaːtas]
empate (m)	lýgiosios (m dgs)	[ˈlʲiːɡʲosʲos]

empatar (vi)	sužaisti lygiomis	[su'ʒʌıstʲı lʲiːgʲo'mʲıs]
ponto (m)	taškas (v)	['taːʃkas]
resultado (m) final	rezultātas (v)	[rʲεzulʲ'taːtas]
tempo, período (m)	kėlinys (v)	[kʲeːlʲɪ'nʲiːs]
intervalo (m)	pertrauka (m)	['pʲεrtrɑuka]
doping (m)	dopingas (v)	['dopʲɪngas]
penalizar (vt)	skirti baūdą	['skʲɪrtʲɪ 'bɑuːdaː]
desqualificar (vt)	diskvalifikuoti	[dʲɪskvalʲɪfʲɪ'kuɑtʲɪ]
aparelho (m)	prietaisas (v)	['prʲiεtʌɪsas]
dardo (m)	ietis (m)	['ɪεtʲɪs]
peso (m)	rutulys (v)	[rutu'lʲiːs]
bola (f)	kamuolys (v)	[kamuɑ'lʲiːs]
alvo, objetivo (m)	taikinys (v)	[tʌɪkʲɪ'nʲiːs]
alvo (~ de papel)	taikinys (v)	[tʌɪkʲɪ'nʲiːs]
atirar, disparar (vi)	šauti	['ʃɑutʲɪ]
preciso (tiro ~)	tikslus	[tʲɪks'lʲus]
treinador (m)	treneris (v)	['trʲεnʲεrʲɪs]
treinar (vt)	treniruoti	[trʲεnʲɪ'ruɑtʲɪ]
treinar-se (vr)	treniruotis	[trʲεnʲɪ'ruɑtʲɪs]
treino (m)	treniruotė (m)	[trenʲɪ'ruɑtʲeː]
ginásio (m)	sporto salė (m)	['sportɔ saː'lʲeː]
exercício (m)	pratimas (v)	[pra'tʲɪmas]
aquecimento (m)	pramankšta (m)	[pramaŋkʃ'ta]

107

Educação

117. Escola

escola (f)	mokykla (m)	[mokⁱi:kˈlⁱa]
diretor (m) de escola	mokyklos direktorius (v)	[mo'kⁱi:klⁱos dⁱı'rⁱɛktorⁱʊs]
aluno (m)	mokinys (v)	[mokⁱı'nⁱi:s]
aluna (f)	mokinė (m)	[mokⁱı'nⁱe:]
escolar (m)	moksleivis (v)	[moks'lⁱɛɪvⁱɪs]
escolar (f)	moksleivė (m)	[moks'lⁱɛɪvⁱe:]
ensinar (vt)	mokyti	['mokⁱi:tⁱɪ]
aprender (vt)	mokytis	['mokⁱi:tⁱɪs]
aprender de cor	mokytis atmintinai	['mokⁱi:tⁱɪs atmⁱɪntⁱɪ'nʌɪ]
estudar (vi)	mokytis	['mokⁱi:tⁱɪs]
andar na escola	mokytis	['mokⁱi:tⁱɪs]
ir à escola	eiti į mokyklą	['ɛɪtⁱɪ i: mo'kⁱɪ:klⁱa:]
alfabeto (m)	abėcėlė (m)	[abⁱe:'tsⁱe:lⁱe:]
disciplina (f)	dalykas (v)	[da'lⁱi:kas]
sala (f) de aula	klasė (m)	['klⁱa:sⁱe:]
lição (f)	pamoka (m)	[pamo'ka]
recreio (m)	pertrauka (m)	['pⁱɛrtraʊka]
toque (m)	skambutis (v)	[skam'bʊtⁱɪs]
carteira (f)	suolas (v)	['sʊɑlⁱas]
quadro (m) negro	lenta (m)	[lⁱɛn'ta]
nota (f)	pažymys (v)	[paʒⁱi:'mⁱi:s]
boa nota (f)	geras pažymys (v)	['gⁱæras paʒⁱi:'mⁱi:s]
nota (f) baixa	prastas pažymys (v)	['pra:stas paʒⁱi:'mⁱi:s]
dar uma nota	rašyti pažymį	[ra'ʃɪ:tⁱɪ 'pa:ʒⁱɪ:mⁱɪ:]
erro (m)	klaida (m)	[klⁱʌɪ'da]
fazer erros	daryti klaidas	[da'rⁱi:tⁱɪ klⁱʌɪ'das]
corrigir (vt)	taisyti	[tʌɪ'sⁱi:tⁱɪ]
cábula (f)	paruoštukas (v)	[parʊɑ'ʃtʊkas]
dever (m) de casa	namų darbas (v)	[na'mu: 'darbas]
exercício (m)	pratimas (v)	[pra'tⁱɪmas]
estar presente	būti	['bu:tⁱɪ]
estar ausente	nebūti	[nⁱɛ'bu:tⁱɪ]
faltar às aulas	praleisti pamokas	[pra'lⁱɛɪstⁱɪ 'pa:mokas]
punir (vt)	bausti	['baʊstⁱɪ]
punição (f)	bausmė (m)	[baʊs'mⁱe:]
comportamento (m)	elgesys (v)	[ɛlⁱgⁱɛ'sⁱi:s]

boletim (m) escolar	dienynas (v)	[dʲiɛˈnʲiːnas]
lápis (m)	pieštukas (v)	[pʲiɛʃˈtʊkas]
borracha (f)	trintukas (v)	[trʲɪnˈtʊkas]
giz (m)	kreida (m)	[krʲɛɪda]
estojo (m)	penalas (v)	[pʲɛˈnalʲas]
pasta (f) escolar	portfelis (v)	[ˈportfʲɛlʲɪs]
caneta (f)	tušinukas (v)	[tʊʃɪˈnʊkas]
caderno (m)	sąsiuvinis (v)	[ˈsaːsʲʊvʲɪnʲɪs]
manual (m) escolar	vadovėlis (v)	[vadoˈvʲeːlʲɪs]
compasso (m)	skriestuvas (v)	[skrʲɛˈstʊvas]
traçar (vt)	braižyti	[brʌɪˈʒʲiːtʲɪ]
desenho (m) técnico	brėžinys (v)	[brʲeːʒʲɪˈnʲiːs]
poesia (f)	eilėraštis (v)	[ɛɪˈlʲeːraʃtʲɪs]
de cor	atmintinaĩ	[atmʲɪntʲɪˈnʌɪ]
aprender de cor	mokytis atmintinaĩ	[ˈmokʲiːtʲɪs atmʲɪntʲɪˈnʌɪ]
férias (f pl)	atostogos (m dgs)	[aˈtostogos]
estar de férias	atostogáuti	[atostoˈgɑʊtʲɪ]
passar as férias	praleisti atostogas	[praˈlʲɛɪstʲɪ aˈtostogas]
teste (m)	kontrolinis darbas (v)	[kɔnˈtrolʲɪnʲɪs ˈdarbas]
composição, redação (f)	rašinys (v)	[raʃɪˈnʲiːs]
ditado (m)	diktantas (v)	[dʲɪkˈtantas]
exame (m)	egzaminas (v)	[ɛgˈzaːmʲɪnas]
fazer exame	laikyti egzaminus	[lʲʌɪˈkʲiːtʲɪ ɛgˈzaːmʲɪnʊs]
experiência (~ química)	bandymas (v)	[ˈbandʲiːmas]

118. Colégio. Universidade

academia (f)	akademija (m)	[akaˈdʲɛmʲɪjɛ]
universidade (f)	universitetas (v)	[ʊnʲɪvʲɛrsʲɪˈtʲɛtas]
faculdade (f)	fakultetas (v)	[fakʊlʲˈtʲɛtas]
estudante (m)	studentas (v)	[stʊˈdʲɛntas]
estudante (f)	studentė (m)	[stʊˈdʲɛntʲeː]
professor (m)	dėstytojas (v)	[ˈdʲeːstʲiːtoːjɛs]
sala (f) de palestras	auditorija (m)	[ɑʊdʲɪˈtorʲɪjɛ]
graduado (m)	absolventas (v)	[absolʲˈvʲɛntas]
diploma (m)	diplomas (v)	[dʲɪpˈlʲomas]
tese (f)	disertacija (m)	[dʲɪsʲɛrˈtaːtsʲɪjɛ]
estudo (obra)	tyrinėjimas (v)	[tʲiːrʲɪˈnʲɛjɪmas]
laboratório (m)	laboratorija (m)	[lʲaboraˈtorʲɪjɛ]
palestra (f)	paskaita (m)	[paskʌɪˈta]
colega (m) de curso	bendrakursis (v)	[bʲɛndraˈkʊrsʲɪs]
bolsa (f) de estudos	stipendija (m)	[stʲɪˈpʲɛndʲɪjɛ]
grau (m) académico	mokslinis laipsnis (v)	[ˈmokslʲɪnʲɪs ˈlʌɪpsnʲɪs]

119. Ciências. Disciplinas

matemática (f)	matemãtika (m)	[matʲɛ'ma:tʲɪka]
álgebra (f)	álgebra (m)	['alʲgʲɛbra]
geometria (f)	geomètrija (m)	[gʲɛo'mʲɛtrʲɪjɛ]
astronomia (f)	astronòmija (m)	[astro'nomʲɪjɛ]
biologia (f)	biològija (m)	[bʲɪjɔ'lʲogʲɪjɛ]
geografia (f)	geogrãfija (m)	[gʲɛo'gra:fʲɪjɛ]
geologia (f)	geològija (m)	[gʲɛo'lʲogʲɪjɛ]
história (f)	istòrija (m)	[ɪs'torʲɪjɛ]
medicina (f)	medicinà (m)	[mʲɛdʲɪtsʲɪ'na]
pedagogia (f)	pedagògika (m)	[pʲɛda'gogʲɪka]
direito (m)	tèisè (m)	['tʲɛisʲe:]
física (f)	fìzika (m)	['fʲɪzʲɪka]
química (f)	chèmija (m)	['xʲɛmʲɪjɛ]
filosofia (f)	filosòfija (m)	[fʲɪlʲo'sofʲɪjɛ]
psicologia (f)	psichològija (m)	[psʲɪxo'lʲogʲɪjɛ]

120. Sistema de escrita. Ortografia

gramática (f)	gramãtika (m)	[gra'ma:tʲɪka]
vocabulário (m)	lèksika (m)	['lʲɛksʲɪka]
fonética (f)	fonètika (m)	[fo'nʲɛtʲɪka]
substantivo (m)	daiktãvardis (v)	[dʌɪk'ta:vardʲɪs]
adjetivo (m)	bũdvardis (v)	['bu:dvardʲɪs]
verbo (m)	veiksmãžodis (v)	[vʲɛɪks'ma:ʒodʲɪs]
advérbio (m)	príeveiksmis (v)	['prʲɪɛvʲɛɪksmʲɪs]
pronome (m)	ívardis (v)	['i:vardʲɪs]
interjeição (f)	jaustùkas (v)	[jɛʊs'tʊkas]
preposição (f)	príelinksnis (v)	['prʲɪɛlʲɪŋksnʲɪs]
raiz (f) da palavra	žõdžio šaknìs (m)	['ʒo:dʒʲɔ ʃak'nʲɪs]
terminação (f)	galũnè (m)	[ga'lʲu:nʲe:]
prefixo (m)	príešdèlis (v)	['prʲɪɛʃdʲe:lʲɪs]
sílaba (f)	skiemuõ (v)	[skʲɪɛ'mʊɑ]
sufixo (m)	príesaga (m)	['prʲɪɛsaga]
acento (m)	kírtis (m)	['kʲɪrtʲɪs]
apóstrofo (m)	apostròfas (v)	[apos'trofas]
ponto (m)	tãškas (v)	['ta:ʃkas]
vírgula (f)	kablèlis (v)	[kab'lʲæelʲɪs]
ponto e vírgula (m)	kabliãtaškis (v)	[kab'lʲætaʃkʲɪs]
dois pontos (m pl)	dvìtaškis (v)	['dvʲɪtaʃkʲɪs]
reticências (f pl)	daũgtaškis (v)	['dɑʊktaʃkʲɪs]
ponto (m) de interrogação	klaustùkas (v)	[klʲɑʊ'stʊkas]
ponto (m) de exclamação	šauktùkas (v)	[ʃɑʊk'tʊkas]

aspas (f pl)	kabutės (m dgs)	[ka'butʲeːs]
entre aspas	kabutėse	[ka'butʲeːse]
parênteses (m pl)	skliausteliai (v dgs)	[sklʲɛu'stʲælʲɛɪ]
entre parênteses	skliausteliuose	[sklʲɛu'stʲælʲuosʲɛ]

hífen (m)	defisas (v)	[dʲɛ'fʲɪsas]
travessão (m)	brūkšnys (v)	[bruːkʃnʲiːs]
espaço (m)	tarpas (v)	['tarpas]

| letra (f) | raidė (m) | ['rʌɪdʲeː] |
| letra (f) maiúscula | didžioji raidė (m) | [dʲɪ'dʒʲoːjɪ 'rʌɪdʲeː] |

| vogal (f) | balsis (v) | ['balʲsʲɪs] |
| consoante (f) | priebalsis (v) | ['prʲiɛbalʲsʲɪs] |

frase (f)	sakinys (v)	[sakʲɪ'nʲiːs]
sujeito (m)	veiksnys (v)	[vʲɛɪks'nʲiːs]
predicado (m)	tarinys (v)	[tarʲɪ'nʲiːs]

linha (f)	eilutė (m)	[ɛɪ'lʲutʲeː]
em uma nova linha	iš naujos eilutės	[ɪʃ 'nɑujoːs ɛɪ'lʲutʲeːs]
parágrafo (m)	pastraipa (m)	[past'rʌɪpa]

palavra (f)	žodis (v)	['ʒoːdʲɪs]
grupo (m) de palavras	žodžių junginys (v)	['ʒoːdʒʲuː jungʲɪ'nʲiːs]
expressão (f)	išsireiškimas (v)	[ɪʃsʲɪrʲɛɪʃkʲɪmas]
sinónimo (m)	sinonimas (v)	[sʲɪno'nʲɪmas]
antónimo (m)	antonimas (v)	[anto'nʲɪmas]

regra (f)	taisyklė (m)	[tʌɪ'sʲiːklʲeː]
exceção (f)	išimtis (m)	[ɪʃɪm'tʲɪs]
correto	teisingas	[tʲɛɪ'sʲɪngas]

conjugação (f)	asmenuotė (m)	[asmeˈnuɑtʲeː]
declinação (f)	linksniuotė (m)	[lʲɪŋks'nʲuoːtʲeː]
caso (m)	linksnis (v)	['lʲɪŋksnʲɪs]
pergunta (f)	klausimas (v)	['klʲɑusʲɪmas]
sublinhar (vt)	pabraukti	[pa'brɑuktʲɪ]
linha (f) pontilhada	punktyras (v)	[puŋk'tʲiːras]

121. Línguas estrangeiras

língua (f)	kalba (m)	[kalʲˈba]
estrangeiro	užsienio	['uʒsʲiɛnʲɔ]
língua (f) estrangeira	užsienio kalba (m)	['uʒsʲiɛnʲɔ kalʲba]
estudar (vt)	studijuoti	[stʊdʲɪ'juɑtʲɪ]
aprender (vt)	mokytis	['mokʲiːtʲɪs]

ler (vt)	skaityti	[skʌɪ'tʲiːtʲɪ]
falar (vi)	kalbéti	[kalʲˈbʲeːtʲɪ]
compreender (vt)	suprasti	[sʊp'rastʲɪ]
escrever (vt)	rašyti	[ra'ʃiːtʲɪ]
rapidamente	greitai	['grʲɛɪtʌɪ]
devagar	letai	[lʲeː'tʌɪ]

fluentemente	laisvai	[lʲʌɪsˈvʌɪ]
regras (f pl)	taisỹklės (m dgs)	[tʌɪˈsʲiːklʲeːs]
gramática (f)	gramãtika (m)	[graˈmaːtʲɪka]
vocabulário (m)	lèksika (m)	[ˈlʲɛksʲɪka]
fonética (f)	fonètika (m)	[foˈnʲɛtʲɪka]

manual (m) escolar	vadovėlis (v)	[vadoˈvʲeːlʲɪs]
dicionário (m)	žodýnas (v)	[ʒoˈdʲiːnas]
manual (m) de autoaprendizagem	savìmokos vadovėlis (v)	[saˈvʲɪmokos vadoˈvʲeːlʲɪs]
guia (m) de conversação	pasikalbėjimų knygẽlė (m)	[pasʲɪkalʲˈbʲɛjɪmu: knʲiːˈgʲælʲeː]

cassete (f)	kasètė (m)	[kaˈsʲɛtʲeː]
vídeo cassete (m)	vaizdãjuostė (m)	[vʌɪzˈdaːjuɑstʲeː]
CD (m)	kompãktinis dìskas (v)	[kɔmˈpaːktʲɪnʲɪs ˈdʲɪskas]
DVD (m)	DVD diskàs (v)	[dʲɪvʲɪˈdʲɪ dʲɪsˈkas]

alfabeto (m)	abėcėlė (m)	[abʲeːˈtsʲeːlʲeː]
soletrar (vt)	sakýti paraidžiuì	[saˈkʲiːtʲɪ parʌɪˈdʒʲuɪ]
pronúncia (f)	tarìmas (v)	[taˈrʲɪmas]

sotaque (m)	akcentas (v)	[akˈtsʲɛntas]
com sotaque	sù akcentu	[ˈsʊ aktsʲɛnˈtʊ]
sem sotaque	bè akcento	[ˈbʲɛ akˈtsʲɛntɔ]

| palavra (f) | žõdis (v) | [ˈʒɔːdʲɪs] |
| sentido (m) | prasmẽ (m) | [prasˈmʲeː] |

cursos (m pl)	kùrsai (v dgs)	[ˈkʊrsʌɪ]
inscrever-se (vr)	užsirašýti	[ʊʒsʲɪraˈʃʲɪːtʲɪ]
professor (m)	dėstytojas (v)	[ˈdʲeːstʲiːtoːjɛs]

tradução (processo)	vertìmas (v)	[vʲɛrˈtʲɪmas]
tradução (texto)	vertìmas (v)	[vʲɛrˈtʲɪmas]
tradutor (m)	vertėjas (v)	[vʲɛrˈtʲeːjas]
intérprete (m)	vertėjas (v)	[vʲɛrˈtʲeːjas]

| poliglota (m) | poliglòtas (v) | [polʲɪˈglotas] |
| memória (f) | atmintìs (m) | [atmʲɪnˈtʲɪs] |

122. Personagens de contos de fadas

Pai (m) Natal	Kalėdų Sẽnis (v)	[kaˈlʲeːdu: ˈsenʲɪs]
Cinderela (f)	Pelėnė (m)	[pʲɛˈlʲænʲeː]
sereia (f)	undìnė (m)	[ʊnˈdʲɪnʲeː]
Neptuno (m)	Neptũnas (v)	[nʲɛpˈtu:nas]

mago (m)	bùrtininkas (v)	[ˈbʊrtʲɪnʲɪŋkas]
fada (f)	bùrtininkė (m)	[ˈbʊrtʲɪnʲɪŋkʲeː]
mágico	stebuklìngas	[stʲɛbʊkˈlʲɪngas]
varinha (f) mágica	bùrtų lazdẽlė (m)	[ˈbʊrtu: lazˈdʲælʲeː]

| conto (m) de fadas | pãsaka (m) | [ˈpa:saka] |
| milagre (m) | stebùklas (v) | [stʲɛˈbʊklʲas] |

| anão (m) | gnòmas (v) | ['gnomas] |
| transformar-se em ... | pavírsti į̃ ... | [pa'vʲɪrstʲɪ iː ..] |

fantasma (m)	šmékla (m)	['ʃmʲeːklʲa]
espetro (m)	vaiduòklis (v)	[vʌɪ'dʊɑklʲɪs]
monstro (m)	pabáisa (m)	[pa'bʌɪsa]
dragão (m)	drakònas (v)	[dra'konas]
gigante (m)	mílžinas (v)	['mʲɪlʲʒʲɪnas]

123. Signos do Zodíaco

Carneiro	ãvinas (v)	['aːvʲɪnas]
Touro	Jáutis (v)	['jɑʊtʲɪs]
Gémeos	Dvyniaĩ (v dgs)	[dvʲiː'nʲɛɪ]
Caranguejo	Vėžỹs (v)	[vʲeː'ʒʲiːs]
Leão	Liũtas (v)	['lʲuːtas]
Virgem (f)	Mergēlė (m)	[mʲɛr'gʲælʲeː]

Balança	Svarstýklės (m dgs)	[svar'stʲiːklʲeːs]
Escorpião	Skorpiònas (v)	[skorpʲɪ'onas]
Sagitário	Šaulỹs (v)	[ʃɑʊ'lʲiːs]
Capricórnio	Ožiarãgis (v)	[oʒʲæ'ra:gʲɪs]
Aquário	Vandēnis (v)	[van'dʲænʲɪs]
Peixes	Žùvys (m dgs)	['ʒuvʲiːs]

caráter (m)	charãkteris (v)	[xa'ra:ktʲɛrʲɪs]
traços (m pl) do caráter	charãkterio brúožai (v dgs)	[xa'ra:ktʲɛrʲɔ 'brʊɑʒʌɪ]
comportamento (m)	elgesỹs (v)	[ɛlʲgʲɛ'sʲiːs]
predizer (vt)	bùrti	['bʊrtʲɪ]
adivinha (f)	burėja (m)	[bʊ'rʲeːja]
horóscopo (m)	horoskòpas (v)	[ɣoro'skopas]

Artes

124. Teatro

teatro (m)	teãtras (v)	[t'ɛ'a:tras]
ópera (f)	òpera (m)	['opʲɛra]
opereta (f)	operètė (m)	[opʲɛ'rʲɛtʲe:]
balé (m)	balètas (v)	[ba'lʲɛtas]
cartaz (m)	afiša (m)	[afʲɪ'ʃa]
companhia (f) teatral	trùpė (m)	['trʊpʲe:]
turné (digressão)	gastròlės (m dgs)	[gas'trolʲe:s]
estar em turné	gastroliùoti	[gastro'lʲʊɑtʲɪ]
ensaiar (vt)	repetùoti	[rʲɛpʲɛ'tʊɑtʲɪ]
ensaio (m)	repetìcija (m)	[rʲɛpʲɛ'tʲɪts'ɪjɛ]
repertório (m)	repertuãras (v)	[rʲɛpʲɛrtʊ'a:ras]
apresentação (f)	vaidìnimas (v)	[vʌɪ'dʲɪnʲɪmas]
espetáculo (m)	spektãklis (v)	[spʲɛk'ta:klʲɪs]
peça (f)	pjèsė (m)	['pjæsʲe:]
bilhete (m)	bìlietas (v)	['bʲɪlʲiɛtas]
bilheteira (f)	bìlietų kasà (m)	['bʲɪlʲiɛtu̞ ka'sa]
hall (m)	hòlas (v)	['ɣolʲas]
guarda-roupa (m)	rūbinė (m)	['ru:bʲɪnʲe:]
senha (f) numerada	numeriùkas (v)	[nʊmʲɛ'rʲʊkas]
binóculo (m)	žiūrõnas (v)	[ʒʲʊː'ro:nas]
lanterninha (m)	kontrolièrius (v)	[kɔntro'lʲiɛrʲʊs]
plateia (f)	pãrteris (v)	['partʲɛrʲɪs]
balcão (m)	balkònas (v)	[balʲ'konas]
primeiro balcão (m)	beletãžas (v)	[bʲɛlʲɛ'ta:ʒas]
camarote (m)	lòžė (m)	['lʲoʒʲe:]
fila (f)	eilė̃ (m)	[ɛɪ'lʲe:]
assento (m)	vietà (m)	[vʲiɛ'ta]
público (m)	pùblika (m)	['pʊblʲɪka]
espetador (m)	žiūrõvas (v)	[ʒʲʊː'ro:vas]
aplaudir (vt)	plõti	['plʲo:tʲɪ]
aplausos (m pl)	plojìmai (v dgs)	[plʲo'jɪmʌɪ]
ovação (f)	ovãcijos (m dgs)	[o'va:tsʲɪjɔs]
palco (m)	scenà (m)	[stsʲɛ'na]
pano (m) de boca	ùždanga (m)	['ʊʒdanga]
cenário (m)	dekorãcija (m)	[dʲɛko'ra:tsʲɪjɛ]
bastidores (m pl)	kulìsai (v dgs)	[ku'lʲɪsʌɪ]
cena (f)	scenà (m)	[stsʲɛ'na]
ato (m)	ãktas (v), veìksmas (v)	['a:ktas], ['vʲɛɪksmas]
entreato (m)	antrãktas (v)	[an'tra:ktas]

125. Cinema

ator (m)	āktorius (v)	['a:ktorʲʊs]
atriz (f)	āktorė (m)	['a:ktorʲe:]
cinema (m)	kìnas (v)	['kʲɪnas]
episódio (m)	sèrija (m)	['sʲɛrʲɪjɛ]
filme (m) policial	detektỹvas (v)	[dʲɛtʲɛk'tʲiːvas]
filme (m) de ação	veĩksmo fìlmas (v)	['vʲɛɪksmɔ 'fʲɪlʲmas]
filme (m) de aventuras	núotykių fìlmas (v)	['nʊatʲiːkʲu: 'fʲɪlʲmas]
filme (m) de ficção científica	fantãstinis fìlmas (v)	[fan'taːstʲɪnʲɪs 'fʲɪlʲmas]
filme (m) de terror	siaũbo fìlmas (v)	['sʲɛʊbɔ 'fʲɪlʲmas]
comédia (f)	kìno komèdija (m)	['kʲɪnɔ ko'mʲɛdʲɪjɛ]
melodrama (m)	melodramà (m)	[mʲɛlʲodra'ma]
drama (m)	dramà (m)	[dra'ma]
filme (m) ficcional	mēninis fìlmas (v)	['mʲænʲɪnʲɪs 'fʲɪlʲmas]
documentário (m)	dokumeñtinis fìlmas (v)	[dokʊ'mʲɛntʲɪnʲɪs 'fʲɪlʲmas]
desenho (m) animado	animãcinis fìlmas (v)	[anʲɪ'maːtsʲɪnʲɪs 'fʲɪlʲmas]
cinema (m) mudo	nebylùsis fìlmas (v)	[nʲɛbʲiː'lʊsʲɪs 'fʲɪlʲmas]
papel (m)	vaidmuõ (v)	[vʌɪd'mʊɑ]
papel (m) principal	pagrindìnis vaidmuõ (v)	[pagrʲɪn'dʲɪnʲɪs vʌɪd'mʊɑ]
representar (vt)	vaidìnti	[vʌɪ'dʲɪntʲɪ]
estrela (f) de cinema	kìno žvaigždė̃ (m)	['kʲɪnɔ ʒvʌɪgʒ'dʲeː]
conhecido	žìnomas	['ʒʲɪnomas]
famoso	garsùs	[gar'sʊs]
popular	populiarùs	[popʊlʲæ'rʊs]
argumento (m)	scenãrijus (v)	[stsʲɛ'naːrʲɪjʊs]
argumentista (m)	scenarìstas (v)	[stsʲɛna'rʲɪstas]
realizador (m)	režisiẽrius (v)	[rʲɛʒʲɪ'sʲɛrʲʊs]
produtor (m)	prodiùseris (v)	[pro'dʲʊsʲɛrʲɪs]
assistente (m)	asisteñtas (v)	[asʲɪs'tʲɛntas]
diretor (m) de fotografia	operãtorius (v)	[opʲɛ'raːtorʲʊs]
duplo (m)	kaskãdininkas (v)	[kas'kaːdʲɪnʲɪŋkas]
filmar (vt)	filmúoti	[fʲɪlʲ'mʊatʲɪ]
audição (f)	bañdymai (v dgs)	['bandʲiːmʌɪ]
filmagem (f)	filmãvimas (v)	[fʲɪlʲ'maːvʲɪmas]
equipe (f) de filmagem	filmãvimo grùpė (m)	[fʲɪlʲ'maːvʲɪmɔ 'grʊpʲe:]
set (m) de filmagem	filmãvimo aikštẽlė (m)	[fʲɪlʲ'maːvʲɪmɔ ʌɪkʃ'tʲælʲe:]
câmara (f)	filmãvimo kãmera (m)	[fʲɪlʲ'maːvʲɪmɔ 'ka:mʲɛra]
cinema (m)	kìno teãtras (v)	['kʲɪnɔ tʲɛ'a:tras]
ecrã (m), tela (f)	ekrãnas (v)	[ɛk'ra:nas]
exibir um filme	ródyti fìlmą	['rodʲiːtʲɪ fʲɪlʲma:]
pista (f) sonora	garso takẽlis (v)	['garsɔ ta'kʲælʲɪs]
efeitos (m pl) especiais	specialíeji efèktai (v dgs)	[spʲɛtsʲɪ'lʲiɛjɪ ɛ'fʲɛktʌɪ]
legendas (f pl)	subtìtrai (v dgs)	[sʊp'tʲɪtrʌɪ]
crédito (m)	tìtrai (v)	['tʲɪtrʌɪ]
tradução (f)	vertìmas (v)	[vʲɛr'tʲɪmas]

126. Pintura

arte (f)	mėnas (v)	['mʲænas]
belas-artes (f pl)	dailíeji menaĩ (v dgs)	[dʌɪ'lʲiɛjɪ mʲɛ'nʌɪ]
galeria (f) de arte	galèrija (m)	[ga'lʲɛrʲɪjɛ]
exposição (f) de arte	paveĩkslų parodà (m)	[pa'vʲɛɪkslʲu: paro'da]

pintura (f)	tapýba (m)	[ta'pʲi:ba]
arte (f) gráfica	grãfika (m)	['gra:fɪka]
arte (f) abstrata	abstrakcionĩzmas (v)	[abstraktsʲɪjo'nʲɪzmas]
impressionismo (m)	impresionĩzmas (v)	[ɪmprʲɛsʲɪjo'nʲɪzmas]

pintura (f), quadro (m)	paveĩkslas (v)	[pa'vʲɛɪkslʲas]
desenho (m)	piešinỹs (v)	[pʲiɛʃɪ'nʲi:s]
cartaz, póster (m)	plakãtas (v)	[plʲa'ka:tas]

ilustração (f)	iliustrãcija (m)	[ɪlʲʊs'tra:tsʲɪjɛ]
miniatura (f)	miniatiūrà (m)	[mʲɪnʲɪja'tʲu:'ra]
cópia (f)	kòpija (m)	['kopʲɪjɛ]
reprodução (f)	reprodùkcija (m)	[rʲɛpro'dʊktsʲɪjɛ]

mosaico (m)	mozãika (m)	[mo'za:ika]
vitral (m)	vitrãžas (v)	[vʲɪt'ra:ʒas]
fresco (m)	freskà (m)	[frʲɛs'ka]
gravura (f)	graviūrà (m)	[gravʲu:'ra]

busto (m)	biùstas (v)	['bʲʊstas]
escultura (f)	skulptūrà (m)	[skʊlʲptu:'ra]
estátua (f)	statulà (m)	[statʊ'lʲa]
gesso (m)	gìpsas (v)	['gʲɪpsas]
em gesso	iš gìpso	[ɪʃ 'gʲɪpsɔ]

retrato (m)	portrètas (v)	[por'trʲɛtas]
autorretrato (m)	autoportrètas (v)	[ɑʊtopor'trʲɛtas]
paisagem (f)	vietóvaizdis (v)	[vʲiɛ'tovʌɪzdʲɪs]
natureza (f) morta	natiurmòrtas (v)	[natʲʊr'mortas]
caricatura (f)	karikatūrà (m)	[karʲɪkatu:'ra]

tinta (f)	dažaĩ (v dgs)	[da'ʒʌɪ]
aguarela (f)	akvarèlė (m)	[akva'rʲɛlʲe:]
óleo (m)	aliẽjus (v)	[a'lʲiɛjʊs]
lápis (m)	pieštùkas (v)	[pʲiɛʃ'tʊkas]
tinta da China (f)	tùšas (v)	['tʊʃas]
carvão (m)	añglys (m dgs)	[aɲ'glʲi:s]

desenhar (vt)	piẽšti	['pʲɛʃtʲɪ]
pintar (vt)	piẽšti	['pʲɛʃtʲɪ]
posar (vi)	pozúoti	[po'zʊatʲɪ]
modelo (m)	pozúotojas (v)	[po'zʊato:jɛs]
modelo (f)	pozúotoja (m)	[po'zʊato:jɛ]

pintor (m)	daĩlininkas (v)	['dʌɪlʲɪnʲɪŋkas]
obra (f)	kūrinỹs (v)	[ku:rʲɪ'nʲi:s]
obra-prima (f)	šedèvras (v)	[ʃɛ'dʲɛvras]
estúdio (m)	dirbtùvė (m)	[dʲɪrp'tʊvʲe:]

tela (f)	dróbė (m)	['drobˈe:]
cavalete (m)	molbèrtas (v)	[molˈbˈɛrtas]
paleta (f)	palètė (m)	[paˈlˈɛtˈe:]

moldura (f)	rémai (v)	['rˈe:mʌɪ]
restauração (f)	restaurãvimas (v)	[rˈɛstɑʊ'ra:vˈɪmas]
restaurar (vt)	restaurúoti	[rˈɛstɑʊ'rʊɑtˈɪ]

127. Literatura & Poesia

literatura (f)	literatūrà (m)	[lˈɪtˈɛratu:'ra]
autor (m)	áutorius (v)	['ɑʊtorˈʊs]
pseudónimo (m)	slapývardis (v)	[slˈaˈpˈi:vardˈɪs]

livro (m)	knygà (m)	[knˈi:'ga]
volume (m)	tòmas (v)	['tomas]
índice (m)	turinỹs (v)	[tʊrˈɪˈnˈi:s]
página (f)	pùslapis (v)	['pʊslˈapˈɪs]
protagonista (m)	pagrindìnis veikéjas (v)	[pagrˈɪn'dˈɪnˈɪs vˈɛɪ'kˈe:jas]
autógrafo (m)	autogrãfas (v)	[ɑʊto'gra:fas]

conto (m)	apsãkymas (v)	[ap'sa:kˈi:mas]
novela (f)	apýsaka (m)	[a'pˈi:saka]
romance (m)	romãnas (v)	[ro'ma:nas]
obra (f)	rãštai (v)	['ra:ʃtʌɪ]
fábula (m)	pasakéčia (m)	[pasa'kˈe:tʂˈæ]
romance (m) policial	detektỹvas (v)	[dˈɛtˈɛk'tˈi:vas]

poesia (obra)	eiléraštis (v)	[ɛɪ'lˈe:raʃtˈɪs]
poesia (arte)	poèzija (m)	[po'ɛzˈɪjɛ]
poema (m)	poemà (m)	[poˈɛ'ma]

ficção (f)	beletrìstika (m)	[bˈɛlˈɛ'trˈɪstˈɪka]
ficção (f) científica	mókslinė fantãstika (m)	['mokslˈɪnˈe: fan'ta:stˈɪka]
aventuras (f pl)	núotykiai (v)	['nʊɑtˈi:kˈɛɪ]
literatura (f) didática	mókslinė literatūrà (m)	['mokslˈɪnˈe: lˈɪteratu:'ra]
literatura (f) infantil	vaikų literatūrà (m)	[vʌɪ'ku: lˈɪtˈɛratu:'ra]

128. Circo

circo (m)	cìrkas (v)	['tsˈɪrkas]
circo (m) ambulante	kilnójamasis cìrkas (v)	[kˈɪlˈi'nojamasˈɪs 'tsˈɪrkas]
programa (m)	programà (m)	[progra'ma]
apresentação (f)	vaidìnimas (v)	[vʌɪ'dˈɪnˈɪmas]

| número (m) | nùmeris (v) | ['nʊmˈɛrˈɪs] |
| arena (f) | arenà (m) | [arˈɛ'na] |

pantomima (f)	pantomimà (m)	[pantomˈɪ'ma]
palhaço (m)	klòunas (v)	['klˈoʊnas]
acrobata (m)	akrobãtas (v)	[akro'ba:tas]
acrobacia (f)	akrobãtika (m)	[akro'ba:tˈɪka]

117

ginasta (m)	gimnãstas (v)	[gʲɪm'naːstas]
ginástica (f)	gimnãstika (m)	[gʲɪm'naːstʲɪka]
salto (m) mortal	sálto (v)	['salʲtɔ]

homem forte (m)	atlètas (v)	[at'lʲɛtas]
domador (m)	trámdytojas (v)	['tramdʲiːtoːjɛs]
cavaleiro (m) equilibrista	jojìkas (v)	[jɔ'jɪkas]
assistente (m)	asisteñtas (v)	[asʲɪs'tʲɛntas]

truque (m)	triùkas (v)	['trʲʊkas]
truque (m) de mágica	fòkusas (v)	['fokʊsas]
mágico (m)	fòkusininkas (v)	['fokʊsʲɪnʲɪŋkas]

malabarista (m)	žonglièrius (v)	[ʒon'glʲɛrʲʊs]
fazer malabarismos	žonglirúoti	[ʒonglʲɪ'rʊatʲɪ]
domador (m)	dresúotojas (v)	[drʲɛ'sʊatoːjɛs]
adestramento (m)	dresãvimas (v)	[drʲɛ'saːvʲɪmas]
adestrar (vt)	dresúoti	[drʲɛ'sʊatʲɪ]

129. Música. Música popular

música (f)	mùzika (m)	['mʊzʲɪka]
músico (m)	muzikántas (v)	[mʊzʲɪ'kantas]
instrumento (m) musical	mùzikos instrumeñtas (v)	['mʊzʲɪkos instrʊ'mʲɛntas]
tocar ...	gróti ...	['grotʲɪ ...]

guitarra (f)	gitarà (m)	[gʲɪta'ra]
violino (m)	smuĩkas (v)	['smʊɪkas]
violoncelo (m)	violoncèlė (m)	[vʲɪjɔlon'tsʲɛlʲeː]
contrabaixo (m)	kontrabõsas (v)	[kɔntra'boːsas]
harpa (f)	árfa (m)	['arfa]

piano (m)	pianìnas (v)	[pʲɪja'nʲɪnas]
piano (m) de cauda	fortepijõnas (v)	[fortʲɛpʲɪ'joːnas]
órgão (m)	vargõnai (v)	[var'goːnʌɪ]

instrumentos (m pl) de sopro	pučiamíeji (v dgs)	[pʊtʂʲæ'mʲiɛjɪ]
oboé (m)	obòjus (v)	[o'bojʊs]
saxofone (m)	saksofònas (v)	[sakso'fonas]
clarinete (m)	klarnètas (v)	[klʲar'nʲɛtas]
flauta (f)	fleità (m)	[flʲɛɪ'ta]
trompete (m)	dūdà (m)	[duː'da]

acordeão (m)	akordeònas (v)	[akordʲɛ'onas]
tambor (m)	bũgnas (v)	['bu:gnas]

duo, dueto (m)	duètas (v)	[dʊ'tʲɛtas]
trio (m)	trìo (v)	['trʲɪɔ]
quarteto (m)	kvartètas (v)	[kvar'tʲɛtas]
coro (m)	chòras (v)	['xoras]
orquestra (f)	orkèstras (v)	[or'kʲɛstras]

música (f) pop	popmùzika (m)	[pop'mʊzʲɪka]
música (f) rock	ròko mùzika (m)	['rokɔ 'mʊzʲɪka]

grupo (m) de rock	roko grupė (m)	['rokɔ 'grʊpʲeː]
jazz (m)	džiāzas (v)	['dʒʲæzas]
ídolo (m)	stābas (v)	['staːbas]
fã, admirador (m)	gerbėjas (v)	[gʲɛr'bʲeːjas]
concerto (m)	koncertas (v)	[kɔn'tsʲɛrtas]
sinfonia (f)	simfonija (m)	[sʲɪm'fonʲɪjɛ]
composição (f)	kūrinys (v)	[kuːrʲɪ'nʲiːs]
compor (vt)	sukurti	[sʊ'kʊrtʲɪ]
canto (m)	daināvimas (v)	[dʌɪ'naːvʲɪmas]
canção (f)	dainā (m)	[dʌɪ'na]
melodia (f)	melodija (m)	[mʲɛ'lʲodʲɪjɛ]
ritmo (m)	ritmas (v)	['rʲɪtmas]
blues (m)	bliuzas (v)	['blʲʊzas]
notas (f pl)	nātos (m dgs)	['naːtos]
batuta (f)	dirigento batutā (m)	[dʲɪrʲɪ'gʲɛntɔ batʊ'ta]
arco (m)	strykas (v)	['strʲiːkas]
corda (f)	stygā (m)	[stʲiː'ga]
estojo (m)	dėklas (v)	['dʲeːklʲas]

Descanso. Entretenimento. Viagens

130. Viagens

turismo (m)	turizmas (v)	[tʊ'rʲɪzmas]
turista (m)	turistas (v)	[tʊ'rʲɪstas]
viagem (f)	kelionė (m)	[kʲɛ'lʲoːnʲeː]
aventura (f)	nuotykis (v)	['nʊatʲiːkʲɪs]
viagem (f)	išvyka (m)	['ɪʃvʲiːka]
férias (f pl)	atostogos (m dgs)	[a'tostogos]
estar de férias	atostogauti	[atosto'gaʊtʲɪ]
descanso (m)	poilsis (v)	['poɪlʲsʲɪs]
comboio (m)	traukinys (v)	[traʊkʲɪ'nʲiːs]
de comboio (chegar ~)	traukiniu	['traʊkʲɪnʲʊ]
avião (m)	lėktuvas (v)	[lʲeːk'tʊvas]
de avião	lėktuvu	[lʲeːktʊ'vʊ]
de carro	automobiliu	[aʊtomobʲɪ'lʲʊ]
de navio	laivu	[lʲʌɪ'vʊ]
bagagem (f)	bagažas (v)	[ba'gaːʒas]
mala (f)	lagaminas (v)	[lʲaga'mʲɪnas]
carrinho (m)	bagažo vežimėlis (v)	[ba'gaːʒɔ vɛʒʲɪ'mʲeː'lʲɪs]
passaporte (m)	pasas (v)	['paːsas]
visto (m)	viza (m)	[vʲɪ'za]
bilhete (m)	bilietas (v)	['bʲɪlʲiɛtas]
bilhete (m) de avião	lėktuvo bilietas (v)	[lʲeːk'tʊvɔ 'bʲɪlʲiɛtas]
guia (m) de viagem	vadovas (v)	[va'doːvas]
mapa (m)	žemėlapis (v)	[ʒe'mʲeːlʲapʲɪs]
local (m), area (f)	vietovė (m)	[vʲiɛ'tovʲeː]
lugar, sítio (m)	vieta (m)	[vʲiɛ'ta]
exotismo (m)	egzotika (m)	[ɛg'zotʲɪka]
exótico	egzotinis	[ɛg'zotʲɪnʲɪs]
surpreendente	nuostabus	[nʊasta'bʊs]
grupo (m)	grupė (m)	['grʊpʲeː]
excursão (f)	ekskursija (m)	[ɛks'kʊrsʲɪjɛ]
guia (m)	ekskursijos vadovas (v)	[ɛks'kʊrsʲɪjɔs va'doːvas]

131. Hotel

hotel (m)	viešbutis (v)	['vʲiɛʃbʊtʲɪs]
motel (m)	motelis (v)	[mo'tʲɛlʲɪs]
três estrelas	3 žvaigždutės	['trʲɪs ʒvʌɪgʒ'dʊtʲeːs]

| cinco estrelas | 5 žvaigždutės | ['penᵏᵒs ʒvʌɪgʒ'duᵗᵉːs] |
| ficar (~ num hotel) | apsistoti | [apsⁱɪs'totⁱɪ] |

quarto (m)	kambarỹs (v)	[kamba'rⁱiːs]
quarto (m) individual	vienvietis kambarỹs (v)	['vⁱiɛn'vⁱɛtⁱɪs kamba'rⁱiːs]
quarto (m) duplo	dvivietis kambarỹs (v)	[dvⁱɪ'vⁱɛtⁱɪs kamba'rⁱiːs]
reservar um quarto	rezervuoti kambarį	[rⁱɛzⁱɛr'vuɑtⁱɪ 'kambarⁱɪ]

| meia pensão (f) | pusiau pensionas (v) | [pusⁱæʊ pⁱɛnsⁱɪ'jɔnas] |
| pensão (f) completa | pensionas (v) | [pⁱɛnsⁱɪ'jɔnas] |

com banheira	su vonia	['sʊ vo'nⁱæ]
com duche	su dušu	['sʊ dʊ'ʃʊ]
televisão (m) satélite	palydovinė televizija (m)	[palⁱiː'doːvⁱɪnⁱeː tⁱɛlⁱɛ'vⁱɪzⁱɪjɛ]
ar (m) condicionado	kondicionierius (v)	[kɔndⁱɪtsⁱɪjo'nⁱɛrⁱʊs]
toalha (f)	rankšluostis (v)	['raŋkʃlⁱʊɑstⁱɪs]
chave (f)	raktas (v)	['raːktas]

administrador (m)	administratorius (v)	[admⁱɪnⁱɪs'traːtorⁱʊs]
camareira (f)	kambarinė (m)	[kamba'rⁱɪnⁱeː]
bagageiro (m)	nešikas (v)	[nⁱɛ'ʃɪkas]
porteiro (m)	registratorius (v)	[rⁱɛgⁱɪs'traːtorⁱʊs]

restaurante (m)	restoranas (v)	[rⁱɛsto'raːnas]
bar (m)	baras (v)	['baːras]
pequeno-almoço (m)	pusryčiai (v dgs)	['pʊsrⁱiːtʂⁱɛɪ]
jantar (m)	vakarienė (m)	[vaka'rⁱɛnⁱeː]
buffet (m)	švediškas stalas (v)	['ʃvⁱɛdⁱɪʃkas 'staːlⁱas]

| hall (m) de entrada | vestibiulis (v) | [vⁱɛstⁱɪ'bⁱʊlⁱɪs] |
| elevador (m) | liftas (v) | ['lⁱɪftas] |

| NÃO PERTURBE | NETRUKDÝTI | [nⁱɛtrʊk'dⁱiːtⁱɪ] |
| PROIBIDO FUMAR! | NERŪKÝTI! | [nⁱɛruː'kⁱiːtⁱɪ] |

132. Livros. Leitura

livro (m)	knyga (m)	[knⁱiː'ga]
autor (m)	autorius (v)	['ɑʊtorⁱʊs]
escritor (m)	rašýtojas (v)	[ra'ʃɪːtoːjɛs]
escrever (vt)	parašýti	[para'ʃɪːtⁱɪ]

leitor (m)	skaitýtojas (v)	[skʌɪ'tⁱiːtoːjɛs]
ler (vt)	skaitýti	[skʌɪ'tⁱiːtⁱɪ]
leitura (f)	skaitymas (v)	['skʌɪtⁱiːmas]

| para si | týliai | ['tⁱiːlⁱɛɪ] |
| em voz alta | garsiai | ['garsⁱɛɪ] |

publicar (vt)	léisti	['lⁱɛɪstⁱɪ]
publicação (f)	leidýba (m)	[lⁱɛɪ'dⁱɪba]
editor (m)	leidéjas (v)	[lⁱɛɪ'dⁱeːjas]
editora (f)	leidykla (m)	[lⁱɛɪdⁱiːk'la]
sair (vi)	išeiti	[ɪ'ʃɛɪtⁱɪ]

| lançamento (m) | išėjimas (v) | [ɪʃˡeːˈjɪmas] |
| tiragem (f) | tiražas (v) | [tˡɪˈraːʒas] |

| livraria (f) | knygynas (v) | [knʲiːˈgʲiːnas] |
| biblioteca (f) | biblioteka (m) | [bʲɪblʲɪjɔtˡɛˈka] |

novela (f)	apysaka (m)	[aˈpʲiːsaka]
conto (m)	apsākymas (v)	[apˈsaːkʲiːmas]
romance (m)	romānas (v)	[roˈmaːnas]
romance (m) policial	detektyvas (v)	[dˡɛtˡɛkˈtˡiːvas]

memórias (f pl)	memuārai (v dgs)	[mʲɛmʊˈaːrʌɪ]
lenda (f)	legenda (m)	[lʲɛgʲɛnˈda]
mito (m)	mitas (v)	[ˈmʲɪtas]

poesia (f)	eilėraščiai (v dgs)	[ɛɪˈlʲeːraʃtʂʲɛɪ]
autobiografia (f)	autobiogrāfija (m)	[aʊtobʲɪjɔˈgraːfʲɪjɛ]
obras (f pl) escolhidas	rinktiniai rāštai (v dgs)	[rʲɪŋkˈtʲɪnʲɛɪ raːʃtʌɪ]
ficção (f) científica	fantāstika (m)	[fanˈtaːstʲɪka]

título (m)	pavadinimas (v)	[pavaˈdʲɪnʲɪmas]
introdução (f)	įvadas (v)	[ˈiːvadas]
folha (f) de rosto	titulinis lāpas (v)	[tˡɪtʊˈlʲɪnʲɪs ˈlaːpas]

capítulo (m)	skyrius (v)	[ˈskʲiːrʲʊs]
excerto (m)	ištrauka (m)	[ˈɪʃtraʊka]
episódio (m)	epizodas (v)	[ɛpʲɪˈzodas]

tema (m)	siužetas (v)	[sʲʊˈʒʲɛtas]
conteúdo (m)	turinys (v)	[tʊrʲɪˈnʲiːs]
índice (m)	turinys (v)	[tʊrʲɪˈnʲiːs]
protagonista (m)	pagrindinis veikėjas (v)	[pagrʲɪnˈdʲɪnʲɪs vʲɛɪˈkʲeːjas]

tomo, volume (m)	tomas (v)	[ˈtomas]
capa (f)	viršelis (v)	[vʲɪrˈʃælʲɪs]
encadernação (f)	apdarai (v dgs)	[apdaˈrʌɪ]
marcador (m) de livro	žymēlė (m)	[ʒʲiːˈmʲælʲeː]

página (f)	puslapis (v)	[ˈpʊslʲapʲɪs]
folhear (vt)	vartyti	[varˈtʲiːtʲɪ]
margem (f)	pāraštės (m dgs)	[ˈpaːraʃtʲeːs]
anotação (f)	žymē (m)	[ʒʲiːˈmʲeː]
nota (f) de rodapé	pastaba (m)	[pastaˈba]

texto (m)	tēkstas (v)	[ˈtʲɛkstas]
fonte (f)	šriftas (v)	[ˈʃrʲɪftas]
gralha (f)	spaudōs klaida (m)	[spaʊˈdoːs klʲʌɪˈda]

tradução (f)	vertimas (v)	[vʲɛrˈtʲɪmas]
traduzir (vt)	versti	[ˈvʲɛrstʲɪ]
original (m)	originālas (v)	[orʲɪgʲɪˈrnaːlʲas]

famoso	žinomas	[ˈʒʲɪnomas]
desconhecido	nežinomas	[nʲɛˈʒʲɪnomas]
interessante	įdomus	[iːdoˈmʊs]
best-seller (m)	perkamiāusia knyga (m)	[pʲɛrkaˈmʲæʊsʲɛ knʲiːˈga]

dicionário (m)	žodýnas (v)	[ʒo'dʲiːnas]
manual (m) escolar	vadovělis (v)	[vado'vʲeːlʲɪs]
enciclopédia (f)	enciklopėdija (m)	[ɛntsʲɪklʲo'pʲɛdʲɪjɛ]

133. Caça. Pesca

caça (f)	medžiõklė (m)	[mʲɛ'dʒʲoːklʲeː]
caçar (vi)	medžióti	[mʲɛ'dʒʲotʲɪ]
caçador (m)	medžiótojas (v)	[mʲɛ'dʒʲotoːjɛs]

atirar (vi)	šáudyti	['ʃɑʊdʲiːtʲɪ]
caçadeira (f)	šáutuvas (v)	['ʃɑʊtʊvas]
cartucho (m)	šovinỹs (v)	[ʃovʲɪ'nʲiːs]
chumbo (m) de caça	šrataĩ (v dgs)	[ʃra'tʌɪ]

armadilha (f)	spąstai (v dgs)	['spaːstʌɪ]
armadilha (com corda)	slãstai (v dgs)	['slʲaːstʌɪ]
cair na armadilha	pakliúti į spąstus	[pak'lʲuːtʲɪ ɪ 'spaːstʊs]
pôr a armadilha	spésti spąstus	['spʲeːstʲɪ 'spaːstʊs]

caçador (m) furtivo	brakoniẽrius (v)	[brako'nʲɛrʲʊs]
caça (f)	žvėríena (m)	[ʒvʲeː'rʲiɛna]
cão (m) de caça	medžiõklinis šuõ (v)	[mʲɛ'dʒʲoːklʲɪnʲɪs 'ʃʊɑ]
safári (m)	safáris (v)	[sa'farʲɪs]
animal (m) empalhado	baidýklė (m)	[bʌɪ'dʲiːklʲeː]

pescador (m)	žvejỹs (v)	[ʒvʲɛ'jɪːs]
pesca (f)	žvejójimas (v)	[ʒvʲɛ'joːjɪmas]
pescar (vt)	žvejóti, žuváuti	[ʒvʲɛ'jotʲɪ], [ʒʊ'vɑʊtʲɪ]

cana (f) de pesca	meškerẽ (m)	[mʲɛʃke'rʲeː]
linha (f) de pesca	vãlas (v)	['vaːlʲas]
anzol (m)	kabliùkas (v)	[kab'lʲʊkas]
boia (f)	plūdė (m)	['plʲuːdʲeː]
isca (f)	jaũkas (v)	['jɛʊkas]

lançar a linha	užmèsti mẽškerę	[ʊʒ'mʲɛstʲɪ 'mʲæʃkʲɛrʲɛ]
morder (vt)	kìbti	['kʲɪptʲɪ]

pesca (f)	žvejõklės laimìkis (v)	[ʒvʲɛ'joːklʲeːs lʌɪ'mʲɪkʲɪs]
buraco (m) no gelo	eketẽ (m)	[eke'tʲeː]

rede (f)	tiñklas (v)	['tʲɪŋklʲas]
barco (m)	váltis (m)	['valʲtʲɪs]
pescar com rede	žvejóti tinklaĩs	[ʒvʲɛ'jotʲɪ tʲɪŋk'lʲʌɪs]
lançar a rede	užmèsti tinklùs	[ʊʒ'mʲɛstʲɪ tʲɪŋk'lʲʊs]

puxar a rede	ištráukti tinklùs	[ɪʃ'trɑʊktʲɪ tʲɪŋk'lʲʊs]
cair nas malhas	pakliúti į tinklùs	[pak'lʲuːtʲɪ iː tʲɪŋk'lʲʊs]

baleeiro (m)	bangìnių medžiótojas (v)	[ban'gʲɪnʲuː mʲɛ'dʒʲotoːjɛs]
baleeira (f)	bangìnių modžiótojų laĩvas (v)	[ban'gʲɪnʲuː mʲɛ'dʒʲotoːjuː 'lʲʌɪvas]
arpão (m)	žebérklas (v)	[ʒʲɛ'bʲɛrklʲas]

134. Jogos. Bilhar

bilhar (m)	biliárdas (v)	[bʲɪlʲɪ'jardas]
sala (f) de bilhar	biliárdinė (m)	[bʲɪlʲɪ'jardʲɪnʲe:]
bola (f) de bilhar	biliárdo kamuolỹs (v)	[bʲɪlʲɪ'jardɔ kamʊɑ'lʲi:s]
embolsar uma bola	įmùšti kãmuolį	[i:'mʊʃtʲɪ 'ka:mʊɑlʲɪ:]
taco (m)	biliárdo lazdà (m)	[bʲɪlʲɪ'jardɔ laz'da]
caçapa (f)	kišėnė (m)	[kʲɪ'ʃænʲe:]

135. Jogos. Jogar cartas

ouros (m pl)	bũgnai (v dgs)	['bu:gnʌɪ]
espadas (f pl)	vỹnai (v dgs)	['vʲi:nʌɪ]
copas (f pl)	šìrdys (m dgs)	['ʃɪrdʲi:s]
paus (m pl)	krỹžiai (v dgs)	['krʲi:ʒʲɛɪ]
ás (m)	tũzas (v)	['tu:zas]
rei (m)	karãlius (v)	[ka'ra:lʲʊs]
dama (f)	damà (m)	[da'ma]
valete (m)	valėtas (v)	[va'lʲɛtas]
carta (f) de jogar	kortà (m)	[kɔr'ta]
cartas (f pl)	kòrtos (m dgs)	['kɔrtos]
trunfo (m)	kõziris (v)	['kɔ:zʲɪrʲɪs]
baralho (m)	málka (m)	['malʲka]
ponto (m)	akìs (m)	[a'kʲɪs]
dar, distribuir (vt)	dalìnti	[da'lʲɪntʲɪ]
embaralhar (vt)	maišýti	[mʌɪ'ʃi:tʲɪ]
vez, jogada (f)	ėjìmas (v)	[ɛ:'jɪmas]
batoteiro (m)	sukčiáutojas (v)	[sʊk'tʃʲæʊto:jɛs]

136. Descanso. Jogos. Diversos

passear (vi)	váikščioti	['vʌɪkʃtʂʲotʲɪ]
passeio (m)	pasiváikščiojimas (v)	[pasʲɪ'vʌɪkʃtʂʲojɪmas]
viagem (f) de carro	pasivažinėjimas (v)	[pasʲɪvaʒʲɪ'nʲɛjɪmas]
aventura (f)	núotykis (v)	['nʊɑtʲi:kʲɪs]
piquenique (m)	ìškyla (m)	['ɪʃkʲi:lʲa]
jogo (m)	žaidìmas (v)	[ʒʌɪ'dʲɪmas]
jogador (m)	žaidėjas (v)	[ʒʌɪ'dʲe:jas]
partida (f)	pártija (m)	['partʲɪjɛ]
colecionador (m)	kolekcioniẽrius (v)	[kɔlʲɛktsʲɪjo'nʲɛrʲʊs]
colecionar (vt)	kolekcionúoti	[kɔlʲɛktsʲɪjo'nʊɑtʲɪ]
coleção (f)	kolèkcija (m)	[ko'lʲɛktsʲɪjɛ]
palavras (f pl) cruzadas	kryžiãžodis (v)	[krʲi:'ʒʲæʒodʲɪs]
hipódromo (m)	hipodròmas (v)	[ɣʲɪpo'dromas]

discoteca (f)	diskoteka (m)	[dʲɪskotʲɛ'ka]
sauna (f)	sáuna (m)	['sɑʊna]
lotaria (f)	lotèrija (m)	[lʲo'tʲɛrʲɪjɛ]
campismo (m)	žỹgis (v)	['ʒʲiːgʲɪs]
acampamento (m)	stovyklà (m)	[stovʲiːk'lʲa]
tenda (f)	palapìnė (m)	[palʲa'pʲɪnʲeː]
bússola (f)	kòmpasas (v)	['kompasas]
campista (m)	turìstas (v)	[tʊ'rʲɪstas]
ver (vt), assistir à ...	žiūrėti	[ʒʲuː'rʲeːtʲɪ]
telespectador (m)	televìzijos žiūrõvas (v)	[tʲɛlʲɛ'vʲɪzʲɪjos 'ʒʲuːroːvas]
programa (m) de TV	televìzijos laidà (m)	[tʲɛlʲɛ'vʲɪzʲɪjos lʌɪ'da]

137. Fotografia

máquina (f) fotográfica	fotoaparãtas (v)	[fotoapa'raːtas]
foto, fotografia (f)	fòto (v)	['fotɔ]
fotógrafo (m)	fotogrãfas (v)	[foto'graːfas]
estúdio (m) fotográfico	fotogrãfijos stùdija (m)	[foto'graːfɪjɔs 'stʊdʲɪjɛ]
álbum (m) de fotografias	fotoalbùmas (v)	[fotoalʲ'bʊmas]
objetiva (f)	objektỹvas (v)	[objɛktʲiːvas]
teleobjetíva (f)	teleobjektỹvas (v)	[tʲɛlʲɛobjɛk'tʲiːvas]
filtro (m)	fìltras (v)	['fʲɪlʲtras]
lente (f)	lęšis (v)	['lʲɛːʃɪs]
ótica (f)	òptika (m)	['optʲɪka]
abertura (f)	diafragmà (m)	[dʲɪjafrag'ma]
exposição (f)	išlaìkymas (v)	[ɪʃlʲʲʌɪkʲiːmas]
visor (m)	ieškìklis (v)	[ɪɛʃ'kʲɪklʲɪs]
câmara (f) digital	skaitmenìnė kãmera (m)	[skʌɪtmeʲnʲɪnʲeː 'kaːmera]
tripé (m)	stõvas (v)	['stoːvas]
flash (m)	blýkstė (m)	['blʲiːkstʲeː]
fotografar (vt)	fotografúoti	[fotogra'fʊatʲɪ]
tirar fotos	fotografúoti	[fotogra'fʊatʲɪ]
fotografar-se	fotografúotis	[fotogra'fʊatʲɪs]
foco (m)	ryškùmas (v)	[rʲiːʃ'kʊmas]
focar (vt)	nustatýti ryškùmą	[nʊsta'tʲiːtʲɪ rʲiːʃ'kʊmaː]
nítido	ryškùs	[rʲiːʃ'kʊs]
nitidez (f)	ryškùmas (v)	[rʲiːʃ'kʊmas]
contraste (m)	kontrãstas (v)	[kon'traːstas]
contrastante	kontrastìngas	[kontras'tʲɪngas]
retrato (m)	núotrauka (m)	['nʊatrɑʊka]
negativo (m)	negatỹvas (v)	[nʲɛga'tʲiːvas]
filme (m)	fotojúosta (m)	[foto·'jʊosta]
fotograma (m)	kãdras (v)	['kaːdras]
imprimir (vt)	spáusdinti	['spɑʊsdʲɪntʲɪ]

138. Praia. Natação

praia (f)	paplūdimỹs (v)	[pa'plʲuːdʲɪmʲiːs]
areia (f)	smėlis (v)	['smʲeːlʲɪs]
deserto	dykumìnis	[dʲiːkʊ'mʲɪnʲɪs]

bronzeado (m)	įdegis (v)	['iːdʲɛgʲɪs]
bronzear-se (vr)	įdegti	[iː'dʲɛktʲɪ]
bronzeado	įdegęs	[iː'dʲæɡʲɛːs]
protetor (m) solar	įdegio krèmas (v)	['iːdʲɛgʲɔ 'krʲɛmas]

biquíni (m)	bikìnis (v)	[bʲɪ'kʲɪnʲɪs]
fato (m) de banho	máudymosi kostiumėlis (v)	['mɑʊdʲiːmosʲɪ kostʲʊ'mʲeːlʲɪs]
calção (m) de banho	glaūdės (m dgs)	['glʲɑʊdʲeːs]

piscina (f)	baseĩnas (v)	[ba'sʲɛɪnas]
nadar (vi)	pláukioti	['plʲɑʊkʲotʲɪ]
duche (m)	dùšas (v)	['dʊʃas]
mudar de roupa	pérsirengti	['pʲɛrsʲɪrʲɛŋktʲɪ]
toalha (f)	rañkšluostis (v)	['raŋkʃlʲʊɑstʲɪs]

barco (m)	váltis (m)	['valʲtʲɪs]
lancha (f)	kāteris (v)	['kaːtʲɛrʲɪs]
esqui (m) aquático	vandeñs slìdės (m dgs)	[van'dʲɛns 'slʲɪdʲeːs]
barco (m) de pedais	vandeñs dvìratis (v)	[van'dʲɛns 'dvʲɪratʲɪs]
surf (m)	bañglenčių spòrtas (v)	['baŋglʲɛntʃʲuː 'sportas]
surfista (m)	bañglentiniŋkas (v)	['baŋglʲɛntʲɪnʲɪŋkas]

equipamento (m) de mergulho	akvalángas (v)	[akva'lʲangas]
barbatanas (f pl)	plaūkmenys (v dgs)	['plʲɑʊkmʲɛnʲiːs]
máscara (f)	kaūkė (m)	['kɑʊkʲeː]
mergulhador (m)	nãras (v)	['naːras]
mergulhar (vi)	nárdyti	['nardʲiːtʲɪ]
debaixo d'água	põ vándeniu	['po: 'vandʲɛnʲʊ]

guarda-sol (m)	skėtis (v)	['skʲeːtʲɪs]
espreguiçadeira (f)	šezlòngas (v)	[ʃɛz'lʲongas]
óculos (m pl) de sol	akiniaĩ (dgs)	[akʲɪ'nʲɛɪ]
colchão (m) de ar	plaukìmo čiužinỹs (v)	[plʲɑʊ'kʲɪmɔ tʃʲʊʒʲɪ'nʲiːs]

| brincar (vi) | žaĩsti | ['ʒʌɪstʲɪ] |
| ir nadar | máudytis | ['mɑʊdʲiːtʲɪs] |

bola (f) de praia	kamuolỹs (v)	[kamʊɑ'lʲiːs]
encher (vt)	pripūsti	[prʲɪ'puːstʲɪ]
inflável, de ar	prìpučiamas	['prʲɪpʊtʃʲæmas]

onda (f)	bangà (m)	[ban'ga]
boia (f)	plūduras (v)	['plʲuːdʊras]
afogar-se (pessoa)	skęsti	['skʲɛːstʲɪ]

salvar (vt)	gélbėti	['gʲælʲbʲeːtʲɪ]
colete (m) salva-vidas	gélbėjimosi liemẽnė (m)	['gʲælʲbʲeːjimosʲɪ lʲiɛ'mʲænʲeː]
observar (vt)	stebéti	[ste'bʲeːtʲɪ]
nadador-salvador (m)	gélbėtojas (v)	['gʲælʲbʲeːto:jɛs]

EQUIPAMENTO TÉCNICO. TRANSPORTES

Equipamento técnico. Transportes

139. Computador

computador (m)	kompiùteris (v)	[kɔm'pʲutʲɛrʲɪs]
portátil (m)	nešiojamasis kompiùteris (v)	[nʲɛ'ʃojamasʲɪs kom'pʲutʲɛrʲɪs]
ligar (vt)	jjùngti	[iː'juŋktʲɪ]
desligar (vt)	išjùngti	[ɪ'ʃjuŋktʲɪ]
teclado (m)	klaviatūrà (m)	[klʲavʲætuːˈra]
tecla (f)	klavìšas (v)	[klʲa'vʲɪʃas]
rato (m)	pelė̃ (m)	[pʲɛ'lʲeː]
tapete (m) de rato	kilimė̃lis (v)	[kʲɪlʲɪ'mʲeːlʲɪs]
botão (m)	mygtùkas (v)	[mʲiːk'tukas]
cursor (m)	žymėklis (v)	[ʒʲiːˈmʲæklʲɪs]
monitor (m)	monìtorius (v)	[mo'nʲɪtorʲus]
ecrã (m)	ekrãnas (v)	[ɛk'raːnas]
disco (m) rígido	kietàsis dìskas (v)	[kʲiɛ'tasʲɪs 'dʲɪskas]
capacidade (f) do disco rígido	kíetojo dìsko talpà (m)	['kʲiɛtojo 'dʲɪskɔ talʲ'pa]
memória (f)	atmintìs (m)	[atmʲɪn'tʲɪs]
memória RAM (f)	operatyvioji atmintìs (m)	[opʲɛratʲiː'vʲoːjɪ atmʲɪn'tʲɪs]
ficheiro (m)	fáilas (v)	['fʌɪlʲas]
pasta (f)	áplankas (v)	['aːplʲaŋkas]
abrir (vt)	atidarýti	[atʲɪda'rʲiːtʲɪ]
fechar (vt)	uždarýti	[uʒda'rʲiːtʲɪ]
guardar (vt)	išsáugoti	[ɪ'ʃsaugotʲɪ]
apagar, eliminar (vt)	ištrìnti	[ɪ'ʃtrʲɪntʲɪ]
copiar (vt)	nukopijúoti	[nukopʲɪ'juatʲɪ]
ordenar (vt)	rūšiúoti	[ruː'ʃuatʲɪ]
copiar (vt)	pérrašyti	['pʲɛrraʃʲɪːtʲɪ]
programa (m)	programà (m)	[progra'ma]
software (m)	prográminė įranga (m)	[pro'graːmʲɪnʲeː 'iːranga]
programador (m)	programúotojas (v)	[progra'muatoːjɛs]
programar (vt)	programúoti	[progra'muatʲɪ]
hacker (m)	programìšius (v)	[progra'mʲɪʃus]
senha (f)	slaptãžodis (v)	[slʲap'taːʒodʲɪs]
vírus (m)	vìrusas (v)	['vʲɪrusas]
detetar (vt)	aptìkti	[ap'tʲɪktʲɪ]

| byte (m) | báitas (v) | ['bʌɪtas] |
| megabyte (m) | megabáitas (v) | [mʲɛga'bʌɪtas] |

| dados (m pl) | dúomenys (v dgs) | ['dʊamʲɛnʲiːs] |
| base (f) de dados | duomenų̃ bãzė (m) | [dʊame'nu: 'ba:zʲe:] |

cabo (m)	laĩdas (v)	['lʲʌɪdas]
desconectar (vt)	prijùngti	[prʲɪ'jʊŋktʲɪ]
conetar (vt)	atjùngti	[a'tjʊŋktʲɪ]

140. Internet. E-mail

internet (f)	internètas (v)	[ɪntʲɛr'nʲɛtas]
browser (m)	naršýklė (m)	[nar'ʃɪ:klʲe:]
motor (m) de busca	paieškõs sistemà (m)	[paʲiɛʃ'ko:s sʲɪstʲɛ'ma]
provedor (m)	tiekėjas (v)	[tʲiɛ'kʲe:jas]

webmaster (m)	svetaĩnių kūrėjas (v)	[sve'tʌɪnʲu: ku:'rʲe:jas]
website, sítio web (m)	svetaĩnė (m)	[sve'tʌɪnʲe:]
página (f) web	tinklãlapis (v)	[tʲɪŋk'lʲa:lʲapʲɪs]

| endereço (m) | ãdresas (v) | ['a:drʲɛsas] |
| livro (m) de endereços | adresų̃ knygà (m) | [adrʲɛ'su: knʲi:'ga] |

caixa (f) de correio	pãšto dėžùtė (m)	['pa:ʃtɔ dʲe:'ʒʊtʲe:]
correio (m)	korespondeñcija (m)	[kɔrʲɛspon'dʲɛntsʲɪjɛ]
cheia (caixa de correio)	pérpildytas	['pʲɛrpʲɪlʲdʲi:tas]

mensagem (f)	pranešìmas (v)	[pranʲɛ'ʃɪmas]
mensagens (f pl) recebidas	įeĩnantys pranešìmai (v dgs)	[i:'ɛɪnantʲɪ:s pranʲɛ'ʃɪ:mʌɪ]
mensagens (f pl) enviadas	išeĩnantys pranešìmai (v dgs)	[ɪ'ʃɛɪnantʲi:s pranʲɛ'ʃɪmʌɪ]

remetente (m)	siuntėjas (v)	[sʲʊn'tʲe:jas]
enviar (vt)	išsių̃sti	[ɪʃ'sʲʊ:stʲɪ]
envio (m)	išsiuntìmas (v)	[ɪʃsʲʊn'tʲɪmas]

| destinatário (m) | gavėjas (v) | [ga'vʲe:jas] |
| receber (vt) | gáuti | ['gaʊtʲɪ] |

| correspondência (f) | susirašinėjimas (v) | [sʊsʲɪraʃʲɪ'nʲɛjɪmas] |
| corresponder-se (vr) | susirašinėti | [sʊsʲɪraʃʲɪ'nʲe:tʲɪ] |

ficheiro (m)	fáilas (v)	['fʌɪlʲas]
fazer download, baixar	parsisių̃sti	[parsʲɪ'sʲu:stʲɪ]
criar (vt)	sukùrti	[sʊ'kʊrtʲɪ]
apagar, eliminar (vt)	ištrìnti	[ɪʃ'trʲɪntʲɪ]
eliminado	ištrìntas	[ɪʃ'trʲɪntas]

conexão (f)	ryšỹs (v)	[rʲi:'ʃɪ:s]
velocidade (f)	greĩtis (v)	['grʲɛɪtʲɪs]
modem (m)	modèmas (v)	[mo'dʲɛmas]
acesso (m)	prìeiga (m)	['prʲɪʲɛɪga]
porta (f)	príevadas (v)	['prʲɪɛvadas]
conexão (f)	pajungìmas (v)	[pajʊn'gʲɪmas]

conetar (vi)	**prisijùngti**	[prʲɪsʲɪˈjʊŋktʲɪ]
escolher (vt)	**pasirin̄kti**	[pasʲɪˈrʲɪŋktʲɪ]
buscar (vt)	**ieškóti**	[ɪɛʃˈkotʲɪ]

Transportes

141. Avião

avião (m)	lėktùvas (v)	[lʲe:kˈtʊvas]
bilhete (m) de avião	lėktùvo bìlietas (v)	[lʲe:kˈtʊvɔ ˈbʲɪlʲiɛtas]
companhia (f) aérea	aviakompãnija (m)	[avʲækomˈpa:nʲɪjɛ]
aeroporto (m)	óro ùostas (v)	[ˈɔrɔ ˈʊastas]
supersónico	viršgarsìnis	[vʲɪrʃɡarˈsʲɪnʲɪs]

comandante (m) do avião	órlaivio kapitõnas (v)	[ˈorlʲʌɪvʲɔ kapʲɪˈto:nas]
tripulação (f)	ekipãžas (v)	[ɛkʲɪˈpa:ʒas]
piloto (m)	pilòtas (v)	[pʲɪˈlʲotas]
hospedeira (f) de bordo	stiuardėsė (m)	[stʲʊarˈdʲɛsʲe:]
copiloto (m)	štùrmanas (v)	[ˈʃtʊrmanas]

asas (f pl)	sparnaĩ (v dgs)	[sparˈnʌɪ]
cauda (f)	gãlas (v)	[ˈga:lʲas]
cabine (f) de pilotagem	kabinà (m)	[kabʲɪˈna]
motor (m)	varìklis (v)	[vaˈrʲɪklʲɪs]
trem (m) de aterragem	važiuõklė (m)	[vaʒʲʊˈo:klʲe:]
turbina (f)	turbinà (m)	[tʊrbʲɪˈna]

hélice (f)	propèleris (v)	[proˈpʲɛlʲɛrʲɪs]
caixa-preta (f)	juodà dėžė (m)	[jʊaˈda dʲe:ˈʒʲe:]
coluna (f) de controlo	vairãratis (v)	[vʌɪˈra:ratʲɪs]
combustível (m)	degalaĩ (v dgs)	[dʲɛgaˈlʲʌɪ]

instruções (f pl) de segurança	instrùkcija (m)	[ɪnsˈtrʊktsʲɪjɛ]
máscara (f) de oxigénio	deguõnies káukė (m)	[dʲɛgʊaˈnʲiɛs ˈkaʊkʲe:]
uniforme (m)	unifòrma (m)	[ʊnʲɪˈforma]

colete (m) salva-vidas	gélbėjimosi liemenė (m)	[ˈgʲælʲbʲe:jimosʲɪ lʲiɛˈmʲænʲe:]
paraquedas (m)	parašiùtas (v)	[paraˈʃʲʊtas]

descolagem (f)	kilìmas (v)	[kʲɪˈlʲɪmas]
descolar (vi)	kìlti	[ˈkʲɪlʲtʲɪ]
pista (f) de descolagem	kilìmo tãkas (v)	[kʲɪˈlʲɪmɔ ˈta:kas]

visibilidade (f)	matomùmas (v)	[matoˈmʊmas]
voo (m)	skrỹdis (v)	[ˈskrʲi:dʲɪs]

altura (f)	aũkštis (v)	[ˈaʊkʃtʲɪs]
poço (m) de ar	óro duobė̃ (m)	[ˈɔrɔ dʊaˈbʲe:]

assento (m)	vietà (m)	[vʲiɛˈta]
auscultadores (m pl)	ausìnės (m dgs)	[aʊˈsʲɪnʲe:s]
mesa (f) rebatível	atverčiamàsis staliùkas (v)	[atvʲɛrtʃʲæˈmasʲɪs staˈlʲʊkas]
vigia (f)	iliuminãtorius (v)	[ɪlʲʊmʲɪˈna:torʲʊs]
passagem (f)	praėjìmas (v)	[praeːˈjɪmas]

142. Comboio

comboio (m)	traukinỹs (v)	[trɑʊkʲɪˈnʲiːs]
comboio (m) suburbano	elektrìnis traukinỹs (v)	[ɛlʲɛkʲˈtrʲɪnʲɪs trɑʊkʲɪˈnʲiːs]
comboio (m) rápido	greitãsis traukinỹs (v)	[grʲɛɪˈtasʲɪs trɑʊkʲɪˈnʲiːs]
locomotiva (f) diesel	motòrvežis (v)	[moˈtorvʲɛʒʲɪs]
locomotiva (f) a vapor	garvežỹs (v)	[garvʲɛˈʒʲiːs]
carruagem (f)	vagònas (v)	[vaˈgonas]
carruagem restaurante (f)	vagònas restorãnas (v)	[vaˈgonas rʲɛstoˈraːnas]
carris (m pl)	bě̃giai (v dgs)	[ˈbʲeːgʲɛɪ]
caminho de ferro (m)	geležìnkelis (v)	[gʲɛlʲɛˈʒʲɪŋkʲɛlʲɪs]
travessa (f)	pãbėgis (v)	[ˈpaːbʲeːgʲɪs]
plataforma (f)	platfòrma (m)	[plʲatˈforma]
linha (f)	kẽlias (v)	[ˈkʲælʲæs]
semáforo (m)	semafòras (v)	[sʲɛmaˈforas]
estação (f)	stotìs (m)	[stoˈtʲɪs]
maquinista (m)	mašinìstas (v)	[maʃʲɪˈnʲɪstas]
bagageiro (m)	nešìkas (v)	[nʲɛˈʃʲɪkas]
hospedeiro, -a (da carruagem)	kondùktorius (v)	[konˈdʊktorʲʊs]
passageiro (m)	keleĩvis (v)	[kʲɛˈlʲɛɪvʲɪs]
revisor (m)	kontroliẽrius (v)	[kontroˈlʲɛrʲʊs]
corredor (m)	korìdorius (v)	[koˈrʲɪdorʲʊs]
freio (m) de emergência	stãbdymo krãnas (v)	[ˈstaːbdʲiːmo ˈkraːnas]
compartimento (m)	kupė̃ (m)	[kʊˈpʲeː]
cama (f)	lentýna (m)	[lʲɛnˈtʲiːna]
cama (f) de cima	viršutìnė lentýna (m)	[vʲɪrʃʊˈtʲɪnʲeː lʲɛnˈtʲiːna]
cama (f) de baixo	apatìnė lentýna (m)	[apaˈtʲɪnʲeː lʲɛnˈtʲiːna]
roupa (f) de cama	pãtalynė (m)	[ˈpaːtalʲiːnʲeː]
bilhete (m)	bìlietas (v)	[ˈbʲɪlʲiɛtas]
horário (m)	tvarkãraštis (v)	[tvarˈkaːraʃtʲɪs]
painel (m) de informação	šviẽslentė (m)	[ˈʃvʲɛslʲɛntʲeː]
partir (vt)	išvỹkti	[ɪʃˈvʲiːktʲɪ]
partida (f)	išvykìmas (v)	[ɪʃvʲiːˈkʲɪmas]
chegar (vi)	atvỹkti	[atˈvʲiːktʲɪ]
chegada (f)	atvykìmas (v)	[atvʲiːˈkʲɪmas]
chegar de comboio	atvažiuóti tráukiniu	[atvaˈʒʲʊatʲɪ ˈtrɑʊkʲɪnʲʊ]
apanhar o comboio	įlìpti į̃ tráukinį	[iːˈlʲɪːptʲɪ iː ˈtrɑʊkʲɪnʲɪː]
sair do comboio	išlìpti ìš tráukinio	[ɪʃˈlʲɪptʲɪ ɪʃ ˈtrɑʊkʲɪnʲɔ]
acidente (m) ferroviário	katastrofà (m)	[katastroˈfa]
descarrilar (vi)	nulě̃kti nuõ bě̃gių	[nʊˈlʲeːktʲɪ ˈnʊɑ ˈbʲeːgʲuː]
locomotiva (f) a vapor	garvežỹs (v)	[garvʲɛˈʒʲiːs]
fogueiro (m)	kūrìkas (v)	[kuːˈrʲɪkas]
fornalha (f)	kūryklà (m)	[kuːrʲiːkˈlʲa]
carvão (m)	anglìs (m)	[angˈlʲɪs]

143. Barco

| navio (m) | laĩvas (v) | ['lʲʌɪvas] |
| embarcação (f) | laĩvas (v) | ['lʲʌɪvas] |

vapor (m)	gárlaivis (v)	['garlʲʌɪvʲɪs]
navio (m)	motòrlaivis (v)	[mo'torlʲʌɪvʲɪs]
transatlântico (m)	láineris (v)	['lʲʌɪnʲɛrʲɪs]
cruzador (m)	kreĩseris (v)	['krʲɛɪsʲɛrʲɪs]

iate (m)	jachtà (m)	[jax'ta]
rebocador (m)	vilkìkas (v)	[vʲɪlʲi'kʲɪkas]
barcaça (f)	bárža (m)	['barʒa]
ferry (m)	kéltas (v)	['kʲɛlʲtas]

| veleiro (m) | bùrinis laĩvas (v) | ['burʲɪnʲɪs 'lʲʌɪvas] |
| bergantim (m) | brigantinà (m) | [brʲɪgantʲɪ'na] |

| quebra-gelo (m) | lẽdlaužis (v) | ['lʲædlɑʊʒʲɪs] |
| submarino (m) | povandenìnis laĩvas (v) | [povandʲɛ'nʲɪnʲɪs 'lʲʌɪvas] |

bote, barco (m)	váltis (m)	['valʲtʲɪs]
bote, dingue (m)	váltis (m)	['valʲtʲɪs]
bote (m) salva-vidas	gélbėjimo váltis (m)	['gʲælʲbʲe:jɪmɔ 'valʲtʲɪs]
lancha (f)	kãteris (v)	['ka:tʲɛrʲɪs]

capitão (m)	kapitõnas (v)	[kapʲɪ'to:nas]
marinheiro (m)	jūreĩvis (v)	[ju:'rʲɛɪvʲɪs]
marujo (m)	jũrininkas (v)	['ju:rʲɪnʲɪŋkas]
tripulação (f)	ekipãžas (v)	[ɛkʲɪ'pa:ʒas]

contramestre (m)	bòcmanas (v)	['botsmanas]
grumete (m)	jùnga (m)	['junga]
cozinheiro (m) de bordo	virėjas (v)	[vʲɪ'rʲe:jas]
médico (m) de bordo	laĩvo gýdytojas (v)	['lʲʌɪvɔ 'gʲi:dʲi:to:jɛs]

convés (m)	dẽnis (v)	['dʲænʲɪs]
mastro (m)	stíebas (v)	['stʲiɛbas]
vela (f)	bùrė (m)	['burʲe:]

porão (m)	triùmas (v)	['trʲumas]
proa (f)	laĩvo príekis (v)	['lʲʌɪvɔ 'prʲiɛkʲɪs]
popa (f)	laivãgalis (v)	[lʌɪ'va:galʲɪs]
remo (m)	ìrklas (v)	['ɪrklʲas]
hélice (f)	sráigtas (v)	['srʌɪktas]

camarote (m)	kajùtė (m)	[ka'jutʲe:]
sala (f) dos oficiais	kajutkompãnija (m)	[kajutkom'pa:nʲɪjɛ]
sala (f) das máquinas	mašìnų skỹrius (v)	[ma'ʃɪnu: 'skʲi:rʲus]
ponte (m) de comando	kapitõno tiltẽlis (v)	[kapʲɪ'to:nɔ tʲɪlʲ'tʲælʲɪs]
sala (f) de comunicações	rãdijo kabinà (m)	['ra:dʲɪjo kabʲɪ'na]
onda (f) de rádio	bangà (m)	[ban'ga]
diário (m) de bordo	laĩvo žurnãlas (v)	['lʲʌɪvɔ ʒur'na:lʲas]
luneta (f)	žiūrõnas (v)	[ʒʲu:'ro:nas]
sino (m)	laĩvo skambãlas (v)	['lʲʌɪvɔ 'skambalʲas]

bandeira (f)	věliava (m)	['vʲeːlʲæva]
cabo (m)	lýnas (v)	['lʲiːnas]
nó (m)	mãzgas (v)	['maːzgas]

| corrimão (m) | turěklai (v dgs) | [tʊ'rʲeːklʲʌɪ] |
| prancha (f) de embarque | trãpas (v) | ['traːpas] |

âncora (f)	iňkaras (v)	['ɪŋkaras]
recolher a âncora	pakélti iňkarą	[pa'kʲɛlʲtʲɪ 'ɪŋkaraː]
lançar a âncora	nuléisti iňkarą	[nʊ'lʲɛɪstʲɪ 'ɪŋkaraː]
amarra (f)	iňkaro grandině (m)	['ɪŋkarɔ gran'dʲɪnʲeː]

porto (m)	úostas (v)	['ʊɑstas]
cais, amarradouro (m)	príeplauka (m)	['prʲiɛplʲɑʊka]
atracar (vi)	prisišvartúoti	[prʲɪsʲɪʃvar'tʊɑtʲɪ]
desatracar (vi)	išplaũkti	[ɪʃplʲɑʊktʲɪ]

viagem (f)	keliõně (m)	[kʲɛ'lʲoːnʲeː]
cruzeiro (m)	kruĩzas (v)	[krʊ'ɪzas]
rumo (m), rota (f)	kùrsas (v)	['kʊrsas]
itinerário (m)	maršrùtas (v)	[marʃrʊtas]

canal (m) navegável	farvãteris (v)	[far'vaːtʲɛrʲɪs]
banco (m) de areia	seklumã (m)	[sʲɛklʲʊ'ma]
encalhar (vt)	užplaũkti aňt seklumõs	[ʊʒ'plʲɑʊktʲɪ ant sʲɛklʲʊ'moːs]

tempestade (f)	audrà (m)	[ɑʊd'ra]
sinal (m)	signãlas (v)	[sʲɪg'naːlʲas]
afundar-se (vr)	skęsti	['skʲɛːstʲɪ]
Homem ao mar!	Žmogùs vandenyjè!	[ʒmo'gʊs vandʲɛnʲiː'jæ!]
SOS	SOS	[ɛs ɔ ɛs]
boia (f) salva-vidas	gélbějimosi rãtas (v)	[gʲɛlʲbʲeːjimosʲɪ 'raːtas]

144. Aeroporto

aeroporto (m)	óro úostas (v)	['orɔ 'ʊɑstas]
avião (m)	léktuvas (v)	[lʲeːk'tʊvas]
companhia (f) aérea	aviakompãnija (m)	[avʲæːkom'paːnʲɪjɛ]
controlador (m) de tráfego aéreo	dispěčeris (v)	[dʲɪs'pʲetʂʲɛrʲɪs]

partida (f)	išskridìmas (v)	[ɪʃskrʲɪ'dʲɪmas]
chegada (f)	atskridìmas (v)	[atskrʲɪ'dʲɪmas]
chegar (~ de avião)	atskrìsti	[ats'krʲɪstʲɪ]

| hora (f) de partida | išvykìmo laĩkas (v) | [ɪʃvʲiː'kʲɪmɔ 'lʲʌɪkas] |
| hora (f) de chegada | atvykìmo laĩkas (v) | [atvʲiː'kʲɪmɔ 'lʲʌɪkas] |

| estar atrasado | vělúoti | [vʲeː'lʲʊɑtʲɪ] |
| atraso (m) de voo | skrȳdžio atidějìmas (v) | ['skrʲiːdʒʲɔ atʲɪdʲeː'jɪmas] |

painel (m) de informação	informãciné šviẽslenté (m)	[ɪnfor'maːtsʲɪnʲe: 'ʃvʲɛslʲɛntʲe:]
informação (f)	informãclja (m)	[ɪnfor'maːtsʲɪjɛ]
anunciar (vt)	paskélbti	[pas'kʲɛlʲptʲɪ]

voo (m)	reisas (v)	['rˠɛɪsas]
alfândega (f)	multinė (m)	['mʊɪtʲɪnʲe:]
funcionário (m) da alfândega	multininkas (v)	['mʊɪtʲɪnʲɪŋkas]

declaração (f) alfandegária	deklarācija (m)	[dʲɛklʲaˈra:tsʲɪjɛ]
preencher (vt)	užpìldyti	[ʊʒ'pʲɪlʲdʲi:tʲɪ]
preencher a declaração	užpìldyti deklarāciją	[ʊʒ'pʲɪlʲdʲi:tʲɪ dʲɛklʲaˈra:tsɪja:]
controlo (m) de passaportes	pasū kontrolė (m)	[pa'su: kon'trolʲe:]

bagagem (f)	bagāžas (v)	[ba'ga:ʒas]
bagagem (f) de mão	rankinis bagāžas (v)	['raŋkʲɪnʲɪs ba'ga:ʒas]
carrinho (m)	vežimėlis (v)	[vʲɛʒʲɪ'mʲe:lʲɪs]

aterragem (f)	įlaipìnimas (v)	[i:lʲʌɪ'pʲɪ:nʲɪmas]
pista (f) de aterragem	nusileidìmo tākas (v)	[nʊsʲɪlʲɛɪ'dʲɪmɔ ta:kas]
aterrar (vi)	lėistis	['lʲeɪstʲɪs]
escada (f) de avião	laiptėliai (v dgs)	[lʌɪp'tʲælʲɛɪ]

check-in (m)	registrācija (m)	[rˠɛgʲɪs'tra:tsʲɪjɛ]
balcão (m) do check-in	registrācijos stālas (v)	[rˠɛgʲɪs'tra:tsʲɪjɔs 'sta:lʲas]
fazer o check-in	užsiregistrúoti	[ʊʒsʲɪrˠɛgʲɪs'trʊɑtʲɪ]
cartão (m) de embarque	įlipìmo talònas (v)	[i:lʲɪ'pʲɪ:mɔ ta'lonas]
porta (f) de embarque	išėjìmas (v)	[ɪʃʲe:'jɪmas]

trânsito (m)	tranzìtas (v)	[tran'zʲɪtas]
esperar (vi, vt)	láukti	['lʲɑuktʲɪ]
sala (f) de espera	laukiamàsis (v)	[lʲɑukʲæ'masʲɪs]
despedir-se de …	lydéti	[lʲi:'dʲe:tʲɪ]
despedir-se (vr)	atsisvéikinti	[atsʲɪ'svʲɛɪkʲɪntʲɪ]

145. Bicicleta. Motocicleta

bicicleta (f)	dvìratis (v)	['dvʲɪratʲɪs]
scotter, lambreta (f)	motoròleris (v)	[moto'rolʲɛrˠɪs]
mota (f)	motocìklas (v)	[moto'tsʲɪklʲas]

ir de bicicleta	važiúoti dvìračiu	[va'ʒʲʊɑtʲɪ 'dvʲɪratʂʲʊ]
guiador (m)	vaĩras (v)	['vʌɪras]
pedal (m)	pedālas (v)	[pʲɛ'da:lʲas]
travões (m pl)	stābdžiai (v dgs)	[sta:b'dʒʲɛɪ]
selim (m)	sėdȳnė (m)	[sʲe:'dʲi:nʲe:]

bomba (f) de ar	siurblȳs (v)	[sʲʊr'blʲi:s]
porta-bagagens (m)	bagažìnė (m)	[baga'ʒʲɪnʲe:]
lanterna (f)	žibintas (v)	[ʒʲɪ'bʲɪntas]
capacete (m)	šálmas (v)	['ʃalʲmas]

roda (f)	rātas (v)	['ra:tas]
guarda-lamas (m)	sparnas (v)	['sparnas]
aro (m)	rātlankis (v)	['ra:tlʲaŋkʲɪs]
raio (m)	stìpinas (v)	['stʲɪpʲɪnas]

Carros

146. Tipos de carros

carro, automóvel (m)	automobìlis (v)	[aʊtomo'bʲɪlʲɪs]
carro (m) desportivo	spòrtinis automobìlis (v)	['sportʲɪnʲɪs aʊtomo'bʲɪlʲɪs]
limusine (f)	limuzìnas (v)	[lʲɪmʊ'zʲɪnas]
todo o terreno (m)	visureîgis (v)	[vʲɪsʊ'rʲɛɪgʲɪs]
descapotável (m)	kabriolètas (v)	[kabrʲɪjo'lʲɛtas]
minibus (m)	mikroautobùsas (v)	[mʲɪkroaʊto'bʊsas]
ambulância (f)	greitóji pagálba (m)	[grʲɛɪ'to:jɪ pa'galʲba]
limpa-neve (m)	sniêgo vãlymo mašinà (m)	['snʲɛgɔ 'va:lʲi:mɔ maʃɪ'na]
camião (m)	suñkvežimis (v)	['sʊŋkvʲɛʒʲɪmʲɪs]
camião-cisterna (m)	benzìnvežis (v)	[bʲɛn'zʲɪnvʲɛʒʲɪs]
carrinha (f)	furgònas (v)	[fʊr'gonas]
camião-trator (m)	vilkìkas (v)	[vʲɪlʲ'kʲɪkas]
atrelado (m)	príekaba (m)	['prʲɪɛkaba]
confortável	komfortabilùs	[kɔmfortabʲɪ'lʲʊs]
usado	dévétas	[dʲe:'vʲe:tas]

147. Carros. Carroçaria

capô (m)	kapòtas (v)	[ka'potas]
guarda-lamas (m)	spar̃nas (v)	['sparnas]
tejadilho (m)	stógas (v)	['stogas]
para-brisa (m)	príekinis stìklas (v)	['prʲɪɛkʲɪnʲɪs 'stʲɪklʲas]
espelho (m) retrovisor	galìnio vaîzdo véidrodis (v)	[ga'lʲɪnʲɔ 'vaɪzdɔ 'vʲɛɪdrodʲɪs]
lavador (m)	plautùvas (v)	[plʲaʊ'tʊvas]
limpa-para-brisas (m)	stìklo valytùvai (v dgs)	['stʲɪklɔ valʲi:'tʊvʌɪ]
vidro (m) lateral	šóninis stìklas (v)	['ʃonʲɪnʲɪs 'stʲɪklʲas]
elevador (m) do vidro	stìklo kéltuvas (v)	['stʲɪklɔ 'kʲɛlʲtʊvas]
antena (f)	antenà (m)	[antɛ'na]
teto solar (m)	liùkas (v)	['lʲʊkas]
para-choques (m pl)	bámperis (v)	['bampʲɛrʲɪs]
bagageira (f)	bagažìnė (m)	[baga'ʒʲɪnʲe:]
bagageira (f) de tejadilho	stógo bagažìnė (m)	['stogɔ baga'ʒʲɪnʲe:]
porta (f)	durēlės (m dgs)	[dʊ'rʲælʲe:s]
maçaneta (f)	rañkena (m)	['raŋkʲɛna]
fechadura (f)	ùžraktas (v)	['ʊʒraktas]
matrícula (f)	nùmeris (v)	['nʊmʲɛrʲɪs]
silenciador (m)	duslintùvas (v)	[dʊslʲɪn'tʊvas]

| tanque (m) de gasolina | benzìno bãkas (v) | [bʲɛn'zʲɪnɔ 'baːkas] |
| tubo (m) de escape | išmetìmo vamzdis (v) | [ɪʃmʲɛ'tʲɪmɔ 'vamzdʲɪs] |

acelerador (m)	greĩtis (v)	['grʲɛɪtʲɪs]
pedal (m)	pedãlas (v)	[pʲɛ'daːlʲas]
pedal (m) do acelerador	greĩčio pedãlas (v)	['grʲɛɪtʃʲɔ pʲɛ'daːlʲas]

travão (m)	stabdỹs (v)	[stab'dʲiːs]
pedal (m) do travão	stãbdžio pedãlas (v)	[sta:b'dʒʲɔ pʲɛ'daːlʲas]
travar (vt)	stabdýti	[stab'dʲiːtʲɪ]
travão (m) de mão	stovéjimo stabdỹs (v)	[sto'vʲɛjɪmɔ stab'dʲiːs]

embraiagem (f)	sánkaba (m)	['saŋkaba]
pedal (m) da embraiagem	sánkabos pedãlas (v)	['saŋkabos pʲɛ'daːlʲas]
disco (m) de embraiagem	sánkabos dìskas (v)	['saŋkabos 'dʲɪskas]
amortecedor (m)	amortizãtorius (v)	[amortʲɪ'zaːtorʲʊs]

roda (f)	rãtas (v)	['raːtas]
pneu (m) sobresselente	atsargìnis rãtas (v)	[atsar'gʲɪnʲɪs 'raːtas]
pneu (m)	padangà (m)	[padan'ga]
tampão (m) de roda	rãto gaũbtas (v)	['raːtɔ 'gɑʊptas]

rodas (f pl) motrizes	vãrantieji rãtai (v dgs)	['vaːrantʲiɛjɪ 'raːtʌɪ]
de tração dianteira	príekiniai vãromieji rãtai	['prʲiɛkʲɪnʲɛɪ 'vaːromʲiɛjɪ 'raːtʌɪ]
de tração traseira	galìniai vãromieji rãtai	[ga'lʲɪnʲɛɪ 'vaːromʲiɛjɪ 'raːtʌɪ]
de tração às 4 rodas	visì vãromieji rãtai	[vʲɪ's'ɪ 'vaːromʲiɛjɪ 'raːtʌɪ]

caixa (f) de mudanças	pavarų̃ dėžė̃ (m)	[pava'ru: dʲeː'ʒʲeː]
automático	automãtinis	[ɑʊto'maːtʲɪnʲɪs]
mecânico	mechãninis	[mʲɛ'xaːnʲɪnʲɪs]
alavanca (f) das mudanças	pavarų̃ dė̃žė̃s svìrtis (m)	[pava'ru: dʲeː'ʒʲeːs 'svʲɪrtʲɪs]

| farol (m) | žibiñtas (v) | [ʒʲɪ'bʲɪntas] |
| faróis, luzes | žibiñtai (v dgs) | [ʒʲɪ'bʲɪntʌɪ] |

médios (m pl)	ãrtimos žibiñtų šviẽsos (m dgs)	['artʲɪmos ʒʲɪ'bʲɪntu: 'ʃvʲɛsos]
máximos (m pl)	tólimos žibiñtų šviẽsos (m dgs)	['tolʲɪmos ʒʲɪ'bʲɪntu: 'ʃvʲɛsos]
luzes (f pl) de stop	stòp signãlas (v)	['stop sʲɪg'naːlʲas]

mínimos (m pl)	gabarìtinės šviẽsos (m dgs)	[gaba'rʲɪtʲɪnʲeːs 'ʃvʲɛsos]
luzes (f pl) de emergência	avãrinės šviẽsos (m dgs)	[a'vaːrʲɪnʲeːs 'ʃvʲɛsos]
faróis (m pl) antinevoeiro	priešrūkiniai žibiñtai (v dgs)	[prʲiɛʃ'ruːkʲɪnʲɛɪ ʒʲɪ'bʲɪntʌɪ]
pisca-pisca (m)	«pósūkis» (v)	['posuːkʲɪs]
luz (f) de marcha atrás	«atbuļìnės eigõs» lemputė̃ (m)	[atbʊ'lʲɪnʲeːs ɛɪ'goːs lʲɛm'pʊtʲeː]

148. Carros. Habitáculo

interior (m) do carro	salònas (v)	[sa'lʲonas]
de couro, de pele	odìnis	[o'dʲɪnʲɪs]
de veludo	veliũrinis	[vʲɛ'lʲuːrʲɪnʲɪs]
estofos (m pl)	ãpmušalas (v)	['aːpmʊʃalʲas]

indicador (m)	príetaisas (v)	['prʲiɛtʌɪsas]
painel (m) de instrumentos	príetaisų skydėlis (v)	['prʲiɛtʌɪsu: skʲi:'dʲælʲɪs]
velocímetro (m)	spidomėtras (v)	[spʲɪdo'mʲɛtras]
ponteiro (m)	rodỹklė (m)	[ro'dʲi:klʲe:]
conta-quilómetros (m)	ridõs skaitìklis (v)	[rʲɪ'do:s skʌɪ'tʲɪklʲɪs]
sensor (m)	davìklis (v)	[da'vʲɪklʲɪs]
nível (m)	lỹgis (v)	['lʲi:gʲɪs]
luz (f) avisadora	lempùtė (m)	[lʲɛm'pʊtʲe:]
volante (m)	vaĩras (v)	['vʌɪras]
buzina (f)	signãlas (v)	[sʲɪg'na:lʲas]
botão (m)	mygtùkas (v)	[mʲi:k'tʊkas]
interruptor (m)	jungìklis (v)	[jʊn'gʲɪklʲɪs]
assento (m)	sėdỹnė (m)	[sʲe:'dʲi:nʲe:]
costas (f pl) do assento	ãtlošas (v)	['a:tlʲoʃas]
cabeceira (f)	ãtlošas gálvai (v)	['a:tlʲoʃas 'galʲvʌɪ]
cinto (m) de segurança	saugõs dìřžas (v)	[sɑʊ'go:s 'dʲɪrʒas]
apertar o cinto	prisisėgti saugõs diržù	[prʲɪsʲɪ'sʲɛktʲɪ sɑʊ'go:s dʲɪr'ʒʊ]
regulação (f)	reguliãvimas (v)	[rʲɛgʊ'lʲævʲɪmas]
airbag (m)	óro pagálvė (m)	['orɔ pa'galʲvʲe:]
ar (m) condicionado	kondicioniẽrius (v)	[kɔndʲɪtsʲɪjo'nʲɛrʲʊs]
rádio (m)	rãdijas (v)	['ra:dʲɪjas]
leitor (m) de CD	CD grotùvas (v)	[sʲɪdʲɪ gro'tʊvas]
ligar (vt)	įjùngti	[i:'jʊŋktʲɪ]
antena (f)	antenà (m)	[antʲɛ'na]
porta-luvas (m)	daiktãdėžė (m)	[dʌɪk'ta:dʲe:ʒʲe:]
cinzeiro (m)	pelenìnė (m)	[pʲɛlʲɛ'nʲɪnʲe:]

149. Carros. Motor

motor (m)	motòras (v)	[mo'toras]
diesel	dyzelìnis	[dʲi:zʲɛ'lʲɪnʲɪs]
a gasolina	benzìninis	[bʲɛn'zʲɪnʲɪnʲɪs]
cilindrada (f)	varìklio apimtìs (m)	[va'rʲɪklʲɔ apʲɪm'tʲɪs]
potência (f)	galingùmas (v)	[galʲɪn'gʊmas]
cavalo-vapor (m)	árklio galià (m)	['arklʲɔ ga'lʲæ]
pistão (m)	stūmõklis (v)	[stu:'mo:klʲɪs]
cilindro (m)	cilìndras (v)	[tsʲɪ'lʲɪndras]
válvula (f)	vožtùvas (v)	[voʒ'tʊvas]
injetor (m)	inžèktorius (v)	[ɪn'ʒʲɛktorʲʊs]
gerador (m)	generãtorius (v)	[gʲɛnʲɛ'ra:torʲʊs]
carburador (m)	karbiurãtorius (v)	[karbʲʊ'ra:torʲʊs]
óleo (m) para motor	varìklinė alyvà (m)	[va'rʲɪklʲɪnʲe: alʲi:'va]
radiador (m)	radiãtorius (v)	[ra'dʲætorʲʊs]
refrigerante (m)	áušinimo skỹstis (v)	['ɑʊʃɪnʲɪmɔ 'skʲi:stʲɪs]
ventilador (m)	ventiliãtorius (v)	[vʲɛntʲɪ'lʲætorʲʊs]
bateria (f)	akumuliãtorius (v)	[akʊmʊ'lʲætorʲʊs]

dispositivo (m) de arranque	stárteris (v)	['start'ɛr'ɪs]
ignição (f)	uždegìmas (v)	[ʊʒd'ɛ'g'ɪmas]
vela (f) de ignição	uždegìmo žvãkė (m)	[ʊʒd'ɛ'g'ɪmɔ 'ʒva:k'e:]

borne (m)	gnýbtas (v)	[gn'i:ptas]
borne (m) positivo	pliùsas (v)	['pl'ʊsas]
borne (m) negativo	mìnusas (v)	['m'ɪnʊsas]
fusível (m)	saugìklis (v)	[sɑʊ'g'ɪkl'ɪs]

filtro (m) de ar	óro fìltras (v)	['orɔ 'f'ɪl'tras]
filtro (m) de óleo	alývos fìltras (v)	[a'l'i:vos 'f'ɪl'tras]
filtro (m) de combustível	kùro fìltras (v)	['kʊrɔ 'f'ɪl'tras]

150. Carros. Batidas. Reparação

acidente (m) de carro	avãrija (m)	[a'va:r'ɪjɛ]
acidente (m) rodoviário	eìsmo ĩvykis (v)	['ɛɪsmɔ 'i:v'ɪ:k'ɪs]
ir contra ...	atsitrenkti	[ats'ɪ'tr'ɛŋkt'ɪ]
sofrer um acidente	sudùžti	[sʊ'dʊʒt'ɪ]
danos (m pl)	žalà (m)	[ʒa'l'a]
intato	nenukentéjęs	[n'ɛnʊken't'e:jɛ:s]

avaria (no motor, etc.)	gedìmas (v)	[g'ɛ'd'ɪmas]
avariar (vi)	sulũžti	[sʊ'l'u:ʒt'ɪ]
cabo (m) de reboque	vìlkimo tròsas (v)	['v'ɪl'k'ɪmɔ 'trosas]

furo (m)	pradūrìmas (v)	[pradu:'r'ɪmas]
estar furado	nuleìsti	[nʊ'l'ɛɪst'ɪ]
encher (vt)	pripumpúoti	[pr'ɪpʊm'pʊɑt'ɪ]
pressão (f)	slẽgis (v)	['sl'e:g'ɪs]
verificar (vt)	patìkrinti	[pa't'ɪkr'ɪnt'ɪ]

reparação (f)	remòntas (v)	[r'ɛ'montas]
oficina (f)	taisyklà (m)	[tʌɪs'i:k'l'a]
de reparação de carros		
peça (f) sobresselente	atsarginė dalìs (m)	[atsar'g'ɪn'e: da'l'ɪs]
peça (f)	detãlė (m)	[d'ɛta:'l'e:]

parafuso (m)	varžtas (v)	['varʒtas]
parafuso (m)	sraigtas (v)	['srʌɪktas]
porca (f)	veržlẽ (m)	[v'ɛrʒ'l'e:]
anilha (f)	póveržlė (m)	['poverʒ'l'e:]
rolamento (m)	guõlis (v)	['gʊɑl'ɪs]

tubo (m)	vamzdẽlis (v)	[vamz'd'æl'ɪs]
junta (f)	tárpinė (m)	['tarp'ɪn'e:]
fio, cabo (m)	laĩdas (v)	['l'ʌɪdas]

macaco (m)	kėlìklis (v)	['k'e:l'ɪkl'ɪs]
chave (f) de boca	veržlių rãktas (v)	[v'ɛrʒ'l'u: 'ra:ktas]
martelo (m)	plaktùkas (v)	[pl'ak'tʊkas]
bomba (f)	siurblỹs (v)	[s'ʊr'bl'i:s]
chave (f) de fendas	atsuktùvas (v)	[atsʊk'tʊvas]
extintor (m)	gesintùvas (v)	[g'ɛs'ɪn'tʊvas]

triângulo (m) de emergência	avãrinis trìkampis (v)	[a'va:rʲɪnʲɪs 'trʲɪkampʲɪs]
parar (vi) (motor)	gèsti	['gʲɛstʲɪ]
paragem (f)	sustojìmas (v)	[sʊsto'jɪmas]
estar quebrado	bũti sulūžusiam	['bu:tʲɪ sʊ'lʲu:ʒʊsʲæm]

superaquecer-se (vr)	pérkaisti	['pʲɛrkʌɪstʲɪ]
entupir-se (vr)	užsiteřšti	[ʊʒsʲɪ'tʲɛrʃtʲɪ]
congelar-se (vr)	užšálti	[ʊʒ'ʃalʲtʲɪ]
rebentar (vi)	skìlti	['skʲɪlʲtʲɪ]

pressão (f)	slẽgis (v)	['slʲe:gʲɪs]
nível (m)	lỹgis (v)	['lʲi:gʲɪs]
frouxo	sìlpnas	['sʲɪlʲpnas]

mossa (f)	įduba (m)	['i:dʊba]
ruído (m)	trinksḗjimas (v)	[trʲɪŋk'sʲɛjɪmas]
fissura (f)	įskilìmas (v)	[i:skʲɪ'lʲɪ:mas]
arranhão (m)	įbrėžìmas (v)	[i:brʲe:'ʒʲɪ:mas]

151. Carros. Estrada

estrada (f)	kẽlias (v)	['kʲælʲæs]
autoestrada (f)	automagistrãlė (m)	[ɑʊtomagʲɪs'tra:lʲe:]
rodovia (f)	pléntas (v)	['plʲɛntas]
direção (f)	kryptìs (m)	[krʲɪ:p'tʲɪs]
distância (f)	atstùmas (v)	[at'stʊmas]

ponte (f)	tìltas (v)	['tʲɪlʲtas]
parque (m) de estacionamento	stovḗjimo vietà (m)	[sto'vʲɛjɪmɔ vʲɛ'ta]
praça (f)	aikštḗ (m)	[ʌɪkʃ'tʲe:]
nó (m) rodoviário	sánkryža (m)	['saŋkrʲi:ʒa]
túnel (m)	tùnelis (v)	['tʊnʲɛlʲɪs]

posto (m) de gasolina	degalìnė (m)	[dʲɛga'lʲɪnʲe:]
parque (m) de estacionamento	stovḗjimo aikštẽlė (m)	[sto'vʲɛjɪmɔ ʌɪkʃ'tʲælʲe:]
bomba (f) de gasolina	degalìnė (m)	[dʲɛga'lʲɪnʲe:]
oficina (f) de reparação de carros	garãžas (v)	[ga'ra:ʒas]
abastecer (vt)	pripìlti degalų̃	[prʲɪ'pʲɪlʲtʲɪ dʲɛga'lu:]
combustível (m)	kùras (v)	['kʊras]
bidão (m) de gasolina	kanìstras (v)	[ka'nʲɪstras]

asfalto (m)	asfáltas (v)	[as'falʲtas]
marcação (f) de estradas	žénklinimas (v)	['ʒʲɛŋklʲɪnʲɪmas]
lancil (m)	bordiũras (v)	[bor'dʲu:ras]
proteção (f) guard-rail	ùžtvara (m)	['ʊʒtvara]
valeta (f)	griovỹs (v)	[grʲo'vʲi:s]
berma (f) da estrada	šalìkelė (m)	[ʃa'lʲɪkelʲe:]
poste (m) de luz	stulpas (v)	['stʊlʲpas]

conduzir, guiar (vt)	vairúoti	[vʌɪ'rʊɑtʲɪ]
virar (ex. ~ à direita)	pasùkti	[pa'sʊktʲɪ]
dar retorno	apsisùkti	[apsʲɪ'sʊktʲɪ]
marcha-atràs (f)	atbulìnė eiga (m)	[atbʊ'lʲɪnʲe: ɛɪ'ga]

buzinar (vi)	pypséti	[pʲiːpˈsʲeːtʲɪ]
buzina (f)	garsìnis signãlas (v)	[garˈsʲɪnʲɪs sʲɪgˈnaːlʲas]
atolar-se (vr)	užstrìgti	[ʊʒˈstrʲɪktʲɪ]
patinar (na lama)	buksúoti	[bʊkˈsʊɑtʲɪ]
desligar (vt)	išjùngti	[ɪˈʃjʊŋktʲɪ]

velocidade (f)	greĩtis (v)	[ˈgrʲɛɪtʲɪs]
exceder a velocidade	vĩršyti greĩtį	[ˈvʲɪrʃɪːtʲɪ ˈgrʲɛɪtʲɪː]
multar (vt)	skìrti baũdą	[ˈskʲɪrtʲɪ ˈbɑʊdaː]
semáforo (m)	šviesofòras (v)	[ʃvʲiɛsoˈforas]
carta (f) de condução	vairúotojo pažyméjimas (v)	[vʌɪˈrʊɑtojɔ paʒʲiːˈmʲɛjɪmas]

passagem (f) de nível	pérvaža (m)	[ˈpʲɛrvaʒa]
cruzamento (m)	sánkryža (m)	[ˈsaŋkrʲiːʒa]
passadeira (f)	pėsčiũjų pérėja (m)	[pʲeːsˈtʂʲuːjuː ˈpʲɛrʲeːja]
curva (f)	pósūkis (v)	[ˈposuːkʲɪs]
zona (f) pedonal	pėsčiũjų zonà (m)	[pʲeːsˈtʂʲuːjuː zoˈna]

PESSOAS. EVENTOS

Eventos

152. Férias. Evento

festa (f)	šventė (m)	['ʃventʲe:]
festa (f) nacional	nacionalinė šventė (m)	[natsʲɪjɔ'naːlʲɪnʲe: 'ʃventʲe:]
feriado (m)	šventės diena (m)	['ʃventʲe:s dʲiɛ'na]
festejar (vt)	švęsti	['ʃvʲɛːstʲɪ]

evento (festa, etc.)	įvykis (v)	['iːvʲɪːkʲɪs]
evento (banquete, etc.)	renginys (v)	[rʲɛngʲɪ'nʲiːs]
banquete (m)	banketas (v)	[baŋ'kʲetas]
receção (f)	priėmimas (v)	[prʲɪ'eː'mʲɪmas]
festim (m)	puota (m)	[puɑ'ta]

aniversário (m)	metinės (m dgs)	['mʲætʲɪnʲe:s]
jubileu (m)	jubiliejus (v)	[jʊbʲɪ'lʲɛjʊs]
celebrar (vt)	atšvęsti	[at'ʃvʲɛːstʲɪ]

Ano (m) Novo	Naujieji metai (v dgs)	[nɑʊ'jiɛjɪ 'mʲætʌɪ]
Feliz Ano Novo!	Sù Naujaisiais!	['sʊ nɑʊ'jʌɪsʲɛɪs!]

Natal (m)	Kalėdos (m dgs)	[ka'lʲe:dos]
Feliz Natal!	Linksmų Kalėdų!	[lʲɪŋks'mu: ka'lʲe:du:!]
árvore (f) de Natal	Kalėdinė eglutė (m)	[ka'lʲe:dʲɪnʲe: eg'lʊtʲe:]
fogo (m) de artifício	saliutas (v)	[sa'lʲʊtas]

boda (f)	vestuvės (m dgs)	[vʲɛs'tʊvʲe:s]
noivo (m)	jaunikis (v)	[jɛʊ'nʲɪkʲɪs]
noiva (f)	jaunoji (m)	[jɛʊ'noːjɪ]

convidar (vt)	kviesti	['kvʲɛstʲɪ]
convite (m)	kvietimas (v)	[kvʲiɛ'tʲɪmas]

convidado (m)	svečias (v)	['svʲætʂʲæs]
visitar (vt)	eìti į svečiùs	['ɛɪtʲɪ i: svʲɛ'tʂʲʊs]
receber os hóspedes	sutikti svečiùs	[sʊ'tʲɪktʲɪ svʲɛ'tʂʲʊs]

presente (m)	dovana (m)	[dova'na]
oferecer (vt)	dovanoti	[dova'notʲɪ]
receber presentes	gauti dovanas	['gɑʊtʲɪ 'dovanas]
ramo (m) de flores	puokštė (m)	['pʊɑkʃtʲe:]

felicitações (f pl)	sveikinimas (v)	['svʲɛɪkʲɪnʲɪmas]
felicitar (dar os parabéns)	sveikinti	['svʲɛɪkʲɪntʲɪ]
cartão (m) de parabéns	sveikinimo atvirùkas (v)	['svʲɛɪkʲɪnʲɪmɔ atvʲɪ'rʊkas]
enviar um postal	išsiųsti atvirùką	[ɪʃ'sʲuːstʲɪ atvʲɪ'rʊkaː]

receber um postal	gáuti atvirúką	['gɑʊtʲɪ atvʲɪ'rʊka:]
brinde (m)	tóstas (v)	['tostas]
oferecer (vt)	vaišĩnti	[vʌɪ'ʃʲɪntʲɪ]
champanhe (m)	šampãnas (v)	[ʃam'pa:nas]
divertir-se (vr)	lìnksmintis	['lʲɪŋksmʲɪntʲɪs]
diversão (f)	linksmýbė (m)	[lʲɪŋks'mʲi:bʲe:]
alegria (f)	džiaũgsmas (v)	['dʒʲɛʊgsmas]
dança (f)	šõkis (v)	['ʃo:kʲɪs]
dançar (vi)	šókti	['ʃoktʲɪ]
valsa (f)	válsas (v)	['valʲsas]
tango (m)	tángo (v)	['tangɔ]

153. Funerais. Enterro

cemitério (m)	kãpinės (m dgs)	['ka:pʲɪnʲe:s]
sepultura (f), túmulo (m)	kãpas (v)	['ka:pas]
cruz (f)	krýžius (v)	['krʲi:ʒʲʊs]
lápide (f)	añtkapis (v)	['antkapʲɪs]
cerca (f)	ãptvaras (v)	['a:ptvaras]
capela (f)	koplyčià (m)	[kɔplʲi:'tʂʲæ]
morte (f)	mirtìs (m)	[mʲɪr'tʲɪs]
morrer (vi)	mìrti	['mʲɪrtʲɪ]
defunto (m)	veliónis (v)	[vʲɛ'lʲʲonʲɪs]
luto (m)	gẽdulas (v)	['gʲædʊlʲas]
enterrar, sepultar (vt)	láidoti	['lʲʌɪdotʲɪ]
agência (f) funerária	láidojimo biùras (v)	['lʲʌɪdojɪmɔ 'bʲʊras]
funeral (m)	láidotuvės (m dgs)	['lʲʌɪdotʊvʲe:s]
coroa (f) de flores	vainìkas (v)	[vʌɪ'nʲɪkas]
caixão (m)	kárstas (v)	['karstas]
carro (m) funerário	katafálkas (v)	[kata'falʲkas]
mortalha (f)	lavõndengtė (m)	[lʲa'vo:ndeŋktʲe:]
procissão (f) funerária	gẽdulo procèsija (m)	['gʲædʊlʲɔ pro'tsʲɛsʲɪjɛ]
urna (f) funerária	ùrna (m)	['ʊrna]
crematório (m)	krematòriumas (v)	[krʲɛma'torʲʊmas]
obituário (m), necrologia (f)	nekrológas (v)	[nʲɛkro'lʲogas]
chorar (vi)	veŕkti	['vʲɛrktʲɪ]
soluçar (vi)	raudóti	[rɑʊ'dotʲɪ]

154. Guerra. Soldados

pelotão (m)	būrỹs (v)	[bu:'rʲi:s]
companhia (f)	kúopa (m)	['kʊɑpa]
regimento (m)	pul̃kas (v)	['pʊlˠkas]
exército (m)	ármija (m)	['armʲɪjɛ]

divisão (f)	divìzija (m)	[dʲɪ'vʲɪzʲɪjɛ]
destacamento (m)	būrys (v)	[buːˈrʲiːs]
hoste (f)	kariúomenė (m)	[ka'rʲuɑmenʲeː]

soldado (m)	kareĩvis (v)	[ka'rʲɛɪvʲɪs]
oficial (m)	karininkas (v)	[karʲɪ'nʲɪŋkas]

soldado (m) raso	eilìnis (v)	[ɛɪˈlʲɪnʲɪs]
sargento (m)	seržántas (v)	[sʲɛrˈʒantas]
tenente (m)	leitenántas (v)	[lʲɛɪtʲɛ'nantas]
capitão (m)	kapitõnas (v)	[kapʲɪ'toːnas]
major (m)	majõras (v)	[ma'joːras]
coronel (m)	pulkininkas (v)	['pulkʲɪnʲɪŋkas]
general (m)	generõlas (v)	[gʲɛnʲɛ'roːlʲas]

marujo (m)	jūrininkas (v)	['juːrʲɪnʲɪŋkas]
capitão (m)	kapitõnas (v)	[kapʲɪ'toːnas]
contramestre (m)	bòcmanas (v)	['botsmanas]
artilheiro (m)	artilerìstas (v)	[artʲɪlʲɛ'rʲɪstas]
soldado (m) paraquedista	desántininkas (v)	[dʲɛ'santʲɪnʲɪŋkas]
piloto (m)	lakūnas (v)	[lʲa'kuːnas]
navegador (m)	šturmanas (v)	['ʃturmanas]
mecânico (m)	mechãnikas (v)	[mʲɛ'xaːnʲɪkas]

sapador (m)	pioniẽrius (v)	[pʲɪjo'nʲɛrʲus]
paraquedista (m)	parašiutininkas (v)	[para'ʃutʲɪnʲɪŋkas]
explorador (m)	žvalgas (v)	['ʒvalʲgas]
franco-atirador (m)	snáiperis (v)	['snʌɪpʲɛrʲɪs]

patrulha (f)	patrulis (v)	[pat'rulʲɪs]
patrulhar (vt)	patruliúoti	[patru'lʲuɑtʲɪ]
sentinela (f)	sargýbinis (v)	[sar'gʲiːbʲɪnʲɪs]
guerreiro (m)	karys (v)	[ka'rʲiːs]
patriota (m)	patriõtas (v)	[patrʲɪ'jotas]
herói (m)	dìdvyris (v)	['dʲɪdvʲiːrʲɪs]
heroína (f)	dìdvyrė (m)	['dʲɪdvʲiːrʲeː]

traidor (m)	išdavìkas (v)	[ɪʃda'vʲɪkas]
trair (vt)	išdúoti	[ɪʃ'duɑtʲɪ]
desertor (m)	dezertýras (v)	[dʲɛzʲɛr'tʲiːras]
desertar (vt)	dezertyrúoti	[dʲɛzʲɛrtʲiː'ruɑtʲɪ]

mercenário (m)	samdinỹs (v)	[samdʲɪ'nʲiːs]
recruta (m)	naujõkas (v)	[nɑu'joːkas]
voluntário (m)	savanõris (v)	[sava'noːrʲɪs]

morto (m)	nužudýtasis (v)	[nuʒu'dʲiːtasʲɪs]
ferido (m)	sužeistàsis (v)	[suʒɛɪ'stasʲɪs]
prisioneiro (m) de guerra	belaĩsvis (v)	[bʲɛ'lʲʌɪsvʲɪs]

155. Guerra. Ações militares. Parte 1

guerra (f)	kãras (v)	['kaːras]
guerrear (vt)	kariáuti	[ka'rʲæutʲɪ]

guerra (f) civil	piliėtinis kãras (v)	[pɪˈlʲɛtʲɪnʲɪs ˈkaːras]
perfidamente	klastìngai	[klʲasˈtʲɪngʌɪ]
declaração (f) de guerra	paskelbìmas (v)	[paskʲɛlʲˈbʲɪmas]
declarar (vt) guerra	paskélbti	[pasˈkʲɛlʲptʲɪ]
agressão (f)	agrèsija (m)	[agˈrʲɛsʲɪjɛ]
atacar (vt)	pùlti	[ˈpulʲtʲɪ]

invadir (vt)	užgróbti	[uʒˈgroptʲɪ]
invasor (m)	užgrobìkas (v)	[uʒgroˈbʲɪkas]
conquistador (m)	užkariáutojas (v)	[uʒkaˈrʲæuto:jɛs]

defesa (f)	gynýba (m)	[gʲiːˈnʲiːba]
defender (vt)	gìnti	[ˈgʲɪntʲɪ]
defender-se (vr)	gìntis	[ˈgʲɪntʲɪs]

inimigo (m)	príešas (v)	[ˈprʲiɛʃas]
adversário (m)	príešininkas (v)	[ˈprʲiɛʃɪnʲɪŋkas]
inimigo	príešo	[ˈprʲiɛʃo]

estratégia (f)	stratègija (m)	[straˈtʲɛgʲɪjɛ]
tática (f)	tãktika (m)	[ˈtaːktʲɪka]

ordem (f)	įsãkymas (v)	[iːˈsaːkʲɪːmas]
comando (m)	kománda (m)	[koˈmanda]
ordenar (vt)	įsakýti	[iːsaˈkʲiːtʲɪ]
missão (f)	užduotìs (m)	[uʒduɑˈtʲɪs]
secreto	slãptas	[ˈslʲaːptas]

batalha (f)	mũšis (v)	[ˈmuːʃɪs]
combate (m)	kautỹnės (m dgs)	[kɑuˈtʲiːnʲeːs]

ataque (m)	atakà (m)	[ataˈka]
assalto (m)	štur̃mas (v)	[ˈʃturmas]
assaltar (vt)	šturmúoti	[ʃturˈmuɑtʲɪ]
assédio, sítio (m)	apgulà (m)	[apguˈlʲa]

ofensiva (f)	puolìmas (v)	[puɑˈlʲɪmas]
passar à ofensiva	pùlti	[ˈpulʲtʲɪ]

retirada (f)	atsitraukìmas (v)	[atsʲɪtrɑuˈkʲɪmas]
retirar-se (vr)	atsitráukti	[atsʲɪˈtrɑuktʲɪ]

cerco (m)	apsupìmas (v)	[apsuˈpʲɪmas]
cercar (vt)	apsùpti	[apˈsuptʲɪ]

bombardeio (m)	bombardãvimas (v)	[bombarˈdaːvʲɪmas]
lançar uma bomba	numèsti bòmbą	[nuˈmʲɛstʲɪ ˈbomba:]
bombardear (vt)	bombardúoti	[bombarˈduɑtʲɪ]
explosão (f)	sprogìmas (v)	[sproˈgʲɪmas]

tiro (m)	šũvis (v)	[ˈʃuːvʲɪs]
disparar um tiro	iššáuti	[ɪʃˈʃɑutʲɪ]
tiroteio (m)	šáudymas (v)	[ˈʃɑudʲɪːmas]

apontar para ...	táikytis į̃ ...	[ˈtʌɪkʲiːtʲɪs iː ..]
apontar (vt)	nutáikyti	[nuˈtʌɪkʲiːtʲɪ]

acertar (vt)	pataikyti	[pa'tʌɪkʲiːtʲɪ]
afundar (um navio)	paskandinti	[paskan'dʲɪntʲɪ]
brecha (f)	pradauža (m)	[pradɑʊ'ʒa]
afundar-se (vr)	grimzti į dugną	['grʲɪmztʲɪ iː 'dʊgnaː]

frente (m)	frontas (v)	['frontas]
evacuação (f)	evakuācija (m)	[ɛvakʊ'aːtsʲɪjɛ]
evacuar (vt)	evakuoti	[ɛva'kʊɑtʲɪ]

arame (m) farpado	spygliuotoji vielà (m)	[spʲiːg'lʲʊɑtojɪ vʲiɛ'la]
obstáculo (m) anticarro	užtvara (m)	['ʊʒtvara]
torre (f) de vigia	bókštas (v)	['bokʃtas]

hospital (m)	kāro ligóninė (m)	['kaːrɔ lʲɪ'gonʲɪnʲeː]
ferir (vt)	sužeisti	[sʊ'ʒʲɛɪstʲɪ]
ferida (f)	žaizdà (m)	[ʒʌɪz'da]
ferido (m)	sužeistàsis (v)	[sʊʒʲɛɪ'stasʲɪs]
ficar ferido	būti sužeistám	['buːtʲɪ sʊʒʲɛɪs'tam]
grave (ferida ~)	sunkùs	[sʊn'kʊs]

156. Armas

arma (f)	giñklas (v)	['gʲɪŋklʲas]
arma (f) de fogo	šaunamàsis giñklas (v)	[ʃɑʊna'masʲɪs 'gʲɪŋklʲas]
arma (f) branca	šaltàsis giñklas (v)	[ʃalʲ'tasʲɪs 'gʲɪŋklʲas]

arma (f) química	chèminis giñklas (v)	['xʲɛmʲɪnʲɪs 'gʲɪŋklʲas]
nuclear	branduolìnis	[brandʊɑ'lʲɪnʲɪs]
arma (f) nuclear	branduolìnis giñklas (v)	[brandʊɑ'lʲɪnʲɪs 'gʲɪŋklas]

bomba (f)	bòmba (m)	['bomba]
bomba (f) atómica	atòminė bòmba (m)	[a'tomʲɪnʲeː 'bomba]

pistola (f)	pistolètas (v)	[pʲɪsto'lʲɛtas]
caçadeira (f)	šáutuvas (v)	['ʃɑʊtʊvas]
pistola-metralhadora (f)	automātas (v)	[ɑʊto'maːtas]
metralhadora (f)	kulkósvaidis (v)	[kʊlʲ'kosvʌɪdʲɪs]

boca (f)	žiótys (m dgs)	['ʒʲotʲiːs]
cano (m)	vamzdis (v)	['vamzdʲɪs]
calibre (m)	kalìbras (v)	[ka'lʲɪbras]

gatilho (m)	gaidùkas (v)	[gʌɪ'dʊkas]
mira (f)	taikìklis (v)	[tʌɪ'kʲɪklʲɪs]
carregador (m)	dėtuvė̃ (m)	[dʲeːtʊ'vʲeː]
coronha (f)	búožė (m)	['bʊɑʒʲeː]

granada (f) de mão	granatà (m)	[grana'ta]
explosivo (m)	sprogmuõ (v)	['sprogmʊɑ]

bala (f)	kulkà (m)	[kʊlʲ'ka]
cartucho (m)	patrònas (v)	[pat'ronas]
carga (f)	šovinỹs (v)	[ʃovʲɪ'nʲiːs]
munições (f pl)	šáudmenys (v dgs)	['ʃɑʊdmʲɛnʲiːs]

bombardeiro (m)	bombónešis (v)	[bom'bon'ɛʃɪs]
avião (m) de caça	naikintuvas (v)	[nʌɪk'ɪn'tʊvas]
helicóptero (m)	sraigtásparnis (v)	[srʌɪk'ta:sparn'ɪs]

canhão (m) antiaéreo	zenìtinis pabūklas (v)	[z'ɛ'n'ɪ:t'ɪn'ɪs i:r'ɛng'ɪ'n'ɪ:s]
tanque (m)	tánkas (v)	['taŋkas]
canhão (de um tanque)	patránka (m)	[pat'raŋka]

artilharia (f)	artilèrija (m)	[art'ɪ'l'ɛr'ɪjɛ]
fazer a pontaria	nutáikyti	[nʊ'tʌɪk'i:t'ɪ]

obus (m)	sviedinỹs (v)	[sv'ɛd'ɪ'n'i:s]
granada (f) de morteiro	minà (m)	[m'ɪ'na]
morteiro (m)	minósvaidis (v)	[m'ɪ'nosvʌɪd'ɪs]
estilhaço (m)	skevéldra (m)	[sk'ɛ'v'ɛl'dra]

submarino (m)	povandenìnis laĩvas (v)	[povand'ɛ'n'ɪn'ɪs 'l'ʌɪvas]
torpedo (m)	torpedà (m)	[torp'ɛ'da]
míssil (m)	raketà (m)	[rak'ɛ'ta]

carregar (uma arma)	užtaisýti	[ʊʒtʌɪ's'i:t'ɪ]
atirar, disparar (vi)	šáuti	['ʃaʊt'ɪ]
apontar para ...	táikytis į̃ ...	['tʌɪk'i:t'ɪs i: ..]
baioneta (f)	durtuvas (v)	['dʊrtʊvas]

espada (f)	špagà (m)	[ʃpa'ga]
sabre (m)	kárdas (v)	['kardas]
lança (f)	íetis (m)	['ɪ'ɛt'ɪs]
arco (m)	lañkas (v)	['l'aŋkas]
flecha (f)	strėlẽ (m)	[str'e:'l'e:]
mosquete (m)	muškietà (m)	[mʊʃk'ɪ'ɛ'ta]
besta (f)	arbaletas (v)	[arba'l'ɛtas]

157. Povos da antiguidade

primitivo	pirmýkštis	[p'ɪr'm'i:kʃt'ɪs]
pré-histórico	priešistòrinis	[pr'ɪɛʃ'ɪ'stor'ɪn'ɪs]
antigo	senóvinis	[s'ɛ'nov'ɪn'ɪs]

Idade (f) da Pedra	Akmeñs ámžius (v)	[ak'm'ɛns 'amʒ'ʊs]
Idade (f) do Bronze	Žálvario ámžius (v)	['ʒal'var'o 'amʒ'ʊs]
período (m) glacial	ledýnmetis (v)	[l'ɛ'd'i:nm'ɛt'ɪs]

tribo (f)	gentìs (m)	[g'ɛn't'ɪs]
canibal (m)	žmogédra (m)	[ʒmo'g'e:dra]
caçador (m)	medžiótojas (v)	[m'ɛ'dʒ'oto:jɛs]
caçar (vi)	medžióti	[m'ɛ'dʒ'ot'ɪ]
mamute (m)	mamutas (v)	[ma'mʊtas]

caverna (f)	ùrvas (v)	['ʊrvas]
fogo (m)	ugnìs (v)	[ʊg'n'ɪs]
fogueira (f)	láužas (v)	['l'aʊʒas]
pintura (f) rupestre	piešinỹs añt olõs síenos (v)	[p'ɪɛʃ'ɪ'n'i:s ant o'l'o:s 's'ɪɛnos]
ferramenta (f)	dárbo įrankis (v)	['darbo 'i:raŋk'ɪs]

lança (f)	íetis (m)	['rɛtʲɪs]
machado (m) de pedra	akmenìnis kírvis (v)	[akmʲɛ'nʲɪnʲɪs 'kʲɪrvʲɪs]
guerrear (vt)	kariáuti	[ka'rʲæʊtʲɪ]
domesticar (vt)	prijaukìnti	[prʲɪʲjɛʊ'kʲɪntʲɪ]
ídolo (m)	stãbas (v)	['sta:bas]
adorar, venerar (vt)	gárbinti	['garbʲɪntʲɪ]
superstição (f)	príetaras (v)	['prʲiɛtaras]
evolução (f)	evoliùcija (m)	[ɛvo'lʲʊtsʲɪjɛ]
desenvolvimento (m)	výstymasis (v)	['vʲi:stʲi:masʲɪs]
desaparecimento (m)	išnykìmas (v)	[ɪʃnʲi:'kʲɪmas]
adaptar-se (vr)	prisitáikyti	[prʲɪsʲɪ't ʌɪkʲi:tʲɪ]
arqueologia (f)	archeolȯgija (m)	[arxʲɛo'lʲogʲɪjɛ]
arqueólogo (m)	archeolȯgas (v)	[arxʲɛo'lʲogas]
arqueológico	archeolȯginis	[arxʲɛo'lʲogʲɪnʲɪs]
local (m) das escavações	kasinéjimai (m dgs)	[kasʲɪ'nʲɛjɪmʌɪ]
escavações (f pl)	kasinéjimai (m dgs)	[kasʲɪ'nʲɛjɪmʌɪ]
achado (m)	radinỹs (v)	[radʲɪ'nʲi:s]
fragmento (m)	fragmeñtas (v)	[frag'mʲɛntas]

158. Idade média

povo (m)	tautà (m)	[taʊ'ta]
povos (m pl)	tautõs (m dgs)	[taʊ'to:s]
tribo (f)	gentìs (m)	[gʲɛn'tʲɪs]
tribos (f pl)	geñtys (m dgs)	['gʲɛntʲi:s]
bárbaros (m pl)	bárbarai (v dgs)	['barbarʌɪ]
gauleses (m pl)	gãlai (v dgs)	['ga:lʲʌɪ]
godos (m pl)	gȯtai (v dgs)	['gotʌɪ]
eslavos (m pl)	slãvai (m dgs)	['slʲa:vʌɪ]
víquingues (m pl)	vìkingai (v)	['vʲɪkʲɪngʌɪ]
romanos (m pl)	roménas (v)	[ro'mʲe:nas]
romano	roméniškas	[ro'mʲe:nʲɪʃkas]
bizantinos (m pl)	bizantiẽčiai (v dgs)	[bʲɪzan'tʲɛtʂʲɛɪ]
Bizâncio	Bizántija (m)	[bʲɪ'zantʲɪjɛ]
bizantino	bizántiškas	[bʲɪ'zantʲɪʃkas]
imperador (m)	imperãtorius (v)	[ɪmpʲɛ'ra:torʲʊs]
líder (m)	vãdas (v)	['va:das]
poderoso	galìngas	[ga'lʲɪngas]
rei (m)	karãlius (v)	[ka'ra:lʲʊs]
governante (m)	valdõvas (v)	[valʲ'do:vas]
cavaleiro (m)	rìteris (v)	['rʲɪtʲɛrʲɪs]
senhor feudal (m)	feodãlas (v)	[fʲɛo'da:lʲas]
feudal	feodãlinis	[fʲɛo'da:lʲɪnʲɪs]
vassalo (m)	vasãlas (v)	[va'sa:lʲas]
duque (m)	hėrcogas (v)	['ɣʲɛrtsogas]

conde (m)	grãfas (v)	['gra:fas]
barão (m)	barõnas (v)	[ba'ro:nas]
bispo (m)	výskupas (v)	['vʲi:skʊpas]

armadura (f)	šarvuõtė (m)	[ʃar'vʊatʲe:]
escudo (m)	skýdas (v)	['skʲi:das]
espada (f)	kárdas (v)	['kardas]
viseira (f)	añtveidis (v)	['antvʲɛɪdʲɪs]
cota (f) de malha	šarvìniai marškiniaĩ (v dgs)	[ʃar'vʲɪnʲɛɪ marʃkʲɪ'nʲɛɪ]

| cruzada (f) | krýžiaus žýgis (v) | ['krʲi:ʒʲɛʊs 'ʒʲi:gʲɪs] |
| cruzado (m) | kryžiuõtis (v) | [krʲi:ʒʲʊ'o:tʲɪs] |

território (m)	teritòrija (m)	[tʲɛrʲɪ'torʲɪjɛ]
atacar (vt)	pùlti	['pʊlʲtʲɪ]
conquistar (vt)	užkariáuti	[ʊʒka'rʲæʊtʲɪ]
ocupar, invadir (vt)	užgrõbti	[ʊʒ'groptʲɪ]

assédio, sítio (m)	apgulà (m)	[apgʊ'lʲa]
sitiado	àpgultas	['apgʊlʲtas]
assediar, sitiar (vt)	apgul̃ti	[ap'gʊlʲtʲɪ]

inquisição (f)	inkvizìcija (m)	[ɪŋkvʲɪ'zʲɪtsʲɪjɛ]
inquisidor (m)	inkvizìtorius (v)	[ɪŋkvʲɪ'zʲɪtorʲʊs]
tortura (f)	kankìnimas (v)	[kaŋ'kʲɪnʲɪmas]
cruel	žiaurùs	[ʒʲɛʊ'rʊs]
herege (m)	erètikas (v)	[ɛ'rʲɛtʲɪkas]
heresia (f)	erèzija (m)	[ɛ'rʲɛzʲɪjɛ]

navegação (f) marítima	navigãcija (m)	[navʲɪ'ga:tsʲɪjɛ]
pirata (m)	pirãtas (v)	[pʲɪ'ra:tas]
pirataria (f)	piratãvimas (v)	[pʲɪra'ta:vʲɪmas]
abordagem (f)	abordažas (v)	[abor'daʒas]
presa (f), butim (m)	grõbis (v)	['gro:bʲɪs]
tesouros (m pl)	lòbis (v)	['lʲo:bʲɪs]

descobrimento (m)	atradìmas (v)	[atra'dʲɪmas]
descobrir (novas terras)	atràsti	[at'rastʲɪ]
expedição (f)	ekspedìcija (m)	[ɛkspʲɛ'dʲɪtsʲɪjɛ]

mosqueteiro (m)	muškiẽtininkas (v)	[mʊʃkʲɛtʲɪnʲɪŋkas]
cardeal (m)	kardinõlas (v)	[kardʲɪ'no:lʲas]
heráldica (f)	heráldika (m)	[ɣʲɛ'ralʲdʲɪka]
heráldico	heráldikos	[ɣʲɛ'ralʲdʲɪkos]

159. Líder. Chefe. Autoridades

rei (m)	karãlius (v)	[ka'ra:lʲʊs]
rainha (f)	karalìenė (m)	[kara'lʲiɛnʲe:]
real	karãliškas	[ka'ra:lʲɪʃkas]
reino (m)	karalýstė (m)	[kara'lʲi:stʲe:]

| príncipe (m) | prìncas (v) | ['prʲɪntsas] |
| princesa (f) | princèsė (m) | [prʲɪn'tsʲɛsʲe:] |

presidente (m)	prezidentas (v)	[prʲɛzʲɪˈdʲɛntas]
vice-presidente (m)	viceprezidentas (v)	[vʲɪtsʲɛprʲɛzʲɪˈdʲɛntas]
senador (m)	senatorius (v)	[sʲɛˈnaːtorʲʊs]

monarca (m)	monárchas (v)	[moˈnarxas]
governante (m)	valdovas (v)	[valʲˈdoːvas]
ditador (m)	diktatorius (v)	[dʲɪkˈtaːtorʲʊs]
tirano (m)	tironas (v)	[tʲɪˈroːnas]
magnata (m)	magnatas (v)	[magˈnaːtas]

diretor (m)	direktorius (v)	[dʲɪˈrʲɛktorʲʊs]
chefe (m)	šefas (v)	[ˈʃɛfas]
dirigente (m)	valdytojas (v)	[valʲˈdʲiːtoːjɛs]
patrão (m)	bosas (v)	[ˈboːsas]
dono (m)	savininkas (v)	[savʲɪˈnʲɪŋkas]

líder, chefe (m)	vadas (v)	[ˈvaːdas]
chefe (~ de delegação)	vadovas (v)	[vaˈdoːvas]
autoridades (f pl)	valdžios organai (v dgs)	[valʲˈdʒʲoːs ˈorganʌɪ]
superiores (m pl)	vadovybė (m)	[vadoˈvʲiːbʲeː]

governador (m)	gubernatorius (v)	[gʊbʲɛrˈnaːtorʲʊs]
cônsul (m)	konsulas (v)	[ˈkonsʊlʲas]
diplomata (m)	diplomatas (v)	[dʲɪplʲoˈmaːtas]
Presidente (m) da Câmara	meras (v)	[ˈmʲɛras]
xerife (m)	šerifas (v)	[ʃɛrʲɪfas]

imperador (m)	imperatorius (v)	[ɪmpʲɛˈraːtorʲʊs]
czar (m)	caras (v)	[ˈtsaːras]
faraó (m)	faraonas (v)	[faraˈonas]
cã (m)	chanas (v)	[ˈxaːnas]

160. Viloação da lei. Criminosos. Parte 1

bandido (m)	banditas (v)	[banˈdʲɪtas]
crime (m)	nusikaltimas (v)	[nʊsʲɪkalʲˈtʲɪmas]
criminoso (m)	nusikaltėlis (v)	[nʊsʲɪˈkaltʲeːlʲɪs]

ladrão (m)	vagis (v)	[vaˈgʲɪs]
roubar (vt)	vogti	[ˈvoːktʲɪ]
furto, roubo (m)	vagystė (m)	[vaˈgʲiːstʲeː]

raptar (ex. ~ uma criança)	pagrobti	[pagˈroptʲɪ]
rapto (m)	pagrobėjas (v)	[pagroˈbʲeːjas]
raptor (m)	pagrobimas (v)	[pagroˈbʲɪmas]

| resgate (m) | išpirka (m) | [ˈɪʃpʲɪrka] |
| pedir resgate | reikalauti išpirkos | [rʲɛɪkaˈlʲɑʊtʲɪ ˈɪʃpʲɪrkos] |

roubar (vt)	plėšikáuti	[plʲeːʃʲɪˈkɑʊtʲɪ]
assalto, roubo (m)	apiplėšimas (v)	[apʲɪˈplʲeːʃʲɪmas]
assaltante (m)	plėšikas (v)	[plʲeːˈʃʲɪkas]
extorquir (vt)	prievartáuti	[prʲiɛvarˈtɑʊtʲɪ]
extorsionário (m)	prievartáutojas (v)	[prʲiɛvarˈtɑʊtoːjɛs]

extorsão (f)	prievartāvimas (v)	[prʲiɛvar'ta:vʲɪmas]
matar, assassinar (vt)	nužudyti	[nuʒu'dʲi:tʲɪ]
homicídio (m)	nužùdymas (v)	[nu'ʒudʲi:mas]
homicida, assassino (m)	žudìkas (v)	[ʒu'dʲɪkas]

tiro (m)	šūvis (v)	['ʃu:vʲɪs]
dar um tiro	iššáuti	[ɪʃʃautʲɪ]
matar a tiro	nušáuti	[nu'ʃautʲɪ]
atirar, disparar (vi)	šáudyti	['ʃaudʲi:tʲɪ]
tiroteio (m)	šáudymas (v)	['ʃaudʲi:mas]

incidente (m)	įvykis (v)	['i:vʲɪ:kʲɪs]
briga (~ de rua)	muštynės (m dgs)	[muʃ'tʲi:nʲe:s]
Socorro!	Gélbėkit!	['gʲɛlʲbʲe:kʲɪtʲ]
vítima (f)	aukà (m)	[au'ka]

danificar (vt)	sugadìnti	[suga'dʲɪntʲɪ]
dano (m)	núostolis (v)	['nuostolʲɪs]
cadáver (m)	lavónas (v)	[lʲa'vonas]
grave	sunkùs	[suŋ'kus]

atacar (vt)	užpùlti	[uʒ'pulʲtʲɪ]
bater (espancar)	mùšti	['muʃtʲɪ]
espancar (vt)	sumùšti	[su'muʃtʲɪ]
tirar, roubar (dinheiro)	atim̃ti	[a'tʲɪmtʲɪ]
esfaquear (vt)	papjáuti	[pa'pjautʲɪ]
mutilar (vt)	sužalóti	[suʒa'lʲotʲɪ]
ferir (vt)	sužalóti	[suʒa'lʲotʲɪ]

chantagem (f)	šantãžas (v)	[ʃan'ta:ʒas]
chantagear (vt)	šantažúoti	[ʃanta'ʒuatʲɪ]
chantagista (m)	šantažúotojas (v)	[ʃanta'ʒuato:jɛs]

extorsão (em troca de proteção)	rèketas (v)	['rʲɛkʲɛtas]
extorsionário (m)	reketúotojas (v)	[rʲɛkʲɛ'tuato:jɛs]
gângster (m)	gángsteris (v)	['gangstʲɛrʲɪs]
máfia (f)	māfija (m)	['ma:fʲɪjɛ]

carteirista (m)	kišénvagis (v)	[kʲɪ'ʃɛnvagʲɪs]
assaltante, ladrão (m)	įsilaužėlis (v)	[i:sʲɪlau'ʒʲe:lʲɪs]
contrabando (m)	kontrabánda (m)	[kontra'banda]
contrabandista (m)	kontrabándininkas (v)	[kontra'bandʲɪnʲɪŋkas]

falsificação (f)	klastõtė (m)	[klʲas'to:tʲe:]
falsificar (vt)	klastóti	[klʲas'totʲɪ]
falsificado	klastõtė	[klʲas'to:tʲe:]

161. Viloação da lei. Criminosos. Parte 2

violação (f)	išprievartãvimas (v)	[ɪʃprʲiɛvar'ta:vʲɪmas]
violar (vt)	išprievartáuti	[ɪʃprʲiɛvar'tautʲɪ]
violador (m)	prievartáutojas (v)	[prʲiɛvar'tauto:jɛs]
maníaco (m)	maniãkas (v)	[manʲɪ'jakas]

prostituta (f)	prostitutė (m)	[prostʲɪ'tʊtʲeː]
prostituição (f)	prostitucija (m)	[prostʲɪ'tʊtsʲɪjɛ]
chulo (m)	suteneris (v)	[sʊ'tʲɛnʲɛrʲɪs]

| toxicodependente (m) | narkomãnas (v) | [narko'maːnas] |
| traficante (m) | prekiáutojas narkotikais (v) | [prʲɛ'kʲæʊtoːjɛs nar'kotʲɪkʌɪs] |

| explodir (vt) | susprogdìnti | [sʊsprog'dʲɪntʲɪ] |
| explosão (f) | sprogìmas (v) | [spro'gʲɪmas] |

| incendiar (vt) | padègti | [pa'dʲɛktʲɪ] |
| incendiário (m) | padegéjas (v) | [padʲɛ'gʲeːjas] |

terrorismo (m)	terorìzmas (v)	[tʲɛro'rʲɪzmas]
terrorista (m)	terorìstas (v)	[tʲɛro'rʲɪstas]
refém (m)	įkaitas (v)	['iːkʌɪtas]

enganar (vt)	apgáuti	[ap'gɑʊtʲɪ]
engano (m)	apgavỹstė (m)	[apga'vʲiːstʲeː]
vigarista (m)	sùkčius (v)	['sʊktʂʲʊs]

subornar (vt)	papìrkti	[pa'pʲɪrktʲɪ]
suborno (atividade)	papirkìmas (v)	[papʲɪr'kʲɪmas]
suborno (dinheiro)	kỹšis (v)	['kʲiːʃɪs]

veneno (m)	nuõdas (v)	['nʊɑdas]
envenenar (vt)	nunuõdyti	[nʊ'nʊɑdʲiːtʲɪ]
envenenar-se (vr)	nusinuõdyti	[nʊsʲɪnʊɑdʲiːtʲɪ]

| suicídio (m) | savižudýbė (m) | [savʲɪʒʊ'dʲiːbʲeː] |
| suicida (m) | savìžudis (v) | [sa'vʲɪʒʊdʲɪs] |

| ameaçar (vt) | grasìnti | [gra'sʲɪntʲɪ] |
| ameaça (f) | grasìnimas (v) | [gra'sʲɪnʲɪmas] |

| atentar contra a vida de ... | kėsìntis | [kʲeː'sʲɪntʲɪs] |
| atentado (m) | pasikėsìnimas (v) | [pasʲɪkʲeː'sʲɪnʲɪmas] |

| roubar (o carro) | nuvarýti | [nʊva'rʲiːtʲɪ] |
| desviar (o avião) | nuvarýti | [nʊva'rʲiːtʲɪ] |

| vingança (f) | keřštas (v) | ['kʲɛrʃtas] |
| vingar (vt) | keřšyti | ['kʲɛrʃɪːtʲɪ] |

torturar (vt)	kankìnti	[kaŋ'kʲɪntʲɪ]
tortura (f)	kankìnimas (v)	[kaŋ'kʲɪnʲɪmas]
atormentar (vt)	kankìnti	[kaŋ'kʲɪntʲɪ]

| pirata (m) | pirãtas (v) | [pʲɪ'raːtas] |
| desordeiro (m) | chuligãnas (v) | [xʊlʲɪ'gaːnas] |

| armado | ginklúotas | [gʲɪŋk'lʲʊɑtas] |
| violência (f) | príevarta (m) | ['prʲiɛvarta] |

| espionagem (f) | špionãžas (v) | [ʃpʲo'naːʒas] |
| espionar (vi) | šnipinéti | [ʃnʲɪpʲɪ'nʲeːtʲɪ] |

162. Polícia. Lei. Parte 1

| justiça (f) | teismas (v) | ['tʲɛɪsmas] |
| tribunal (m) | teismas (v) | ['tʲɛɪsmas] |

juiz (m)	teiséjas (v)	[tʲɛɪ'sʲe:jas]
jurados (m pl)	prisíekusieji (v)	[prʲɪ'sʲiɛkʊsʲiɛji]
tribunal (m) do júri	prisíekusiujų teismas (v)	[prʲɪ'sʲiɛkʊsʲu:ju: 'tʲɛɪsmas]
julgar (vt)	teisti	['tʲɛɪstʲɪ]

advogado (m)	advokãtas (v)	[advo'ka:tas]
réu (m)	teisiamàsis (v)	[tʲɛɪsʲæ'masʲɪs]
banco (m) dos réus	teisiamūjų súolas (v)	[tʲɛɪsʲæ'mu:ju: 'sʊalʲas]

| acusação (f) | káltinimai (v) | ['kalʲtʲɪnʲɪmʌɪ] |
| acusado (m) | káltinamasis (v) | ['kalʲtʲɪnamasʲɪs] |

| sentença (f) | núosprendis (v) | ['nʊasprʲɛndʲɪs] |
| sentenciar (vt) | nuteisti | [nʊ'tʲɛɪstʲɪ] |

culpado (m)	kaltininkas (v)	[kalʲtʲɪ'nʲɪŋkas]
punir (vt)	nubaũsti	[nʊ'baʊstʲɪ]
punição (f)	bausmě (m)	[baʊs'mʲe:]

multa (f)	baudà (m)	[baʊ'da]
prisão (f) perpétua	kaléjįmas ikì gyvõs galvos (v)	[ka'lʲɛjɪmas ikʲɪ gʲi:'vo:s galʲ'vo:s]
pena (f) de morte	mirtiěs bausmě (m)	[mʲɪr'tʲɛs baʊs'mʲe:]
cadeira (f) elétrica	elèktros kėdě (m)	[e'lʲɛktros kʲe:'dʲe:]
forca (f)	kártuvės (m dgs)	['kartʊvʲe:s]

| executar (vt) | baũsti mirtimì | ['baʊstʲɪ mʲɪrtʲɪ'mʲɪ] |
| execução (f) | baudìmas mirtimì (v) | [baʊ'dʲɪmas mʲɪrtʲɪ'mʲɪ] |

| prisão (f) | kaléjimas (v) | [ka'lʲɛjɪmas] |
| cela (f) de prisão | kãmera (m) | ['ka:mʲɛra] |

escolta (f)	konvòjus (v)	[kɔn'vojʊs]
guarda (m) prisional	prižiūrétojas (v)	[prʲɪʒʲu:'rʲe:to:jɛs]
preso (m)	kalinỹs (v)	[kalʲɪ'nʲi:s]

| algemas (f pl) | añtrankiai (v dgs) | ['aɲtrakʲɛɪ] |
| algemar (vt) | uždéti añtrankius | [ʊʒ'dʲe:tʲɪ 'aɲtraŋkʲʊs] |

fuga, evasão (f)	pabėgìmas (v)	[pabʲe:'gʲɪmas]
fugir (vi)	pabégti	[pa'bʲe:ktʲɪ]
desaparecer (vi)	diñgti	['dʲɪŋktʲɪ]
soltar, libertar (vt)	paleisti	[pa'lʲɛɪstʲɪ]
amnistia (f)	amnèstija (m)	[am'nʲɛstʲɪjɛ]

polícia (instituição)	polìcija (m)	[po'lʲɪtsʲɪjɛ]
polícia (m)	polìcininkas (v)	[po'lʲɪtsʲɪnʲɪŋkas]
esquadra (f) de polícia	polìcijos núovada (m)	[po'lʲɪtsʲɪjɔs 'nʊavada]
cassetete (m)	gumìnis pagalỹs (v)	[gʊ'mʲɪnʲɪs paga'lʲi:s]
megafone (m)	garsiãkalbis (v)	[gar'sʲækalʲbʲɪs]

carro (m) de patrulha	patrùlio mašinà (m)	[pat'rulʲɔ maʃɪ'na]
sirene (f)	sirenà (m)	[sʲɪrʲɛ'na]
ligar a sirene	įjùngti sirèną	[i:'juŋktʲɪ sʲɪ'rʲɛna:]
toque (m) da sirene	sirènos kaukìmas (v)	[sʲɪ'rʲɛnos kɑʊ'kʲɪmas]
cena (f) do crime	įvykio vietà (m)	['i:vʲɪːkʲɔ vʲiɛ'ta]
testemunha (f)	liùdininkas (v)	['lʲudʲɪnʲɪŋkas]
liberdade (f)	laisvė (m)	['lʲʌɪsvʲe:]
cúmplice (m)	beñdrininkas (v)	['bʲɛndrʲɪnʲɪŋkas]
escapar (vi)	pasislėpti	[pasʲɪ'slʲe:ptʲɪ]
traço (não deixar ~s)	pėdsakas (v)	['pʲe:dsakas]

163. Polícia. Lei. Parte 2

procura (f)	paieškà (m)	[paʲiɛʃ'ka]
procurar (vt)	ieškóti	[ɪɛʃ'kotʲɪ]
suspeita (f)	įtarìmas (v)	[i:ta'rʲɪ:mas]
suspeito	įtartinas	[i:'tartʲɪnas]
parar (vt)	sustabdýti	[sustab'dʲi:tʲɪ]
deter (vt)	sulaikýti	[sulʲʌɪ'kʲi:tʲɪ]
caso (criminal)	bylà (m)	[bʲi:'lʲa]
investigação (f)	tyrìmas (v)	[tʲi:'rʲɪmas]
detetive (m)	detektývas (v)	[dʲɛtʲɛk'tʲi:vas]
investigador (m)	tyréjas (v)	[tʲi:'rʲe:jas]
versão (f)	versija (m)	['vʲɛrsʲɪjɛ]
motivo (m)	motývas (v)	[mo'tʲi:vas]
interrogatório (m)	apklausà (m)	[apklʲɑʊ'sa]
interrogar (vt)	apkláusti	[ap'klʲɑʊstʲɪ]
questionar (vt)	apkláusti	[ap'klʲɑʊstʲɪ]
verificação (f)	patìkrinimas (v)	[pa'tʲɪkrʲɪnʲɪmas]
batida (f) policial	gaudỹnės (m dgs)	[gɑʊ'dʲi:nʲe:s]
busca (f)	kratà (m)	[kra'ta]
perseguição (f)	vijìmasis (v)	[vʲɪ'jɪmasʲɪs]
perseguir (vt)	sekti	['sʲɛktʲɪ]
seguir (vt)	sekti	['sʲɛktʲɪ]
prisão (f)	āreštas (v)	['a:rʲɛʃtas]
prender (vt)	areštúoti	[arʲɛʃ'tʊɑtʲɪ]
pegar, capturar (vt)	pagáuti	[pa'gɑʊtʲɪ]
captura (f)	pagavìmas (v)	[paga'vʲɪmas]
documento (m)	dokumeñtas (v)	[doku'mʲɛntas]
prova (f)	įródymas (v)	[i:'rodʲɪ:mas]
provar (vt)	įródyti	[i:'rodʲɪ:tʲɪ]
pegada (f)	pėdsakas (v)	['pʲe:dsakas]
impressões (f pl) digitais	pìrštų añtspaudai (v dgs)	['pʲɪrʃtu: 'antspɑʊdʌɪ]
prova (f)	įkaltis (v)	['i:kalʲtʲɪs]
álibi (m)	ālibi (v)	['a:lʲɪbʲɪ]
inocente	nekáltas	[nʲɛ'kalʲtas]
injustiça (f)	neteisingùmas (v)	[nʲɛtʲɛɪsʲɪn'gumas]

injusto	neteisìngas	[nʲɛtʲɛɪ'sʲɪngas]
criminal	kriminãlinis	[krʲɪmʲɪ'ɪ'na:lʲɪnʲɪs]
confiscar (vt)	konfiskúoti	[kɔnfʲɪs'kʊɑtʲɪ]
droga (f)	narkòtikas (v)	[nar'kotʲɪkas]
arma (f)	giñklas (v)	['gʲɪŋklʲas]
desarmar (vt)	nuginklúoti	[nʊgʲɪŋ'klʲʊɑtʲɪ]
ordenar (vt)	įsakinéti	[i:sakʲɪ'nʲe:tʲɪ]
desaparecer (vi)	diñgti	['dʲɪŋktʲɪ]
lei (f)	įstãtymas (v)	[i:'sta:ti:mas]
legal	teisétas	[tʲɛɪ'sʲe:tas]
ilegal	neteisétas	[nʲɛtʲɛɪ'sʲe:tas]
responsabilidade (f)	atsakomýbė (m)	[atsako'mʲi:bʲe:]
responsável	atsakìngas	[atsa'kʲɪngas]

NATUREZA

A Terra. Parte 1

164. Espaço sideral

cosmos (m)	kosmosas (v)	['kosmosas]
cósmico	kosminis	['kosmʲɪnʲɪs]
espaço (m) cósmico	kosminė erdvě (m)	['kosmʲɪnʲe: ɛrd'vʲe:]
mundo (m)	visatà (m)	[vʲɪsa'ta]
universo (m)	pasáulis (v)	[pa'sɑʊlʲɪs]
galáxia (f)	galāktika (m)	[ga'lʲa:ktʲɪka]
estrela (f)	žvaigždě (m)	[ʒvʌɪg'ʒdʲe:]
constelação (f)	žvaigždýnas (v)	[ʒvʌɪgʒ'dʲi:nas]
planeta (m)	planetà (m)	[plʲanʲɛ'ta]
satélite (m)	palydõvas (v)	[palʲi:'do:vas]
meteorito (m)	meteorìtas (v)	[mʲɛtʲɛo'rʲɪtas]
cometa (m)	kometà (m)	[kɔmʲɛ'ta]
asteroide (m)	asteroìdas (v)	[astʲɛ'rɔɪdas]
órbita (f)	orbìtà (m)	[orbʲɪ'ta]
girar (vi)	sùktis	['sʊktʲɪs]
atmosfera (f)	atmosferà (m)	[atmosfʲɛ'ra]
Sol (m)	Sáulė (m)	['sɑʊlʲe:]
Sistema (m) Solar	Sáulės sistemà (m)	['sɑʊlʲe:s sʲɪste'ma]
eclipse (m) solar	Sáulės užtemìmas (v)	['sɑʊlʲe:s ʊʒtʲɛ'mʲɪmas]
Terra (f)	Žēmė (m)	['ʒʲæmʲe:]
Lua (f)	Měnùlis (v)	[mʲe:'nʊlʲɪs]
Marte (m)	Mársas (v)	['marsas]
Vénus (f)	Venerà (m)	[vʲɛnʲɛ'ra]
Júpiter (m)	Jupìteris (v)	[jʊ'pʲɪtʲɛrʲɪs]
Saturno (m)	Satùrnas (v)	[sa'tʊrnas]
Mercúrio (m)	Merkùrijus (v)	[mʲɛr'kʊrʲɪjʊs]
Urano (m)	Urānas (v)	[ʊ'ra:nas]
Neptuno (m)	Neptūnas (v)	[nʲɛp'tu:nas]
Plutão (m)	Plutõnas (v)	[plʲʊ'tonas]
Vla Láctoa (f)	Paūkščių Tākas (v)	['pɑʊkʃtʂʲu: 'ta:kas]
Ursa Maior (f)	Didíeji Grĭžulo Rātai (v dgs)	[dʲɪ'dʲiɛjɪ 'grʲɪːʒʊlʲɔ 'ra:tʌɪ]
Estrela Polar (f)	Šiaurìnė žvaigždě (m)	[ʃɛʊ'rʲɪnʲe: ʒvʌɪg'ʒdʲe:]
marciano (m)	marsiētis (v)	[mar'sʲɛtʲɪs]
extraterrestre (m)	ateìvis (v)	[a'tʲɛɪvʲɪs]

| alienígena (m) | ateivis (v) | [a'tʲɛɪvʲɪs] |
| disco (m) voador | skraidanti lėkštė (m) | ['skrʌɪdantʲɪ lʲe:kʃtʲe:] |

nave (f) espacial	kosminis laivas (v)	['kosmʲɪnʲɪs 'lʲʌɪvas]
estação (f) orbital	orbitos stotis (m)	[or'bʲɪtos sto'tʲɪs]
lançamento (m)	startas (v)	['startas]

motor (m)	variklis (v)	[va'rʲɪklʲɪs]
bocal (m)	tūta (m)	[tu:'ta]
combustível (m)	kuras (v)	['kuras]

cabine (f)	kabina (m)	[kabʲɪ'na]
antena (f)	antena (m)	[antʲɛ'na]
vigia (f)	iliuminatorius (v)	[ɪlʲum'ɪ'na:torʲus]
bateria (f) solar	saulės baterija (m)	['saulʲe:s ba'tʲɛrʲɪjɛ]
traje (m) espacial	skafandras (v)	[ska'fandras]

| imponderabilidade (f) | nesvarumas (v) | [nʲɛsva'rumas] |
| oxigénio (m) | deguonis (v) | [dʲɛ'guanʲɪs] |

| acoplagem (f) | susijungimas (v) | [susʲɪjun'gʲɪmas] |
| fazer uma acoplagem | susijungti | [susʲɪ'junktʲɪ] |

observatório (m)	observatorija (m)	[obsʲɛrva'torʲɪjɛ]
telescópio (m)	teleskopas (v)	[tʲɛlʲɛ'skopas]
observar (vt)	stebėti	[ste'bʲe:tʲɪ]
explorar (vt)	tyrinėti	[tʲɪ:rʲɪ'nʲe:tʲɪ]

165. A Terra

Terra (f)	Žemė (m)	['ʒʲæmʲe:]
globo terrestre (Terra)	žemės rutulys (v)	['ʒʲæmʲe:s rutu'lʲi:s]
planeta (m)	planeta (m)	[plʲanʲɛ'ta]

atmosfera (f)	atmosfera (m)	[atmosfʲɛ'ra]
geografia (f)	geografija (m)	[gʲɛo'gra:fʲɪjɛ]
natureza (f)	gamta (m)	[gam'ta]

globo (mapa esférico)	gaublys (v)	[gaub'lʲi:s]
mapa (m)	žemėlapis (v)	[ʒe'mʲe:lʲapʲɪs]
atlas (m)	atlasas (v)	['a:tlʲasas]

| Europa (f) | Europa (m) | [ɛuro'pa] |
| Ásia (f) | azija (m) | ['a:zʲɪjɛ] |

| África (f) | afrika (m) | ['a:frʲɪka] |
| Austrália (f) | Australija (m) | [aus'tra:lʲɪjɛ] |

América (f)	Amerika (m)	[a'mʲɛrʲɪka]
América (f) do Norte	Šiaurės Amerika (m)	['ʃæurʲe:s a'mʲɛrʲɪka]
América (f) do Sul	Pietų Amerika (m)	[pʲɪɛ'tu: a'mʲɛrʲɪka]

| Antártida (f) | Antarktida (m) | [antarktʲɪ'rʲda] |
| Ártico (m) | Arktika (m) | ['arktʲɪka] |

166. Pontos cardeais

norte (m)	šiáurė (m)	[ˈʃæʊrʲeː]
para norte	į̃ šiáurę	[i: ˈʃæʊrʲɛː]
no norte	šiaurėje	[ˈʃæʊrʲeːje]
do norte	šiaurìnis	[ʃɛʊˈrʲɪnʲɪs]
sul (m)	pietùs (v)	[pʲiɛˈtʊs]
para sul	į̃ pietùs	[i: pʲiɛˈtʊs]
no sul	pietuosè	[pʲiɛtʊɑˈsʲɛ]
do sul	pietìnis	[pʲiɛˈtʲɪnʲɪs]
oeste, ocidente (m)	vakaraĩ (v dgs)	[vakaˈrʌɪ]
para oeste	į̃ vãkarus	[i: ˈvaːkarʊs]
no oeste	vakaruosè	[vakarʊɑˈsʲɛ]
ocidental	vakariẽtiškas	[vakaˈrʲɛtʲɪʃkas]
leste, oriente (m)	rytaĩ (v dgs)	[rʲiːˈtʌɪ]
para leste	į̃ rýtus	[i: ˈrʲɪːtʊs]
no leste	rytuosè	[rʲiːtʊɑˈsʲɛ]
oriental	rytiẽtiškas	[rʲiːˈtʲɛtʲɪʃkas]

167. Mar. Oceano

mar (m)	jū́ra (m)	[ˈjuːra]
oceano (m)	vandenýnas (v)	[vandʲɛˈnʲiːnas]
golfo (m)	į́lanka (m)	[ˈiːlʲaŋka]
estreito (m)	sąsiauris (v)	[ˈsaːsʲɛʊrʲɪs]
continente (m)	žemýnas (v)	[ʒʲɛˈmʲiːnas]
ilha (f)	sala̷ (m)	[saˈlʲa]
península (f)	pusiãsalis (v)	[pʊˈsʲæsalʲɪs]
arquipélago (m)	archipelãgas (v)	[arxʲɪpʲɛˈlʲaːgas]
baía (f)	užùtekis (v)	[ʊʒʊtʲɛkʲɪs]
porto (m)	úostas (v)	[ˈʊostas]
lagoa (f)	lagūnà (m)	[lʲagu:ˈna]
cabo (m)	iškyšulỹs (v)	[ɪʃkʲiːʃʊˈlʲiːs]
atol (m)	atólas (v)	[aˈtolʲas]
recife (m)	rìfas (v)	[ˈrʲɪfas]
coral (m)	korãlas (v)	[kɔˈraːlas]
recife (m) de coral	korãlų rìfas (v)	[kɔˈraːlʲu: ˈrʲɪfas]
profundo	gilùs	[gʲɪˈlʲʊs]
profundidade (f)	gýlis (v)	[ˈgʲiːlʲɪs]
abismo (m)	bedùgnė (m)	[bʲɛˈdʊgnʲeː]
fossa (f) oceânica	į́duba (m)	[ˈiːdʊba]
corrente (f)	srovė̃ (m)	[srɔˈvʲeː]
banhar (vt)	skaláuti	[skaˈlʲɑʊtʲɪ]
litoral (m)	pajūris (v)	[ˈpajuːrʲɪs]
costa (f)	pakrántė (m)	[pakˈrantʲeː]

157

maré (f) alta	añtplūdis (v)	['antplʲu:dʲɪs]
refluxo (m), maré (f) baixa	atóslūgis (v)	[a'toslʲu:gʲɪs]
restinga (f)	atābradas (v)	[a'ta:bradas]
fundo (m)	dùgnas (v)	['dʊgnas]
onda (f)	bangà (m)	[ban'ga]
crista (f) da onda	bangõs keterà (m)	[ban'go:s kʲɛtʲɛ'ra]
espuma (f)	pùtos (m dgs)	['pʊtos]
tempestade (f)	audrà (m)	[ɑʊd'ra]
furacão (m)	uragãnas (v)	[ʊra'ga:nas]
tsunami (m)	cunãmis (v)	[tsʊ'na:mʲɪs]
calmaria (f)	štiliùs (v)	[ʃtʲɪ'lʲʊs]
calmo	ramùs	[ra'mʊs]
polo (m)	ašìgalis (v)	[a'ʃɪgalʲɪs]
polar	poliãrinis	[po'lʲærʲɪnʲɪs]
latitude (f)	platumà (m)	[plʲatʊ'ma]
longitude (f)	ilgumà (m)	[ɪlʲgʊ'ma]
paralela (f)	paralèlė (m)	[para'lʲɛlʲe:]
equador (m)	ekvãtorius (v)	[ɛk'va:torʲʊs]
céu (m)	dangùs (v)	[dan'gʊs]
horizonte (m)	horizòntas (v)	[yorʲɪ'zontas]
ar (m)	óras (v)	['oras]
farol (m)	švyturỹs (v)	[ʃvʲi:tʊ'rʲi:s]
mergulhar (vi)	nárdyti	['nardʲi:tʲɪ]
afundar-se (vr)	nuskęsti	[nʊ'skʲɛ:stʲɪ]
tesouros (m pl)	lõbis (v)	['lʲo:bʲɪs]

168. Montanhas

montanha (f)	kálnas (v)	['kalʲnas]
cordilheira (f)	kalnų̃ vìrtinė (m)	[kalʲ'nu: vʲɪrtʲɪnʲe:]
serra (f)	kalnãgūbris (v)	[kalʲ'na:gu:brʲɪs]
cume (m)	viršū́nė (m)	[vʲɪr'ʃu:nʲe:]
pico (m)	pìkas (v)	['pʲɪkas]
sopé (m)	papédė (m)	[pa'pʲe:dʲe:]
declive (m)	núokalnė (m)	['nʊakalʲnʲe:]
vulcão (m)	ugnìkalnis (v)	[ʊg'nʲɪkalʲnʲɪs]
vulcão (m) ativo	veĩkiantis ugnìkalnis (v)	['vʲɛɪkʲæntʲɪs ʊg'nʲɪkalʲnʲɪs]
vulcão (m) extinto	užgęsęs ugnìkalnis (v)	[ʊʒ'gʲæsʲɛ:s ʊg'nʲɪkalʲnʲɪs]
erupção (f)	išsivéržimas (v)	[ɪʃsʲɪvʲɛr'ʒʲɪmas]
cratera (f)	krāteris (v)	['kra:tʲɛrʲɪs]
magma (m)	magmà (m)	[mag'ma]
lava (f)	lavà (m)	[lʲa'va]
fundido (lava ~a)	įkaĩtęs	[i:'kɑɪtʲɛ:s]
desfiladeiro (m)	kanjònas (v)	[ka'njɔ nas]
garganta (f)	tarpùkalnė (m)	[tar'pʊkalʲnʲe:]

fenda (f)	tarpeklis (m)	[tar'pʲæklʲɪs]
passo, colo (m)	kalnãkelis (m)	[kalʲ'nakʲɛlʲɪs]
planalto (m)	gulstė̃ (m)	[gʊlʲ'stʲe:]
falésia (f)	uolà (m)	[ʊɑ'lʲa]
colina (f)	kalvà (m)	[kalʲ'va]

glaciar (m)	ledýnas (v)	[lʲɛ'dʲi:nas]
queda (f) d'água	krioklỹs (v)	[krʲok'lʲi:s]
géiser (m)	geĩzeris (v)	['gʲɛɪzʲɛrʲɪs]
lago (m)	ẽžeras (v)	['ɛʒʲɛras]

planície (f)	lygumà (m)	[lʲi:gʊ'ma]
paisagem (f)	peizãžas (v)	[pʲɛɪ'za:ʒas]
eco (m)	áidas (v)	['ʌɪdas]

alpinista (m)	alpinìstas (v)	[alʲpʲɪ'nʲɪstas]
escalador (m)	uolakopỹs (v)	[ʊɑlʲako'pỹs]
conquistar (vt)	pavérgti	[pa'vʲɛrktʲɪ]
subida, escalada (f)	kopìmas (v)	[ko'pʲɪmas]

169. Rios

rio (m)	ùpė (m)	['ʊpʲe:]
fonte, nascente (f)	šaltìnis (v)	[ʃalʲ'tʲɪnʲɪs]
leito (m) do rio	vagà (m)	[va'ga]
bacia (f)	baseĩnas (v)	[ba'sʲɛɪnas]
desaguar no ...	įtekéti į ...	[i:tʲɛ'kʲe:tʲɪ i: ..]

afluente (m)	antplūdis (v)	['antplʲu:dʲɪs]
margem (do rio)	krañtas (v)	['krantas]

corrente (f)	srově̃ (m)	[sro'vʲe:]
rio abaixo	pasroviuĩ	[pasro'vʲʊɪ]
rio acima	priẽš srõvę	['prʲɛʃ 'sro:vʲɛ:]

inundação (f)	pótvynis (v)	['potvʲi:nʲɪs]
cheia (f)	póplūdis (v)	['poplʲu:dʲɪs]
transbordar (vi)	išsilíeti	[ɪʃsʲɪ'lʲietʲɪ]
inundar (vt)	tvìndyti	['tvʲɪndʲi:tʲɪ]

banco (m) de areia	seklumà (m)	[sʲɛklʲʊ'ma]
rápidos (m pl)	sleñkstis (v)	['slʲɛŋkstʲɪs]

barragem (f)	ùžtvanka (m)	['ʊʒtvaŋka]
canal (m)	kanãlas (v)	[ka'na:lʲas]
reservatório (m) de água	vandeñs saugyklà (m)	[van'dʲɛns sɑʊgʲi:k'lʲa]
eclusa (f)	šliùzas (v)	['ʃlʲʊzas]

corpo (m) de água	vandeñs telkinỹs (v)	[van'dʲɛns tʲɛlʲkʲɪ'nʲi:s]
pântano (m)	pélkė (m)	['pʲɛlʲkʲe:]
tremedal (m)	liū́nas (v)	['lʲu:nas]
remolnho (m)	verpẽtas (v)	[vʲɛr'pʲætas]
arroio, regato (m)	upẽlis (v)	[ʊ'pʲælʲɪs]
potável	gẽriamas	['gʲærʲæmas]

doce (água)	gělas	['gʲe:lʲas]
gelo (m)	ledas (v)	['lʲædas]
congelar-se (vr)	užšálti	[ʊʒˈʃalʲtʲɪ]

170. Floresta

| floresta (f), bosque (m) | mìškas (v) | ['mʲɪʃkas] |
| florestal | miškìnis | [mʲɪʃˈkʲɪnʲɪs] |

mata (f) cerrada	tankumýnas (v)	[taŋkʊˈmʲiːnas]
arvoredo (m)	giráitė (m)	[gʲɪˈrʌɪtʲe:]
clareira (f)	laūkas (v)	['lʲɑʊkas]

| matagal (m) | žolýnas, beržýnas (v) | [ʒoˈlʲiːnas], [bʲɛrˈʒʲiːnas] |
| mato (m) | krūmýnas (v) | [kruːˈmʲiːnas] |

| vereda (f) | takēlis (v) | [taˈkʲælʲɪs] |
| ravina (f) | griovŷs (v) | [grʲoˈvʲiːs] |

árvore (f)	mēdis (v)	['mʲædʲɪs]
folha (f)	lāpas (v)	['lʲaːpas]
folhagem (f)	lapijà (m)	[lʲapʲɪˈja]

queda (f) das folhas	lāpų kritìmas (v)	['lʲaːpu: krʲɪˈtʲɪmas]
cair (vi)	krìsti	['krʲɪstʲɪ]
topo (m)	viršū́nė (m)	[vʲɪrˈʃuːnʲe:]

ramo (m)	šakà (m)	[ʃaˈka]
galho (m)	šakà (m)	[ʃaˈka]
botão, rebento (m)	pumpuras (v)	['pʊmpʊras]
agulha (f)	spyglŷs (v)	[spʲɪːgˈlʲiːs]
pinha (f)	kankorėžis (v)	[kaŋˈkorʲe:ʒʲɪs]

buraco (m) de árvore	úoksas (v)	['ʊɑksas]
ninho (m)	lìzdas (v)	['lʲɪzdas]
toca (f)	olà (m)	[oˈlʲa]

tronco (m)	kamíenas (v)	[kaˈmʲiɛnas]
raiz (f)	šaknìs (m)	[ʃakˈnʲɪs]
casca (f) de árvore	žievě (m)	[ʒʲiɛˈvʲe:]
musgo (m)	sāmana (m)	['saːmana]

arrancar pela raiz	ráuti	['rɑʊtʲɪ]
cortar (vt)	kĩrsti	['kʲɪrstʲɪ]
desflorestar (vt)	iškìrsti	[ɪʃˈkʲɪrstʲɪ]
toco, cepo (m)	kélmas (v)	['kʲɛlʲmas]

fogueira (f)	láužas (v)	['lʲɑʊʒas]
incêndio (m) florestal	gaĩsras (v)	['gʌɪsras]
apagar (vt)	gesìnti	[gʲɛˈsʲɪntʲɪ]

guarda-florestal (m)	mìškininkas (v)	['mʲɪʃkʲɪnʲɪŋkas]
proteção (f)	apsaugà (m)	[apsɑʊˈga]
proteger (a natureza)	sáugoti	['sɑʊgotʲɪ]

caçador (m) furtivo	brakoniẽrius (v)	[brako'nʲɛrʲʊs]
armadilha (f)	spą́stai (v dgs)	['spa:stʌɪ]

colher (cogumelos)	grybáuti	[grʲi:'bɑʊtʲɪ]
colher (bagas)	uogáuti	[ʊɑ'gɑʊtʲɪ]
perder-se (vr)	pasiklýsti	[pasʲɪ'klʲi:stʲɪ]

171. Recursos naturais

recursos (m pl) naturais	gamtìniai ìštekliai (v dgs)	[gam'tʲɪnʲɛɪ 'ɪʃtʲɛklʲɛɪ]
minerais (m pl)	naudìngos ìškasenos (m dgs)	[nɑʊ'dʲɪngos 'ɪʃkasʲɛnos]
depósitos (m pl)	telkiniaĩ (v dgs)	[tʲɛlʲkʲɪ'nʲɛɪ]
jazida (f)	telkinỹs (v)	[tʲɛlʲkʲɪ'nʲi:s]

extrair (vt)	iškàsti	[ɪʃ'kastʲɪ]
extração (f)	laimìkis (v)	[lʲʌɪ'mʲɪkʲɪs]
minério (m)	rūdà (m)	[ru:'da]
mina (f)	rūdýnas (v)	[ru:'dʲi:nas]
poço (m) de mina	šachtà (m)	[ʃax'ta]
mineiro (m)	šãchtininkas (v)	['ʃa:xtʲɪnʲɪŋkas]

gás (m)	dùjos (m dgs)	['dùjɔs]
gasoduto (m)	dujótiekis (v)	[dʊ'jɔtʲiɛkʲɪs]

petróleo (m)	naftà (m)	[naf'ta]
oleoduto (m)	naftótiekis (v)	[naf'tɔtʲiɛkʲɪs]
poço (m) de petróleo	nãftos bókštas (v)	['na:ftos 'bokʃtas]
torre (f) petrolífera	grę̃žimo bókštas (v)	['grʲɛ:ʒʲɪmɔ 'bokʃtas]
petroleiro (m)	tánklaivis (v)	['taŋklʲʌɪvʲɪs]

areia (f)	smė̃lis (v)	['smʲe:lʲɪs]
calcário (m)	kálkinis akmuõ (v)	['kalʲkʲɪnʲɪs ak'mʊɑ]
cascalho (m)	žvỹras (v)	['ʒvʲi:ras]
turfa (f)	dùrpės (m dgs)	['dʊrpʲe:s]
argila (f)	mólis (v)	['molʲɪs]
carvão (m)	anglìs (m)	[ang'lʲɪs]

ferro (m)	geležìs (v)	[gʲɛlʲɛ'ʒʲɪs]
ouro (m)	áuksas (v)	['ɑʊksas]
prata (f)	sidãbras (v)	[sʲɪ'da:bras]
níquel (m)	nìkelis (v)	['nʲɪkʲɛlʲɪs]
cobre (m)	vãris (v)	['va:rʲɪs]

zinco (m)	cìnkas (v)	['tsʲɪŋkas]
manganês (m)	mangãnas (v)	[man'ga:nas]
mercúrio (m)	gývsidabris (v)	['gʲi:vsʲɪdabrʲɪs]
chumbo (m)	švìnas (v)	['ʃvʲɪnas]

mineral (m)	minerãlas (v)	[mʲɪnʲɛ'ra:lʲas]
cristal (m)	kristãlas (v)	[krʲɪs'ta:lʲas]
mármore (m)	mãrmuras (v)	['marmʊras]
urânio (m)	urãnas (v)	[ʊ'ra:nas]

A Terra. Parte 2

172. Tempo

tempo (m)	óras (v)	['oras]
previsão (f) do tempo	óro prognòzè (m)	['orɔ prog'nozʲe:]
temperatura (f)	temperatūrà (m)	[tʲɛmpʲɛratuː'ra]
termómetro (m)	termomètras (v)	[tʲɛrmo'mʲɛtras]
barómetro (m)	baromètras (v)	[baro'mʲɛtras]
húmido	drégnas	['drʲe:gnas]
humidade (f)	drègmẽ (m)	[drʲe:g'mʲe:]
calor (m)	kar̃štis (v)	['karʃtʲɪs]
cálido	kár̃štas	['karʃtas]
está muito calor	kar̃šta	['karʃta]
está calor	šílta	['ʃʲɪlʲta]
quente	šíltas	['ʃʲɪlʲtas]
está frio	šálta	['ʃalʲta]
frio	šáltas	['ʃalʲtas]
sol (m)	sáulė (m)	['sɑʊlʲe:]
brilhar (vi)	šviẽsti	['ʃvʲɛstʲɪ]
de sol, ensolarado	sauléta	[sɑʊ'lʲe:ta]
nascer (vi)	pakìlti	[pa'kʲɪlʲtʲɪ]
pôr-se (vr)	léistis	['lʲɛɪstʲɪs]
nuvem (f)	debesìs (v)	[dʲɛbʲɛ's'ɪs]
nublado	debesúota	[dʲɛbʲɛ'suɑta]
nuvem (f) preta	debesìs (v)	[dʲɛbʲɛ's'ɪs]
escuro, cinzento	apsiniáukę	[apsʲɪ'nʲæʊkʲɛ:]
chuva (f)	lietùs (v)	[lʲiɛ'tʊs]
está a chover	lỹja	['lʲiːja]
chuvoso	lietìngas	[lʲiɛ'tʲɪngas]
chuviscar (vi)	lynóti	[lʲiː'notʲɪ]
chuva (f) torrencial	liũtis (m)	['lʲuːtʲɪs]
chuvada (f)	liũtis (m)	['lʲuːtʲɪs]
forte (chuva)	stiprùs	[stʲɪp'rʊs]
poça (f)	balà (m)	[ba'lʲa]
molhar-se (vr)	šlàpti	['ʃlʲaptʲɪ]
nevoeiro (m)	rūkas (v)	['ru:kas]
de nevoeiro	miglótas	[mʲɪg'lʲotas]
neve (f)	sniẽgas (v)	['snʲɛgas]
está a nevar	sniñga	['snʲɪnga]

173. Tempo extremo. Catástrofes naturais

trovoada (f)	**perkūnija** (m)	[pʲɛrˈkuːnʲɪjɛ]
relâmpago (m)	**žaĩbas** (v)	[ˈʒʌɪbas]
relampejar (vi)	**žaibúoti**	[ʒʌɪˈbʊɑtʲɪ]
trovão (m)	**griaustĩnis** (v)	[grʲɛʊsˈtʲɪnʲɪs]
trovejar (vi)	**griáudėti**	[ˈgrʲæʊdʲeːtʲɪ]
está a trovejar	**griáudėja griaustĩnis**	[ˈgrʲæʊdʲeːja grʲɛʊsˈtʲɪnʲɪs]
granizo (m)	**krušà** (m)	[krʊˈʃa]
está a cair granizo	**kriñta krušà**	[ˈkrʲɪnta krʊˈʃa]
inundar (vt)	**užlíeti**	[ʊʒˈlʲiɛtʲɪ]
inundação (f)	**pótvynis** (v)	[ˈpotvʲiːnʲɪs]
terremoto (m)	**žẽmės drebéjimas** (v)	[ˈʒʲæmʲeːs dreˈbʲɛjɪmas]
abalo, tremor (m)	**smũgis** (m)	[ˈsmuːgʲɪs]
epicentro (m)	**epiceñtras** (v)	[ɛpʲɪˈtsʲɛntras]
erupção (f)	**išsiveržìmas** (v)	[ɪʃsʲɪvʲɛrˈʒʲɪmas]
lava (f)	**lavà** (m)	[lʲaˈva]
turbilhão (m)	**víesulas** (v)	[ˈvʲiɛsʊlʲas]
tornado (m)	**tornãdo** (v)	[torˈnaːdɔ]
tufão (m)	**taifūnas** (v)	[tʌɪˈfuːnas]
furacão (m)	**uragãnas** (v)	[ʊraˈgaːnas]
tempestade (f)	**audrà** (m)	[ɑʊˈdra]
tsunami (m)	**cunãmis** (v)	[tsʊˈnaːmʲɪs]
ciclone (m)	**ciklònas** (v)	[tsʲɪkˈlʲonas]
mau tempo (m)	**dárgana** (m)	[ˈdargana]
incêndio (m)	**gaĩsras** (v)	[ˈgʌɪsras]
catástrofe (f)	**katastrofà** (m)	[katastroˈfa]
meteorito (m)	**meteorìtas** (v)	[mʲɛtʲɛoˈrʲɪtas]
avalanche (f)	**lavinà** (m)	[lʲavʲɪˈna]
deslizamento (m) de neve	**griūtìs** (m)	[grʲuːˈtʲɪs]
nevasca (f)	**pūgà** (m)	[puːˈga]
tempestade (f) de neve	**pūgà** (m)	[puːˈga]

Fauna

174. Mamíferos. Predadores

predador (m)	plėšrūnas (v)	[plʲeːʃru:nas]
tigre (m)	tìgras (v)	[ˈtʲɪgras]
leão (m)	liūtas (v)	[ˈlʲu:tas]
lobo (m)	vìlkas (v)	[ˈvʲɪlʲkas]
raposa (f)	lãpė (m)	[ˈlʲa:plʲe:]

jaguar (m)	jaguãras (v)	[jaguˈa:ras]
leopardo (m)	leopárdas (v)	[lʲɛoˈpardas]
chita (f)	gepárdas (v)	[gʲɛˈpardas]

pantera (f)	panterà (m)	[pantlʲɛˈra]
puma (m)	pumà (m)	[pʊˈma]
leopardo-das-neves (m)	snieginis leopárdas (v)	[snʲiɛˈgʲɪnʲɪs lʲɛoˈpardas]
lince (m)	lūšis (m)	[ˈlʲu:ʃɪs]

coiote (m)	kojòtas (v)	[kɔˈjɔ tas]
chacal (m)	šakãlas (v)	[ʃaˈka:lʲas]
hiena (f)	hienà (m)	[ɣʲiɛˈna]

175. Animais selvagens

| animal (m) | gyvūnas (v) | [gʲi:ˈvu:nas] |
| besta (f) | žvėrìs (v) | [ʒvʲeːˈrʲɪs] |

esquilo (m)	voverė̃ (m)	[voveˈrʲe:]
ouriço (m)	ežỹs (v)	[ɛʒʲi:s]
lebre (f)	kìškis, zuĩkis (v)	[ˈkʲɪʃkʲɪs], [ˈzuɪkʲɪs]
coelho (m)	triùšis (v)	[ˈtrʲuʃɪs]

texugo (m)	barsùkas (v)	[barˈsʊkas]
guaxinim (m)	meškénas (v)	[mʲɛʃˈkʲeːnas]
hamster (m)	žiurkénas (v)	[ʒʲʊrˈkʲe:nas]
marmota (f)	švilpìkas (v)	[ʃvʲɪlʲˈpʲɪkas]

toupeira (f)	kùrmis (v)	[ˈkʊrmʲɪs]
rato (m)	pelė̃ (m)	[pʲɛˈlʲe:]
ratazana (f)	žiùrkė (m)	[ˈʒʲʊrkʲe:]
morcego (m)	šikšnósparnis (v)	[ʃʲɪkʃˈnosparnʲɪs]

arminho (m)	šermuonėlis (v)	[ʃermʊaˈnʲe:lʲɪs]
zibelina (f)	sãbalas (v)	[ˈsa:balʲas]
marta (f)	kiáunė (m)	[ˈkʲæunʲe:]
doninha (f)	žebenkštìs (m)	[ʒʲɛbʲɛŋkʃˈtʲɪs]
vison (m)	audìnė (m)	[ɑʊˈdʲɪnʲe:]

castor (m)	bėbras (v)	['bᵊæbras]
lontra (f)	ūdra (m)	['uːdra]
cavalo (m)	arklỹs (v)	[ark'lᶥiːs]
alce (m)	briedis (v)	['brᶥiɛdᶦɪs]
veado (m)	élnias (v)	['ɛlᶥnᶦæs]
camelo (m)	kupranugãris (v)	[kupranu'gaːrᶦɪs]
bisão (m)	bizonas (v)	[bᶦɪ'zonas]
auroque (m)	stumbras (v)	['stumbras]
búfalo (m)	buivolas (v)	['buivolᶦas]
zebra (f)	zebras (v)	['zᶦɛbras]
antílope (m)	antilopė (m)	[antᶦɪ'lᶥopᶦeː]
corça (f)	stirna (m)	['stᶦɪrna]
gamo (m)	danielius (v)	[da'nᶦɛlᶦus]
camurça (f)	gemzė (m)	['gᶦɛmzᶦeː]
javali (m)	šernas (v)	['ʃɛrnas]
baleia (f)	banginis (v)	[ban'gᶦɪnᶦɪs]
foca (f)	ruonis (v)	['ruɑnᶦɪs]
morsa (f)	vėplỹs (v)	[vᶦeːp'lᶥiːs]
urso-marinho (m)	kotikas (v)	['kotᶦɪkas]
golfinho (m)	delfinas (v)	[dᶦɛlᶥ'fɪnas]
urso (m)	lokỹs (v), meška (m)	[lᶦo'kᶦiːs], [mᶦɛʃka]
urso (m) branco	baltasis lokỹs (v)	[balᶦ'tasᶦɪs lᶦo'kᶦiːs]
panda (m)	pánda (m)	['panda]
macaco (em geral)	beždžionė (m)	[bᶦɛʒ'dʒᶦoːnᶦeː]
chimpanzé (m)	šimpánzė (m)	[ʃɪm'panzᶦeː]
orangotango (m)	orangutángas (v)	[orangu'tangas]
gorila (m)	gorila (m)	[gorᶦɪ'lᶥa]
macaco (m)	makaka (m)	[maka'ka]
gibão (m)	gibonas (v)	[gᶦɪ'bonas]
elefante (m)	dramblỹs (v)	[dram'blᶦiːs]
rinoceronte (m)	raganosis (v)	[raga'noːsᶦɪs]
girafa (f)	žirafa (m)	[ʒᶦɪra'fa]
hipopótamo (m)	begemotas (v)	[bᶦɛgᶦɛ'motas]
canguru (m)	kengūra (m)	[kᶦɛn'guː'ra]
coala (m)	koala (m)	[kɔa'lᶥa]
mangusto (m)	mangusta (m)	[mangu'ta]
chinchila (m)	šinšila (m)	[ʃɪnʃɪ'lᶥa]
doninha-fedorenta (f)	skunkas (v)	['skuŋkas]
porco-espinho (m)	dygliuotis (v)	[dᶦiːg'lᶦuotᶦɪs]

176. Animais domésticos

gata (f)	katė (m)	[ka'tᶦeː]
gato (m) macho	kãtinas (v)	['kaːtᶦɪnas]
cão (m)	šuõ (v)	['ʃuɑ]

cavalo (m)	arklỹs (v)	[ark'lʲiːs]
garanhão (m)	eřžilas (v)	['ɛrʒʲɪlʲas]
égua (f)	kumẽlė (m)	[kʊ'mʲælʲeː]

vaca (f)	kárvė (m)	['karvʲeː]
touro (m)	bùlius (v)	['bʊlʲʊs]
boi (m)	jáutis (v)	['jɑʊtʲɪs]

ovelha (f)	avìs (m)	[a'vʲɪs]
carneiro (m)	ãvinas (v)	['aːvʲɪnas]
cabra (f)	ožkà (m)	[oʒ'ka]
bode (m)	ožỹs (v)	[o'ʒʲiːs]

| burro (m) | ãsilas (v) | ['aːsʲɪlʲas] |
| mula (f) | mùlas (v) | ['mʊlʲas] |

porco (m)	kiaũlė (m)	['kʲɛʊlʲeː]
leitão (m)	paršẽlis (v)	[par'ʃælʲɪs]
coelho (m)	triùšis (v)	['trʲʊʃʲɪs]

| galinha (f) | vištà (m) | [vʲɪʃˈta] |
| galo (m) | gaidỹs (v) | [gʌɪ'dʲiːs] |

pata (f)	ántis (m)	['antʲɪs]
pato (macho)	añtinas (v)	['antʲɪnas]
ganso (m)	žą̃sinas (v)	['ʒaːsʲɪnas]

| peru (m) | kalakùtas (v) | [kalʲa'kʊtas] |
| perua (f) | kalakùtė (m) | [kalʲa'kʊtʲeː] |

animais (m pl) domésticos	namìniai gyvũnai (v dgs)	[na'mʲɪnʲɛɪ gʲiː'vuːnʌɪ]
domesticado	prijaukìntas	[prʲɪ'jɛʊ'kʲɪntas]
domesticar (vt)	prijaukìnti	[prʲɪ'jɛʊ'kʲɪntʲɪ]
criar (vt)	augìnti	[ɑʊ'gʲɪntʲɪ]

quinta (f)	fèrma (m)	['fʲɛrma]
aves (f pl) domésticas	namìnis paũkštis (v)	[na'mʲɪnʲɪs 'pɑʊkʃtʲɪs]
gado (m)	galvìjas (v)	[gal'vʲɪjɛs]
rebanho (m), manada (f)	bandà (m)	[ban'da]

estábulo (m)	arklìdė (m)	[ark'lʲɪdʲeː]
pocilga (f)	kiaulìdė (m)	[kʲɛʊ'lʲɪdʲeː]
estábulo (m)	karvìdė (m)	[kar'vʲɪdʲeː]
coelheira (f)	triušìdė (m)	[trʲʊ'ʃʲɪdʲeː]
galinheiro (m)	vištìdė (m)	[vʲɪʃˈtʲɪdʲeː]

177. Cães. Raças de cães

cão (m)	šuõ (v)	['ʃʊa]
cão pastor (m)	avìganis (v)	[a'vʲɪganʲɪs]
caniche (m)	pùdelis (v)	['pʊdʲɛlʲɪs]
teckel (m)	tãksas (v)	['taːksas]
buldogue (m)	buldògas (v)	[bʊlʲ'dogas]
boxer (m)	bòkseris (v)	['boksʲɛrʲɪs]

mastim (m)	mastifas (v)	[mas'tɪfas]
rottweiler (m)	rotveileris (v)	[rot'vʲɛɪlʲɛrʲɪs]
dobermann (m)	dobermanas (v)	['dobʲɛrmanas]

basset (m)	basetas (v)	[ba'sʲɛtas]
pastor inglês (m)	bobteilas (v)	[bop'tʲɛɪlʲas]
dálmata (m)	dalamatinas (v)	[dalʲama'tʲɪnas]
cocker spaniel (m)	kokerspanielis (v)	['kokʲɛr spa'nʲɛlʲɪs]

terra-nova (m)	niufaundlendas (v)	[nʲʊfaʊnd'lʲɛñdas]
são-bernardo (m)	senbernaras (v)	[sʲɛnbʲɛr'naːras]

husky (m)	haskis (v)	['ɣaːskʲɪs]
Chow-chow (m)	čiau čiau (v)	['tʂʲɛʊ 'tʂʲɛʊ]
spitz alemão (m)	špicas (v)	['ʃpʲɪtsas]
carlindogue (m)	mopsas (v)	['mopsas]

178. Sons produzidos pelos animais

latido (m)	lojimas (v)	[lʲo'jɪmas]
latir (vi)	loti	['lʲotʲɪ]
miar (vi)	miaukséti	[mʲɛʊk'sʲeːtʲɪ]
ronronar (vi)	murkti	['mʊrktʲɪ]

mugir (vaca)	mũkti	['muːktʲɪ]
bramir (touro)	baũbti	['baʊptʲɪ]
rosnar (vi)	riaumoti	[rʲɛʊ'motʲɪ]

uivo (m)	kaukimas (v)	[kaʊ'kʲɪmas]
uivar (vi)	kaũkti	['kaʊktʲɪ]
ganir (vi)	inkšti	['ɪŋkʃtʲɪ]

balir (vi)	bliaúti	['blʲæʊtʲɪ]
grunhir (porco)	kriukséti	[krʲʊk'sʲeːtʲɪ]
guinchar (vi)	klýkauti	['klʲiːkaʊtʲɪ]

coaxar (sapo)	kvakséti	[kvak'sʲeːtʲɪ]
zumbir (inseto)	zvimbti	['zvʲɪmptʲɪ]
estridular, ziziar (vi)	svírpti	['svʲɪrptʲɪ]

179. Pássaros

pássaro (m), ave (f)	paũkštis (v)	['paʊkʃtʲɪs]
pombo (m)	balandis (v)	[ba'lʲandʲɪs]
pardal (m)	žvirblis (v)	['ʒvʲɪrblʲɪs]
chapim-real (m)	zýlė (m)	['zʲiːlʲeː]
pega-rabuda (f)	šárka (m)	['ʃarka]

corvo (m)	varnas (v)	['varnas]
gralha (f) cinzenta	várna (m)	['varna]
gralha-de-nuca-cinzenta (f)	kúosa (m)	['kʊɑsaJ
gralha-calva (f)	kovas (v)	[kɔ'vas]

pato (m)	ántis (m)	['antʲɪs]
ganso (m)	žą̃sinas (v)	['ʒaːsʲɪnas]
faisão (m)	fazãnas (v)	[faˈzaːnas]

águia (f)	erẽlis (v)	[ɛˈrʲælʲɪs]
açor (m)	vãnagas (v)	['vaːnagas]
falcão (m)	sãkalas (v)	['saːkalʲas]
abutre (m)	grìfas (v)	['grʲɪfas]
condor (m)	kondòras (v)	[kɔnˈdoras]

cisne (m)	gulbė̃ (m)	['guˡbʲeː]
grou (m)	gérvė (m)	['gʲɛrvʲeː]
cegonha (f)	gañdras (v)	['gandras]
papagaio (m)	papūgà (m)	[papuːˈga]
beija-flor (m)	kolìbris (v)	[kɔˈlʲɪbrʲɪs]
pavão (m)	póvas (v)	['povas]

avestruz (m)	strùtis (v)	['strʊtʲɪs]
garça (f)	garnỹs (v)	[garˈnʲiːs]
flamingo (m)	flamìngas (v)	[flʲaˈmʲɪngas]
pelicano (m)	pelikãnas (v)	[pʲɛlʲɪˈkaːnas]

rouxinol (m)	lakštiñgala (m)	[lʲakʃˈtʲɪŋgalʲa]
andorinha (f)	kregždė̃ (m)	[krʲɛgʒˈdʲeː]
tordo-zornal (m)	strãzdas (v)	['straːzdas]
tordo-músico (m)	strãzdas giesminin̄kas (v)	['straːzdas gʲiɛsmʲɪˈrʲnʲɪŋkas]
melro-preto (m)	juodãsis strãzdas (v)	[jʊɑˈdasʲɪs sˈtraːzdas]

andorinhão (m)	čiurlỹs (v)	[tʃʲʊrˈlʲiːs]
cotovia (f)	vytùrỹs, vieversỹs (v)	[vʲiːtʊˈrʲiːs], [vʲiɛvɛrˈsʲiːs]
codorna (f)	pùtpelė (m)	['pʊtpelʲeː]

pica-pau (m)	genỹs (v)	[gʲɛˈnʲiːs]
cuco (m)	gegùtė (m)	[gʲɛˈgʊtʲeː]
coruja (f)	pelė́da (m)	[pʲɛˈlʲeːda]
corujão, bufo (m)	apúokas (v)	[aˈpʊɑkas]
tetraz-grande (m)	kurtinỹs (v)	[kʊrtʲɪˈrʲiːs]
tetraz-lira (m)	tẽtervinas (v)	['tʲætʲɛrvʲɪnas]
perdiz-cinzenta (f)	kurapkà (m)	[kʊrapˈka]

estorninho (m)	varnénas (v)	[varˈnʲeːnas]
canário (m)	kanarė̃lė (m)	[kanaˈrʲeːlʲeː]
galinha-do-mato (f)	jerubė̃ (m)	[jɛruˈbʲeː]
tentilhão (m)	kikìlis (v)	[kʲɪˈkʲɪlʲɪs]
dom-fafe (m)	sniẽgena (m)	['snʲɛgʲɛna]

gaivota (f)	žuvė́dra (m)	[ʒʊˈvʲeːdra]
albatroz (m)	albatròsas (v)	[alʲbaˈtʲrosas]
pinguim (m)	pingvìnas (v)	[pʲɪngˈvʲɪnas]

180. Pássaros. Canto e sons

| cantar (vi) | dainúoti, giedóti | [dʌɪˈnʊɑtʲɪ], [gʲiɛˈdotʲɪ] |
| gritar (vi) | rė̃kti | ['rʲeːktʲɪ] |

cantar (o galo)	giedóti	[gʲiɛ'dotʲɪ]
cocorocó (m)	kakariekū̃	[kakarʲiɛ'kʊ]

cacarejar (vi)	kudakóti	[kʊda'kotʲɪ]
crocitar (vi)	ka̅rkti	['karktʲɪ]
grasnar (vi)	krekséti	[krʲɛk'sʲe:tʲɪ]
piar (vi)	cȳpti	['tsʲi:ptʲɪ]
chilrear, gorjear (vi)	čiulbéti	[tʂʲʊlʲbʲe:tʲɪ]

181. Peixes. Animais marinhos

brema (f)	ka̅ršis (v)	['karʃɪs]
carpa (f)	kárpis (v)	['karpʲɪs]
perca (f)	ešerỹs (v)	[ɛʃɛ'rʲi:s]
siluro (m)	ša̅mas (v)	['ʃa:mas]
lúcio (m)	lydeka̅ (m)	[lʲi:dʲɛ'ka]

salmão (m)	lašiša̅ (m)	[lʲaʃɪ'ʃa]
esturjão (m)	erškétas (v)	[erʃʲkʲe:tas]

arenque (m)	si̅lkė (m)	['sʲɪlʲkʲe:]
salmão (m)	lašiša̅ (m)	[lʲaʃɪ'ʃa]

cavala, sarda (f)	skùmbrė (m)	['skʊmbrʲe:]
solha (f)	plēkšnė (m)	['plʲækʃnʲe:]

lúcio perca (m)	sta̅rkis (v)	['starkʲɪs]
bacalhau (m)	ménkė (m)	['mʲɛŋkʲe:]

atum (m)	tùnas (v)	['tʊnas]
truta (f)	upétakis (v)	[ʊ'pʲe:takʲɪs]

enguia (f)	ungurỹs (v)	[ʊngʊ'rʲi:s]
raia elétrica (f)	elektrinė raja̅ (m)	[ɛlʲɛk'trʲɪnʲe: ra'ja]

moreia (f)	murèna̅ (m)	[mʊrʲɛ'na]
piranha (f)	pira̅nija (m)	[pʲɪ'ra:nʲɪjɛ]

tubarão (m)	ryklỹs (v)	[rʲɪk'lʲi:s]
golfinho (m)	delfi̅nas (v)	[dʲɛlʲ'fʲɪnas]
baleia (f)	bangìnis (v)	[ban'gʲɪnʲɪs]

caranguejo (m)	krãbas (v)	['kra:bas]
medusa, alforreca (f)	medūza̅ (m)	[mʲɛdu:'za]
polvo (m)	aštuonkōjis (v)	[aʃtʊɑɲ'ko:jis]

estrela-do-mar (f)	jūros žvaigždė̃ (m)	['ju:ros ʒvʌɪgʒ'dʲe:]
ouriço-do-mar (m)	jūros ežỹs (v)	['ju:ros ɛ'ʒʲi:s]
cavalo-marinho (m)	jūros arkliùkas (v)	['ju:ros ark'lʲʊkas]

ostra (f)	áustrė (m)	['ɑustrʲe:]
camarão (m)	krevétė (m)	[krʲɛ'vʲɛtʲe:]
lavagante (m)	oma̅ras (v)	[o'ma:ras]
lagosta (f)	langùstas (v)	[lʲan'gʊstas]

182. Amfíbios. Répteis

serpente, cobra (f)	gyvãtė (m)	[gⁱi:'va:tⁱe:]
venenoso	nuodìngas	[nʊɑ'dⁱɪngas]
víbora (f)	angìs (v)	[an'gⁱɪs]
cobra-capelo, naja (f)	kobrà (m)	[kɔb'ra]
pitão (m)	pitònas (v)	[pⁱɪ'tonas]
jiboia (f)	smauglỹs (v)	[smɑʊg'lⁱi:s]
cobra-de-água (f)	žaltỹs (v)	[ʒalⁱ'tⁱi:s]
cascavel (f)	barškuõlė (m)	[barʃ'kʊɑlⁱe:]
anaconda (f)	anakònda (m)	[ana'konda]
lagarto (m)	dríežas (v)	['drⁱiɛʒas]
iguana (f)	iguanà (m)	[ɪgʊa'na]
varano (m)	varãnas (v)	[va'ra:nas]
salamandra (f)	salamándra (m)	[salⁱa'mandra]
camaleão (m)	chameleònas (v)	[xamⁱɛlⁱɛ'onas]
escorpião (m)	skorpiònas (v)	[skorpⁱɪ'ɔnas]
tartaruga (f)	vėžlỹs (v)	[vⁱe:ʒ'lⁱi:s]
rã (f)	varlė̃ (m)	[var'lⁱe:]
sapo (m)	rùpūžė (m)	['rʊpu:ʒⁱe:]
crocodilo (m)	krokodìlas (v)	[kroko'dⁱɪlⁱas]

183. Insetos

inseto (m)	vabzdỹs (v)	[vabz'dⁱi:s]
borboleta (f)	drugėlis (v)	[drʊ'gⁱælⁱɪs]
formiga (f)	skruzdė̃lė (m)	[skrʊz'dⁱælⁱe:]
mosca (f)	mùsė (m)	['mʊsⁱe:]
mosquito (m)	úodas (v)	['ʊɑdas]
escaravelho (m)	vãbalas (v)	['va:balⁱas]
vespa (f)	vapsvà (m)	[vaps'va]
abelha (f)	bìtė (m)	['bⁱɪtⁱe:]
mamangava (f)	kamãnė (m)	[ka'ma:nⁱe:]
moscardo (m)	gylỹs (v)	[gⁱi:'lⁱi:s]
aranha (f)	vóras (v)	['voras]
teia (f) de aranha	vorãtinklis (v)	[vo'ra:tⁱɪŋklⁱɪs]
libélula (f)	laũmžirgis (v)	['lⁱɑʊmʒⁱɪrgⁱɪs]
gafanhoto-do-campo (m)	žiógas (v)	['ʒⁱogas]
traça (f)	petelìškė (m)	[pⁱɛtⁱɛ'lⁱɪʃkⁱe:]
barata (f)	tarakõnas (v)	[tara'ko:nas]
carraça (f)	érkė (m)	['ærkⁱe:]
pulga (f)	blusà (m)	[blⁱʊ'sa]
borrachudo (m)	mãšalas (v)	['ma:ʃalⁱas]
gafanhoto (m)	skėrỹs (v)	[skⁱe:'rⁱi:s]
caracol (m)	sráigė (m)	['srʌɪgⁱe:]

grilo (m)	svirplỹs (v)	[svʲɪrpˈlʲiːs]
pirilampo (m)	jõnvabalis (v)	[ˈjɔːnvabalʲɪs]
joaninha (f)	boružė (m)	[boˈrʊʒʲeː]
besouro (m)	grambuolỹs (v)	[grambʊɑˈlʲiːs]

sanguessuga (f)	dėlė̃ (m)	[dʲeːˈlʲeː]
lagarta (f)	vìkšras (v)	[ˈvʲɪkʃras]
minhoca (f)	slíekas (v)	[ˈslʲiɛkas]
larva (f)	kirmelė̃ (m)	[kʲɪrmeˈlʲeː]

184. Animais. Partes do corpo

bico (m)	snãpas (v)	[ˈsnaːpas]
asas (f pl)	sparnaĩ (v dgs)	[sparˈnʌɪ]
pata (f)	kója (m)	[ˈkoja]
plumagem (f)	apsiplunksnãvimas (v)	[apsʲɪplʲʊŋksˈnaːvʲɪmas]
pena, pluma (f)	plùksna (m)	[ˈplʲʊŋksna]
crista (f)	skristùkas (v)	[skrʲɪˈstʊkas]

brânquias, guelras (f pl)	žiáunos (m dgs)	[ˈʒʲæʊnos]
ovas (f pl)	ìkrai (v dgs)	[ˈɪkrʌɪ]
larva (f)	lérva (m)	[ˈlʲɛrva]
barbatana (f)	pẽlekas (v)	[ˈpʲælʲɛkas]
escama (f)	žvynaĩ (v dgs)	[ʒvʲiːˈnʌɪ]

canino (m)	ìltis (m)	[ˈɪlʲtʲɪs]
pata (f)	lẽtena (m)	[ˈlʲætʲɛna]
focinho (m)	snùkis (v)	[ˈsnʊkʲɪs]
boca (f)	nasraĩ (v)	[nasˈrʌɪ]
cauda (f), rabo (m)	uodegà (m)	[ʊɑdʲɛˈga]
bigodes (m pl)	ū̃sai (v dgs)	[ˈuːsʌɪ]

| casco (m) | kanópa (m) | [kaˈnopa] |
| corno (m) | rãgas (v) | [ˈraːgas] |

carapaça (f)	šárvas (v)	[ˈʃarvas]
concha (f)	kriauklė̃ (m)	[krʲɛʊkˈlʲeː]
casca (f) de ovo	lùkštas (v)	[ˈlʲʊkʃtas]

| pelo (m) | vìlna (m) | [ˈvʲɪlʲna] |
| pele (f), couro (m) | káilis (v) | [ˈkʌɪlʲɪs] |

185. Animais. Habitats

| hábitat | gývavimo aplinkà (m) | [gʲiːˈvavʲɪmɔ aplʲɪŋˈka] |
| migração (f) | migrãcija (m) | [mʲɪˈgraːtsʲɪjɛ] |

montanha (f)	kálnas (v)	[ˈkalʲnas]
recife (m)	rìfas (v)	[ˈrʲɪfas]
falésia (f)	uolà (m)	[ʊɑˈlʲa]
floresta (f)	mìškas (v)	[ˈmʲɪʃkas]
selva (f)	džiùnglės (m dgs)	[ˈdʒʲʊnglʲeːs]

| savana (f) | savanà (m) | [sava'na] |
| tundra (f) | tùndra (m) | ['tʊndra] |

estepe (f)	stèpė (m)	['stʲɛpʲeː]
deserto (m)	dykumà (m)	[dʲiːkʊ'ma]
oásis (m)	oãzė (m)	[o'aːzʲeː]

mar (m)	jū́ra (m)	['juːra]
lago (m)	ẽžeras (v)	['ɛʒʲɛras]
oceano (m)	vandenýnas (v)	[vandʲɛ'nʲiːnas]

pântano (m)	pélkė (m)	['pʲɛlʲkʲeː]
de água doce	gėlavandẽnis	[gʲeːlʲavan'dʲænʲɪs]
lagoa (f)	tvenkinỹs (v)	[tvʲɛŋkʲɪ'nʲiːs]
rio (m)	ùpė (m)	['ʊpʲeː]

toca (f) do urso	irštvà (m)	[ɪrʃt'va]
ninho (m)	lìzdas (v)	['lʲɪzdas]
buraco (m) de árvore	drevě (m)	[dre'vʲeː]
toca (f)	olà (m)	[o'lʲa]
formigueiro (m)	skruzdėlýnas (v)	[skrʊzdʲeː'lʲiːnas]

Flora

186. Árvores

árvore (f)	mẽdis (v)	['mʲædʲɪs]
decídua	lapuõtis	[lʲapʊ'atʲɪs]
conífera	spygliuõtis	[spʲiːg'lʲʊoːtʲɪs]
perene	vìsžalis	['vʲɪsʒalʲɪs]
macieira (f)	obelìs (m)	[obʲɛ'lʲɪs]
pereira (f)	kriáušė (m)	['krʲæʊʃeː]
cerejeira (f)	trẽšnė (m)	['trʲæʃnʲeː]
ginjeira (f)	vyšnia (m)	[vʲiːʃnʲæ]
ameixeira (f)	slyvà (m)	[slʲiː'va]
bétula (f)	béržas (v)	['bʲɛrʒas]
carvalho (m)	ážuolas (v)	['aːʒʊalʲas]
tília (f)	líepa (m)	['lʲiɛpa]
choupo-tremedor (m)	drebulẽ (m)	[drebʊ'lʲeː]
bordo (m)	klẽvas (v)	['klʲævas]
espruce-europeu (m)	ẽglė (m)	['ʲæglʲeː]
pinheiro (m)	pušìs (m)	[pʊ'ʃɪs]
alerce, lariço (m)	maũmedis (v)	['maʊmʲɛdʲɪs]
abeto (m)	kẽnis (v)	['kʲeːnʲɪs]
cedro (m)	kèdras (v)	['kʲɛdras]
choupo, álamo (m)	túopa (m)	['tʊapa]
tramazeira (f)	šermùkšnis (v)	[ʃɛr'mʊkʃnʲɪs]
salgueiro (m)	glúosnis (v)	['glʲʊasnʲɪs]
amieiro (m)	álksnis (v)	['alʲksnʲɪs]
faia (f)	bùkas (v)	['bʊkas]
ulmeiro (m)	gúoba (m)	['gʊaba]
freixo (m)	úosis (v)	['ʊasʲɪs]
castanheiro (m)	kaštõnas (v)	[kaʃ'toːnas]
magnólia (f)	magnólija (m)	[mag'nolʲɪjɛ]
palmeira (f)	pálmė (m)	['palʲmʲeː]
cipreste (m)	kiparìsas (v)	[kʲɪpa'rʲɪsas]
mangue (m)	mañgro mẽdis (v)	['mañgrɔ 'mʲædʲɪs]
embondeiro, baobá (m)	baobàbas (v)	[bao'baːbas]
eucalipto (m)	eukalìptas (v)	[ɛʊka'lʲɪptas]
sequoia (f)	sekvojà (m)	[sʲɛkvo:'jɛ]

187. Arbustos

arbusto (m)	krũmas (v)	['kruːmasʲ]
arbusto (m), moita (f)	krūmýnas (v)	[kru:'mʲiːnas]

| videira (f) | vynuogýnas (v) | [vʲi:nʊɑ'gʲi:nas] |
| vinhedo (m) | vynuogýnas (v) | [vʲi:nʊɑ'gʲi:nas] |

framboeseira (f)	aviẽtė (m)	[a'vʲɛtʲe:]
groselheira-vermelha (f)	raudonàsis serbeñtas (v)	[rɑʊdo'nasʲɪs sʲɛr'bʲɛntas]
groselheira (f) espinhosa	agrãstas (v)	[ag'ra:stas]

acácia (f)	akãcija (m)	[a'ka:tsʲɪjɛ]
bérberis (f)	raugeȓškis (m)	[rɑʊ'gʲɛrʃkʲɪs]
jasmim (m)	jazmìnas (v)	[jaz'mʲɪnas]

junípero (m)	kadagỹs (v)	[kada'gʲi:s]
roseira (f)	rõžių krū̃mas (v)	['ro:ʒʲu: 'kru:mas]
roseira (f) brava	erškė̃tis (v)	[erʃkʲe:tʲɪs]

188. Cogumelos

cogumelo (m)	grỹbas (v)	['grʲi:bas]
cogumelo (m) comestível	válgomas grỹbas (v)	['valʲgomas 'grʲi:bas]
cogumelo (m) venenoso	nuodìngas grỹbas (v)	[nʊɑ'dʲɪngas 'grʲi:bas]
chapéu (m)	kepurė̃lė (m)	[kʲɛpʊ'rʲe:lʲe:]
pé, caule (m)	kótas (v)	['kotas]

boleto (m)	baravỹkas (v)	[bara'vʲi:kas]
boleto (m) alaranjado	raudonvìr̃šis (v)	[rɑʊdon'vʲɪrʃɪs]
míscaro (m) das bétulas	lė̃pšis (v)	['lʲæpʃɪs]
cantarela (f)	voveráitė (m)	[vove'rʌɪtʲe:]
rússula (f)	ūmė̃dė̃ (m)	[u:mʲe:'dʲe:]

morchella (f)	briedžiùkas (v)	[brʲɪɛ'dʒʲʊkas]
agário-das-moscas (m)	mùsmirė (m)	['mʊsmʲɪrʲe:]
cicuta (f) verde	šùngrybis (v)	['ʃʊngrʲi:bʲɪs]

189. Frutos. Bagas

fruta (f)	vaìsius (v)	['vʌɪsʲʊs]
frutas (f pl)	vaìsiai (v dgs)	['vʌɪsʲɛɪ]
maçã (f)	obuolỹs (v)	[obʊɑ'lʲi:s]
pera (f)	kriáušė (m)	['krʲæʊʃe:]
ameixa (f)	slyvà (m)	[slʲi:'va]

morango (m)	brãškė (m)	['bra:ʃkʲe:]
ginja (f)	vyšnià (m)	[vʲi:ʃ'nʲæ]
cereja (f)	trẽšnė (m)	['trʲæʃnʲe:]
uva (f)	výnuogės (m dgs)	['vʲi:nʊɑgʲe:s]

framboesa (f)	aviẽtė (m)	[a'vʲɛtʲe:]
groselha (f) preta	juodíeji serbeñtai (v dgs)	[jʊɑ'dʲiɛjɪ sʲɛr'bʲɛntʌɪ]
groselha (f) vermelha	raudoníeji serbeñtai (v dgs)	[rɑʊdo'nʲɛjɪ sʲɛr'bʲɛntʌɪ]
groselha (f) espinhosa	agrãstas (v)	[ag'ra:stas]
oxicoco (m)	spañguolė (m)	['spaŋgʊɑlʲe:]
laranja (f)	apelsìnas (v)	[apʲɛlʲi'sʲɪnas]

tangerina (f)	mandarinas (v)	[manda'rɪnas]
ananás (m)	ananãsas (v)	[ana'na:sas]
banana (f)	banãnas (v)	[ba'na:nas]
tâmara (f)	datùlė (m)	[da'tʊlʲe:]

limão (m)	citrinà (m)	[tsʲɪtrʲɪ'na]
damasco (m)	abrikòsas (v)	[abrʲɪ'kosas]
pêssego (m)	pèrsikas (v)	['pʲɛrsʲɪkas]
kiwi (m)	kìvis (v)	['kʲɪvʲɪs]
toranja (f)	greìpfrutas (v)	['grʲɛɪpfrʊtas]

baga (f)	úoga (m)	['ʊaga]
bagas (f pl)	úogos (m dgs)	['ʊagos]
arando (m) vermelho	brùknės (m dgs)	['brʊknʲe:s]
morango-silvestre (m)	žėmuogės (m dgs)	['ʒʲæmʊagʲe:s]
mirtilo (m)	mėlynės (m dgs)	[mʲe:'lʲi:nʲe:s]

190. Flores. Plantas

| flor (f) | gėlė̃ (m) | [gʲe:'lʲe:] |
| ramo (m) de flores | púokštė (m) | ['pʊakʃtʲe:] |

rosa (f)	rõžė (m)	['ro:ʒʲe:]
tulipa (f)	tùlpė (m)	['tʊlʲpʲe:]
cravo (m)	gvazdìkas (v)	[gvaz'dʲɪkas]
gladíolo (m)	kardẽlis (v)	[kar'dʲælʲɪs]

centáurea (f)	rùgiagėlė (m)	['rʊgʲægʲe:lʲe:]
campânula (f)	varpẽlis (v)	[var'pʲælʲɪs]
dente-de-leão (m)	piẽnė (m)	['pʲɛnʲe:]
camomila (f)	ramùnė (m)	[ra'mʊnʲe:]

aloé (m)	alijõšius (v)	[alʲɪ'jɔ:ʃʊs]
cato (m)	kãktusas (v)	['ka:ktʊsas]
fícus (m)	fìkusas (v)	['fʲɪkʊsas]

lírio (m)	lelijà (m)	[lʲɛlʲɪ'ja]
gerânio (m)	pelargònija (m)	[pʲɛlʲar'gonʲɪjɛ]
jacinto (m)	hiacìntas (v)	[ɣʲɪja'tsʲɪntas]

mimosa (f)	mimozà (m)	[mʲɪmo'za]
narciso (m)	narcìzas (v)	[nar'tsʲɪzas]
capuchinha (f)	nastùrta (m)	[nas'tʊrta]

orquídea (f)	orchidėja (m)	[orxʲɪ'dʲe:ja]
peónia (f)	bijū̃nas (v)	[bʲɪ'ju:nas]
violeta (f)	našlaitė (m)	[naʃ'lʲʌɪtʲe:]

amor-perfeito (m)	darželìnė našlaitė (m)	[dar'ʒʲælʲɪnʲe: naʃ'lʌɪtʲe:]
não-me-esqueças (m)	neužmirštuõlė (m)	[nʲɛʊʒmʲɪrʃ'tʊalʲe:]
margarida (f)	saulùtė (m)	[saʊ'lʲʊtʲe:]

| papoula (f) | aguonà (m) | [agʊa'na] |
| cânhamo (m) | kanãpė (m) | [ka'na:pʲe:] |

hortelã (f)	méta (m)	[mʲeːˈta]
lírio-do-vale (m)	pakalnutė (m)	[pakalʲˈnutʲeː]
campânula-branca (f)	sniegena (m)	[ˈsnʲɛgʲɛna]

urtiga (f)	dilgėlė (m)	[dʲɪlʲˈgʲælʲeː]
azeda (f)	rūgštynė (m)	[ruːgʃˈtʲiːnʲeː]
nenúfar (m)	vandens lelija (m)	[vanˈdʲɛns lʲɛlʲɪˈja]
feto (m), samambaia (f)	papartis (v)	[paˈpartʲɪs]
líquen (m)	kėrpė (m)	[ˈkʲɛrpʲeː]

estufa (f)	oranžerija (m)	[oranˈʒʲɛrʲɪjɛ]
relvado (m)	gazonas (v)	[gaˈzonas]
canteiro (m) de flores	klomba (m)	[ˈklʲomba]

planta (f)	áugalas (v)	[ˈɑugalʲas]
erva (f)	žolė (m)	[ʒoˈlʲeː]
folha (f) de erva	žolelė (m)	[ʒoˈlʲælʲeː]

folha (f)	lápas (v)	[ˈlʲaːpas]
pétala (f)	žiedlapis (v)	[ˈʒʲiɛdlʲapʲɪs]
talo (m)	stiebas (v)	[ˈstʲiɛbas]
tubérculo (m)	gumbas (v)	[ˈgumbas]

| broto, rebento (m) | želmuõ (v) | [ʒʲɛlʲˈmuɑ] |
| espinho (m) | spyglys (v) | [spʲiːgˈlʲiːs] |

florescer (vi)	žydėti	[ʒʲiːˈdʲeːtʲɪ]
murchar (vi)	výsti	[ˈvʲiːstʲɪ]
cheiro (m)	kvãpas (v)	[ˈkvaːpas]
cortar (flores)	nupjáuti	[nʊˈpjɑutʲɪ]
colher (uma flor)	nuskìnti	[nʊˈskʲɪntʲɪ]

191. Cereais, grãos

grão (m)	grūdas (v)	[ˈgruːdas]
cereais (plantas)	grūdinės kultūros (m dgs)	[gruːˈdʲɪnʲeːs kʊlʲˈtuːros]
espiga (f)	várpa (m)	[ˈvarpa]

trigo (m)	kviečiai (v dgs)	[kvʲiɛˈtʂʲɛɪ]
centeio (m)	rugiai (v dgs)	[rʊˈgʲɛɪ]
aveia (f)	ãvižos (m dgs)	[ˈaːvʲɪʒos]

| milho-miúdo (m) | sóra (m) | [ˈsora] |
| cevada (f) | miežiai (v dgs) | [ˈmʲɛʒʲɛɪ] |

milho (m)	kukurūzas (v)	[kʊkʊˈruːzas]
arroz (m)	rýžiai (v)	[ˈrʲiːʒʲɛɪ]
trigo-sarraceno (m)	grìkiai (v dgs)	[ˈgrʲɪkʲɛɪ]

ervilha (f)	žìrniai (v dgs)	[ˈʒʲɪrnʲɛɪ]
feijão (m)	pupėlės (m dgs)	[pʊˈpʲælʲeːs]
soja (f)	soja (m)	[soːˈjɛ]
lentilha (f)	lęšiai (v dgs)	[ˈlʲɛːʃʲɛɪ]
fava (f)	pupos (m dgs)	[ˈpʊpos]

GEOGRAFIA REGIONAL

Países. Nacionalidades

192. Política. Governo. Parte 1

política (f)	politika (m)	[poˈlʲɪtʲɪka]
político	politinis	[poˈlʲɪtʲɪnʲɪs]
político (m)	politikas (v)	[poˈlʲɪtʲɪkas]

estado (m)	valstybė (m)	[valʲsˈtʲiːbʲeː]
cidadão (m)	pilietis (v)	[pʲɪˈlʲɛtʲɪs]
cidadania (f)	pilietybė (m)	[pʲɪlʲiɛˈtʲiːbʲeː]

| brasão (m) de armas | nacionalinis herbas (v) | [natsʲɪjoˈnaːlʲɪnʲɪs ˈɣʲɛrbas] |
| hino (m) nacional | valstybinis himnas (v) | [valʲsˈtʲiːbʲɪnʲɪs ˈɣʲɪmnas] |

governo (m)	vyriausybė (m)	[vʲiːrʲɛʊˈsʲiːbʲeː]
Chefe (m) de Estado	šaliēs vadovas (v)	[ʃaˈlʲɛs vaˈdoːvas]
parlamento (m)	parlamentas (v)	[parlʲaˈmʲɛntas]
partido (m)	pártija (m)	[ˈpartʲɪjɛ]

| capitalismo (m) | kapitalizmas (v) | [kapʲɪtaˈlʲɪzmas] |
| capitalista | kapitalistinis | [kapʲɪtaˈlʲɪstʲɪnʲɪs] |

| socialismo (m) | socializmas (v) | [sotsʲɪjaˈlʲɪzmas] |
| socialista | socialistinis | [sotsʲɪjaˈlʲɪstʲɪnʲɪs] |

comunismo (m)	komunizmas (v)	[komʊˈnʲɪzmas]
comunista	komunistinis	[komʊˈnʲɪstʲɪnʲɪs]
comunista (m)	komunistas (v)	[komʊˈnʲɪstas]

democracia (f)	demokratija (m)	[dʲɛmoˈkraːtʲɪjɛ]
democrata (m)	demokratas (v)	[dʲɛmoˈkraːtas]
democrático	demokratinis	[dʲɛmoˈkraːtʲɪnʲɪs]
Partido (m) Democrático	demokratinė pártija (m)	[dʲɛmoˈkraːtʲɪnʲeː ˈpartʲɪjɛ]

| liberal (m) | liberalas (v) | [lʲɪbʲɛˈraːlas] |
| liberal | liberalus | [lʲɪbʲɛraˈlʊs] |

| conservador (m) | konservatorius (v) | [konsʲɛrˈvaːtorʲʊs] |
| conservador | konservatyvus | [konsʲɛrvatʲiːˈvʊs] |

república (f)	respublika (m)	[rʲɛsˈpʊblʲɪka]
republicano (m)	respublikōnas (v)	[rʲɛspʊblʲɪˈkoːnas]
Partido (m) Republicano	respublikinė pártija (m)	[rʲɛspʊblʲɪˈkʲɪnʲeː ˈpartʲɪjɛ]

| eleições (f pl) | rinkimai (v dgs) | [rʲɪŋˈkʲɪmʌɪ] |
| eleger (vt) | išrinkti | [ɪʃˈrʲɪŋktʲɪ] |

eleitor (m)	rinkėjas (v)	[rʲɪŋˈkʲeːjas]
campanha (f) eleitoral	rinkìmo kampānija (m)	[rʲɪŋˈkʲɪmɔ kamˈpaːnʲɪjɛ]
votação (f)	balsãvimas (v)	[balʲˈsaːvʲɪmas]
votar (vi)	balsúoti	[balʲˈsuɑtʲɪ]
direito (m) de voto	balsãvimo téisė (m)	[balʲˈsaːvʲɪmɔ ˈtʲæisʲeː]
candidato (m)	kandidãtas (v)	[kandʲɪˈdaːtas]
candidatar-se (vi)	balotirúotis	[balʲotʲɪˈrʊɑtʲɪs]
campanha (f)	kampānija (m)	[kamˈpaːnʲɪjɛ]
da oposição	opozìcinis	[opoˈzʲɪtsʲɪnʲɪs]
oposição (f)	opozìcija (m)	[opoˈzʲɪtsʲɪjɛ]
visita (f)	vizìtas (v)	[vʲɪˈzʲɪtas]
visita (f) oficial	oficialùs vizìtas (v)	[ofʲɪtsʲɪjaˈlʲʊs vʲɪˈzʲɪtas]
internacional	tarptautìnis	[tarptɑʊˈtʲɪnʲɪs]
negociações (f pl)	derýbos (m dgs)	[dʲɛˈrʲiːbos]
negociar (vi)	vèsti derýbas	[ˈvʲɛstʲɪ dʲɛˈrʲiːbas]

193. Política. Governo. Parte 2

sociedade (f)	visúomenė (m)	[vʲɪˈsuɑmɛnʲeː]
constituição (f)	konstitùcija (m)	[konstʲɪˈtʊtsʲɪjɛ]
poder (ir para o ~)	valdžià (m)	[valʲˈdʒʲæ]
corrupção (f)	korùpcija (m)	[koˈrʊptsʲɪjɛ]
lei (f)	įstãtymas (v)	[iːˈstaːtiːmas]
legal	teisétas	[tʲɛɪˈsʲeːtas]
justiça (f)	teisingùmas (v)	[tʲɛɪsʲɪnʲˈgʊmas]
justo	teisìngas	[tʲɛɪˈsʲɪngas]
comité (m)	komitètas (v)	[komʲɪˈtʲɛtas]
projeto-lei (m)	įstãtymo projèktas (v)	[iːˈstaːtiːmɔ proˈjɛktas]
orçamento (m)	biudžètas (v)	[bʲʊˈdʒʲɛtas]
política (f)	polìtika (m)	[poˈlʲɪtʲɪka]
reforma (f)	refòrma (m)	[rʲɛˈforma]
radical	radikalùs	[radʲɪkaˈlʲʊs]
força (f)	jėgà (m)	[jeːˈga]
poderoso	galìngas	[gaˈlʲɪngas]
partidário (m)	šalinìnkas (v)	[ʃalʲɪˈnʲɪŋkas]
influência (f)	ítaka (m)	[ˈiːtaka]
regime (m)	režìmas (v)	[rʲɛˈʒʲɪmas]
conflito (m)	konflìktas (v)	[konˈflʲɪktas]
conspiração (f)	sámokslas (v)	[ˈsaːmokslʲas]
provocação (f)	provokãcija (m)	[provoˈkaːtsʲɪjɛ]
derrubar (vt)	nuvérsti	[nʊˈvʲɛrstʲɪ]
derrube (m), queda (f)	nuvertìmas (v)	[nʊvʲɛrˈtʲɪmas]
revolução (f)	revoliùcija (m)	[rʲɛvoˈlʲʊtsʲɪjɛ]

| golpe (m) de Estado | pérversmas (v) | ['pʲɛrvʲɛrsmas] |
| golpe (m) militar | karìnis pérversmas (v) | [ka'rʲɪnʲɪs 'pʲɛrvʲɛrsmas] |

crise (f)	krìzė (m)	['krʲɪzʲe:]
recessão (f) económica	ekonòminis kritìmas (v)	[ɛko'nomʲɪnʲɪs krʲɪ'tʲɪmas]
manifestante (m)	demonstrántas (v)	[dʲɛmons'trantas]
manifestação (f)	demonstrãcija (m)	[dʲɛmons'tra:tsʲɪjɛ]
lei (f) marcial	kãro padėtìs (m)	['ka:rɔ padʲe:'tʲɪs]
base (f) militar	karìnė bãzė (m)	[ka'rʲɪnʲe: 'ba:zʲe:]

| estabilidade (f) | stabilùmas (v) | [stabʲɪ'lʲumas] |
| estável | stabilùs | [stabʲɪ'lʲus] |

| exploração (f) | eksploatãcija (m) | [ɛksplʲoa'ta:tsʲɪjɛ] |
| explorar (vt) | eksploatúoti | [ɛksplʲoa'tʊatʲɪ] |

racismo (m)	rasìzmas (v)	[ra'sʲɪzmas]
racista (m)	rasìstas (v)	[ra'sʲɪstas]
fascismo (m)	fašìzmas (v)	[fa'ʃɪzmas]
fascista (m)	fašìstas (v)	[fa'ʃɪstas]

194. Países. Diversos

estrangeiro (m)	užsieniẽtis (v)	[ʊʒsʲiɛ'nʲɛtʲɪs]
estrangeiro	užsieniẽtiškas	[ʊʒsʲiɛ'nʲɛtʲɪʃkas]
no estrangeiro	ùžsienyje	['ʊʒsʲiɛnʲi:jɛ]

emigrante (m)	emigrántas (v)	[ɛmʲɪ'grantas]
emigração (f)	emigrãcija (m)	[ɛmʲɪ'gra:tsʲɪjɛ]
emigrar (vi)	emigrúoti	[ɛmʲɪ'grʊatʲɪ]

Ocidente (m)	Vakaraĩ (v dgs)	[vaka'rʌɪ]
Oriente (m)	Rytaĩ (v dgs)	[rʲi:'tʌɪ]
Extremo Oriente (m)	Tolimì Rytaĩ (v dgs)	[tolʲɪ'mʲɪ rʲi:'tʌɪ]

civilização (f)	civilizãcija (m)	[tsʲɪvʲɪlʲɪ'za:tsʲɪjɛ]
humanidade (f)	žmonijã (m)	[ʒmonʲɪ'ja]
mundo (m)	pasáulis (v)	[pa'sɑʊlʲɪs]
paz (f)	taikà (m)	[tʌɪ'ka]
mundial	pasáulinis	[pa'sɑʊlʲɪnʲɪs]

pátria (f)	tėvỹnė (m)	[tʲe:'vʲi:nʲe:]
povo (m)	tautà (m), liáudis (m)	[tɑʊ'ta], ['lʲæʊdʲɪs]
população (f)	gyvéntojai (v)	[gʲi:'vʲɛnto:jɛi]
gente (f)	žmõnės (v dgs)	['ʒmo:nʲe:s]
nação (f)	nãcija (m)	['na:tsʲɪjɛ]
geração (f)	kartà (m)	[kar'ta]

território (m)	teritòrija (m)	[tʲɛrʲɪ'torʲɪjɛ]
região (f)	regiònas (v)	[rʲɛgʲɪ'jɔnas]
estado (m)	valstijà (ın)	[valʲstʲɪ'ja]

| tradição (f) | tradìcija (m) | [tra'dʲɪtsʲɪjɛ] |
| costume (m) | paprotỹs (v) | [papro'tʲi:s] |

ecologia (f)	ekologija (m)	[ɛkoˈlʲogʲɪjɛ]
índio (m)	indėnas (v)	[ɪnˈdʲeːnas]
cigano (m)	čigonas (v)	[tʂʲɪˈgoːnas]
cigana (f)	čigonė (m)	[tʂʲɪˈgoːnʲeː]
cigano	čigoniškas	[tʂʲɪˈgoːnʲɪʃkas]

império (m)	imperija (m)	[ɪmˈpʲɛrʲɪjɛ]
colónia (f)	kolonija (m)	[koˈlʲonʲɪjɛ]
escravidão (f)	vergija (m)	[vʲɛrgʲɪˈja]
invasão (f)	invazija (m)	[ɪnˈvaːzʲɪjɛ]
fome (f)	badas (v)	[ˈbaːdas]

195. Grupos religiosos mais importantes. Confissões

religião (f)	religija (m)	[rʲɛˈlʲɪgʲɪjɛ]
religioso	religinis	[rʲɛˈlʲɪgʲɪnʲɪs]

crença (f)	tikėjimas (v)	[tʲɪˈkʲɛjɪmas]
crer (vt)	tikėti	[tʲɪˈkʲeːtʲɪ]
crente (m)	tikintis (v)	[ˈtʲɪkʲɪntʲɪs]

ateísmo (m)	ateizmas (v)	[atʲɛˈɪzmas]
ateu (m)	ateistas (v)	[atʲɛˈɪstas]

cristianismo (m)	Krikščionybė (m)	[krʲɪkʃtʂʲoˈnʲiːbʲeː]
cristão (m)	krikščionis (v)	[krʲɪkʃˈtʂʲonʲɪs]
cristão	krikščioniškas	[krʲɪkʃˈtʂʲonʲɪʃkas]

catolicismo (m)	Katalicizmas (v)	[kataˈlʲɪtsʲɪzmas]
católico (m)	katalikas (v)	[kataˈlʲɪkas]
católico	katalikiškas	[kataˈlʲɪkʲɪʃkas]

protestantismo (m)	Protestantizmas (v)	[protʲɛstanˈtʲɪzmas]
Igreja (f) Protestante	Protestantų bažnyčia (m)	[protʲɛsˈtantu: baʒˈnʲiːtʂʲæ]
protestante (m)	protestantas (v)	[protʲɛsˈtantas]

ortodoxia (f)	Stačiatikybė (m)	[statʂʲætʲɪˈkʲiːbʲeː]
Igreja (f) Ortodoxa	Stačiatikių bažnyčia (m)	[staˈtʂʲætʲɪkʲu: baʒˈnʲiːtʂʲæ]
ortodoxo (m)	stačiatikis	[staˈtʂʲætʲɪkʲɪs]

presbiterianismo (m)	Presbiterionizmas (v)	[prʲɛsbʲɪtʲɛrʲɪjoˈnʲɪzmas]
Igreja (f) Presbiteriana	Presbiterionų bažnyčia (m)	[prʲɛsbʲɪtʲɛrʲɪˈjoːnu: baʒˈnʲiːtʂʲæ]
presbiteriano (m)	presbiterionas (v)	[prʲɛsbʲɪtʲɛrʲɪˈjoːnas]

Igreja (f) Luterana	Liuteronų bažnyčia (m)	[lʲʊtʲɛˈroːnu: baʒˈnʲiːtʂʲæ]
luterano (m)	liuteronas (v)	[lʲʊtʲɛˈroːnas]

Igreja (f) Batista	Baptizmas (v)	[bapˈtʲɪzmas]
batista (m)	baptistas (v)	[bapˈtʲɪstas]

Igreja (f) Anglicana	Anglikonų bažnyčia (m)	[anglʲɪˈkoːnu: baʒˈnʲiːtʂʲæ]
anglicano (m)	anglikonas (v)	[anglʲɪˈkoːnas]
mórmon (m)	mormonas (v)	[morˈmonas]
Judaísmo (m)	Judaizmas (v)	[jʊdʌˈɪzmas]

judeu (m)	žydas (v)	['ʒʲiːdas]
budismo (m)	Budizmas (v)	[bʊ'dʲɪzmas]
budista (m)	budistas (v)	[bʊ'dʲɪstas]

| hinduísmo (m) | Induizmas (v) | [ɪndʊ'ɪzmas] |
| hindu (m) | induistas (v) | [ɪndʊʲɪstas] |

Islão (m)	Islāmas (v)	[ɪs'lʲaːmas]
muçulmano (m)	musulmōnas (v)	[mʊsʊlʲ'moːnas]
muçulmano	musulmōniškas	[mʊsʊlʲ'moːnʲɪʃkas]

| Xiismo (m) | Šiizmas (v) | [ʃɪ'ɪzmas] |
| xiita (m) | šiitas (v) | [ʃɪ'ɪtas] |

| sunismo (m) | Sunizmas (v) | [sʊ'nʲɪzmas] |
| sunita (m) | sunitas (v) | [sʊ'nʲɪtas] |

196. Religiões. Padres

| padre (m) | šventikas (v) | [ʃvʲɛn'tʲɪkas] |
| Papa (m) | Romos pópiežius (v) | ['romos 'popʲiɛʒʲʊs] |

monge (m)	vienuōlis (v)	[vʲiɛ'nʊɑlʲɪs]
freira (f)	vienuōlė (m)	[vʲiɛ'nʊɑlʲeː]
pastor (m)	pāstorius (v)	['paːstorʲʊs]

abade (m)	abātas (v)	[a'baːtas]
vigário (m)	vikāras (v)	[vʲɪ'kaːras]
bispo (m)	výskupas (v)	['vʲiːskʊpas]
cardeal (m)	kardinōlas (v)	[kardʲɪ'noːlʲas]

pregador (m)	pamoksláutojas (v)	[pamok'slʲɑʊto:jɛs]
sermão (m)	pamókslas (v)	[pa'mokslʲas]
paroquianos (pl)	parapijiēčiai (v dgs)	[parapʲɪ'jɪɛtʂʲɛɪ]

| crente (m) | tikintis (v) | ['tʲɪkʲɪntʲɪs] |
| ateu (m) | ateistas (v) | [atʲɛ'ɪstas] |

197. Fé. Cristianismo. Islão

| Adão | Adōmas (v) | [a'doːmas] |
| Eva | levà (m) | [ɪɛ'va] |

Deus (m)	Diēvas (v)	['dʲɛvas]
Senhor (m)	Viēšpats (v)	['vʲɛʃpats]
Todo Poderoso (m)	Visagālis (v)	[vʲɪsa'ga:lʲɪs]

pecado (m)	núodėmė (m)	['nʊadʲe:mʲe:]
pecar (vi)	nusidéti	[nʊsʲɪ'dʲe:tʲɪ]
pecador (m)	nuodėmìngas (v)	[nʊadʲe:'mʲɪngas]
pecadora (f)	nuodėmìngoji (m)	[nʊadʲe:'mʲɪngojɪ]
inferno (m)	prāgaras (v)	['pra:garas]

paraíso (m)	rojus (v)	['ro:jʊs]
Jesus	Jézus (v)	['je:zʊs]
Jesus Cristo	Jézus Kristus (v)	['je:zʊs 'krʲɪstʊs]

Espírito (m) Santo	Šventoji dvasià (m)	[ʃvʲɛn'to:jɪ dva'sʲæ]
Salvador (m)	Išganýtojas (v)	[ɪʃga'nʲiːto:jɛs]
Virgem Maria (f)	Dievo Motina (m)	['dʲɛvɔ 'motʲɪna]

Diabo (m)	Vélnias (v)	['vʲɛlʲnʲæs]
diabólico	velniškas	['vʲɛlʲnʲɪʃkas]
Satanás (m)	Šétonas (v)	[ʃʲe:'to:nas]
satânico	šétoniškas	[ʃʲe:'to:nʲɪʃkas]

anjo (m)	ángelas (v)	['angʲɛlʲas]
anjo (m) da guarda	ángelas-sárgas (v)	['angʲɛlʲas-'sargas]
angélico	ángeliškas	['angʲɛlʲɪʃkas]

apóstolo (m)	apáštalas (v)	[a'pa:ʃtalʲas]
arcanjo (m)	archángelas (v)	[ar'xangʲɛlʲas]
anticristo (m)	Antikristas (v)	[antʲɪ'krʲɪstas]

Igreja (f)	Bažnýčia (m)	[baʒ'nʲiːtʂʲæ]
Bíblia (f)	biblija (m)	['bʲɪblʲɪjɛ]
bíblico	biblijìnis	[bʲɪblʲɪ'jɪnʲɪs]

Velho Testamento (m)	Senàsis Testameñtas (v)	[sʲɛ'nasʲɪs tʲɛsta'mʲɛntas]
Novo Testamento (m)	Naujàsis Testameñtas (v)	[nɑʊ'jasʲɪs tʲɛsta'mʲɛntas]
Evangelho (m)	Evangèlija (m)	[ɛvan'gʲɛlʲɪjɛ]
Sagradas Escrituras (f pl)	Šveñtas rãštas (v)	['ʃvʲɛntas 'ra:ʃtas]
Céu (m)	Dangùs (v), Dangaus Karalystė (m)	[dan'gʊs], [dan'gɑʊs kara'lʲiː:stʲe:]

mandamento (m)	įsākymas (v)	[i:'sa:kʲɪ:mas]
profeta (m)	prānašas (v)	['pra:naʃas]
profecia (f)	pranašýstė (m)	[prana'ʃʲɪ:stʲe:]

Alá	Alāchas (v)	[a'lʲa:xas]
Maomé	Magomètas (v)	[mago'mʲɛtas]
Corão, Alcorão (m)	Korānas (v)	[kɔ'ra:nas]

mesquita (f)	mečètė (m)	[mʲɛ'tʂʲɛtʲe:]
mulá (m)	mulà (m)	[mʊ'lʲa]
oração (f)	maldà (m)	[malʲda]
rezar, orar (vi)	meĺstis	['mʲɛlˈstʲɪs]

peregrinação (f)	maldininkýstė (m)	[malʲdʲɪnʲɪŋ'kʲiːstʲe:]
peregrino (m)	maldinińkas (v)	[malʲdʲɪ'nʲɪŋkas]
Meca (f)	Mekà (m)	[mʲɛ'ka]

igreja (f)	bažnýčia (m)	[baʒ'nʲiːtʂʲæ]
templo (m)	šventóvė (m)	[ʃvʲen'tovʲe:]
catedral (f)	kātedra (m)	['ka:tʲɛdra]
gótico	gòtiškas	['gotʲɪʃkas]
sinagoga (f)	sinagogà (m)	[sʲɪnago'ga]
mesquita (f)	mečètė (m)	[mʲɛ'tʂʲɛtʲe:]
capela (f)	koplyčià (m)	[kɔplʲi:'tʂʲæ]

abadia (f)	abãtija (m)	[a'ba:tʲɪjɛ]
convento (m)	vienuolýnas (v)	[vʲiɛnʊɑ'lʲi:nas]
mosteiro (m)	vienuolýnas (v)	[vʲiɛnʊɑ'lʲi:nas]
sino (m)	varpas (v)	['varpas]
campanário (m)	varpinė (m)	['varpʲɪnʲe:]
repicar (vi)	skambinti	['skambʲɪntʲɪ]
cruz (f)	krýžius (v)	['krʲi:ʒʲʊs]
cúpula (f)	kupolas (v)	['kʊpolʲas]
ícone (m)	ikonà (m)	[ɪko'na]
alma (f)	síela (m)	['sʲiɛlʲa]
destino (m)	likìmas (v)	[lʲɪ'kʲɪmas]
mal (m)	blõgis (v)	['blʲo:gʲɪs]
bem (m)	gėris (v)	['gʲe:rʲɪs]
vampiro (m)	vampýras (v)	[vam'pʲi:ras]
bruxa (f)	rãgana (m)	['ra:gana]
demónio (m)	demonas (v)	['dʲɛmonas]
espírito (m)	dvasià (m)	[dva'sʲæ]
redenção (f)	atpirkìmas (v)	[atpʲɪr'kʲɪmas]
redimir (vt)	išpírkti	[ɪʃ'pʲɪrktʲɪ]
missa (f)	pãmaldos (m dgs)	['pa:malʲdos]
celebrar a missa	tarnáuti	[tar'nɑʊtʲɪ]
confissão (f)	išpažintìs (m)	[ɪʃpaʒʲɪn'tʲɪs]
confessar-se (vr)	atlìkti išpažintį	[at'lʲɪ:ktʲɪ 'i:ʃpaʒʲɪntʲɪ:]
santo (m)	šventàsis (v)	[ʃvʲɛn'tasʲɪs]
sagrado	švéntintas	['ʃvʲɛntʲɪntas]
água (f) benta	šveñtas vanduõ (v)	['ʃvʲɛntas van'dʊɑ]
ritual (m)	rituãlas (v)	[rʲɪtʊ'a:lʲas]
ritual	rituãlinis	[rʲɪtʊ'a:lʲɪnʲɪs]
sacrifício (m)	aukójimas (v)	[ɑʊ'ko:jɪmas]
superstição (f)	prietaringumas (v)	[prʲiɛtarʲɪn'gʊmas]
supersticioso	prietarìngas	[prʲiɛta'rʲɪngas]
vida (f) depois da morte	pomirtìnis gyvẽnimas (v)	[pomʲɪr'tʲɪnʲɪs gʲi:'vʲænʲɪmas]
vida (f) eterna	ámžinas gyvẽnimas (v)	['amʒʲɪnas gʲi:'vʲænʲɪmas]

TEMAS DIVERSOS

198. Várias palavras úteis

ajuda (f)	pagálba (m)	[pa'gaᶦba]
barreira (f)	užtvara (m)	['ʊʒtvara]
base (f)	bāzė (m)	['baːzⁱeː]
categoria (f)	kategórija (m)	[katⁱɛ'gorⁱɪjɛ]
causa (f)	priežastìs (m)	[prⁱiɛʒas'tⁱɪs]
coincidência (f)	sutapìmas (v)	[sʊta'pⁱɪmas]
coisa (f)	dáiktas (v)	['dʌɪktas]
começo (m)	pradžià (m)	[prad'ʒⁱæ]
cómodo (ex. poltrona ~a)	patogùs	[pato'gʊs]
comparação (f)	palýginimas (v)	[pa'lⁱiːgⁱɪnⁱɪmas]
compensação (f)	kompensācija (m)	[kɔmpⁱɛn'saːtsⁱɪjɛ]
crescimento (m)	augìmas (v)	[ɑʊ'gⁱɪmas]
desenvolvimento (m)	výstymas (v)	['vⁱiːstⁱiːmas]
diferença (f)	skìrtumas (v)	['skⁱɪrtʊmas]
efeito (m)	efėktas (v)	[ɛ'fⁱɛktas]
elemento (m)	elemeñtas (v)	[ɛlⁱɛ'mⁱɛntas]
equilíbrio (m)	balánsas (v)	[ba'lⁱansas]
erro (m)	klaidà (m)	[klⁱʌɪ'da]
esforço (m)	pãstangos (m dgs)	['paːstangos]
estilo (m)	stìlius (v)	['stⁱɪᶦʊs]
exemplo (m)	pavyzdỹs (v)	[pavⁱiːz'dⁱiːs]
facto (m)	fãktas (v)	['faːktas]
fim (m)	pabaigà (m)	[pabʌɪ'ga]
forma (f)	fòrma (m)	['forma]
frequente	dãžnas	['daːʒnas]
fundo (ex. ~ verde)	fònas (v)	['fonas]
género (tipo)	rū̃šis (m)	['ruːʃɪs]
grau (m)	láipsnis (v)	['lⁱʌɪpsnⁱɪs]
ideal (m)	ideãlas (v)	[idⁱɛ'a:lⁱas]
labirinto (m)	labirìntas (v)	[lⁱabⁱɪ'rⁱɪntas]
modo (m)	bū̃das (v)	['buːdas]
momento (m)	momeñtas (v)	[mo'mⁱɛntas]
objeto (m)	objèktas (v)	[ob'jɛktas]
obstáculo (m)	kliūtìs (m)	['klⁱuːtⁱɪs]
original (m)	originãlas (v)	[orⁱɪgⁱɪ'na:lⁱas]
padrão	standártinis	[stan'dartⁱɪnⁱɪs]
padrão (m)	standártas (v)	[stan'dartas]
paragem (pausa)	sustojìmas (v)	[sʊsto'jⁱɪmas]
parte (f)	dalìs (m)	[da'lⁱɪs]

partícula (f)	dalelýté (m)	[dalˈɛ'lʲi:tʲe:]
pausa (f)	páuzé (m)	['pɑʊzʲe:]
posição (f)	pozìcija (m)	[po'zʲɪtsʲɪjɛ]
princípio (m)	prìncipas (v)	['prʲɪntsʲɪpas]

problema (m)	problemà (m)	[problʲɛ'ma]
processo (m)	procèsas (v)	[pro'tsʲɛsas]
progresso (m)	progrèsas (v)	[pro'grʲɛsas]
propriedade (f)	savýbé (m)	[sa'vʲi:bʲe:]

reação (f)	reãkcija (m)	[rʲɛ'a:ktsʲɪjɛ]
risco (m)	rìzika (m)	['rʲɪzʲɪka]
ritmo (m)	tempas (v)	['tʲɛmpas]
segredo (m)	paslaptìs (m)	[paslʲap'tʲɪs]
série (f)	sèrija (m)	['sʲɛrʲɪjɛ]

sistema (m)	sistemà (m)	[sʲɪstʲɛ'ma]
situação (f)	situàcija (m)	[sʲɪ'tʊa:tsʲɪjɛ]
solução (f)	sprendìmas (v)	[sprʲɛn'dʲɪmas]
tabela (f)	lentèlé (m)	[lʲɛn'tʲælʲe:]
termo (ex. ~ técnico)	tèrminas (v)	['tʲɛrmʲɪnas]

tipo (m)	tìpas (v)	['tʲɪpas]
urgente	skubùs	[skʊ'bʊs]
urgentemente	skubiaĩ	[skʊ'bʲɛɪ]
utilidade (f)	naudà (m)	[nɑʊ'da]

variante (f)	variántas (v)	[varʲɪ'jantas]
variedade (f)	pasirinkìmas (v)	[pasʲɪrʲɪŋ'kʲɪmas]
verdade (f)	tiesà (m)	[tʲɪɛ'sa]
vez (f)	eilé̃ (m)	[ɛɪ'lʲe:]
zona (f)	zonà (m)	[zo'na]

www.ingramcontent.com/pod-product-compliance
Lightning Source LLC
LaVergne TN
LVHW051343080426
835509LV00020BA/3275